D1731756

Kohlhammer

Der Autor

Dr. Boris Rapp, seit Mai 2008 Geschäftsführer des Sana Klinikums Hof, umfangreiche Erfahrung im DRG-System und dessen praktischer Umsetzung im Krankenhaus. Autor zahlreicher Fachpublikationen, regelmäßige Vorträge zum Thema DRG und Prozessmanagement im Krankenhaus.

Boris Rapp

Praxiswissen DRG

Optimierung von Strukturen
und Abläufen

2., überarbeitete und erweiterte Auflage

Verlag W. Kohlhammer

2. überarbeitete und erweiterte Auflage 2010

Alle Rechte vorbehalten
© 2010 W. Kohlhammer GmbH Stuttgart
Gesamtherstellung:
W. Kohlhammer Druckerei GmbH + Co. KG, Stuttgart
Printed in Germany

ISBN 978-3-17-020542-0

Inhaltsverzeichnis

Vorwort zur 1. Auflage

Nach Einführung der Diagnosis Related Groups (DRG) in Deutschland im Jahr 2003 haben sich die Krankenhäuser auf das neue Abrechnungssystem eingestellt. In vielen Fällen wurden mit der Etablierung von Medizin-Controlling (MedCO) und DRG-Beauftragten völlig neue Organisationsstrukturen geschaffen. Manche Einrichtungen sind mit der Anstellung bzw. Umschulung von Kodierpersonal sogar noch einen Schritt weiter gegangen.

Der Krankenhausalltag hat sich seitdem ebenfalls verändert. Die medizinische Dokumentation, die Aktenführung sowie die Arztbriefschreibung haben eine neue Bedeutung im DRG-Umfeld erhalten. Auch der Kontakt zu Kostenträgern hat sich vielfach gewandelt. Durch die vorhandene Datentransparenz wurden die Art und der Umfang der Fallprüfungen an die neue Situation angepasst.

Dieses Buch ist für all diejenigen geschrieben, die sich mit der Umstellung und der Optimierung der Prozesse eines Krankenhauses im DRG-System beschäftigen. Es schließt eine wichtige Lücke. Die ersten DRG-Publikationen befassten sich mit konkreten Kodierhinweisen und Erläuterungen zu den Kodierrichtlinien. Andere Veröffentlichungen widmeten sich dem DRG-System aus eher volkswirtschaftlicher Perspektive. Das vorliegende Buch möchte dagegen praktische Hinweise zur optimierten Aufbau- und Ablauforganisation geben.

Die *eine* optimale DRG-Struktur gibt es nicht. Jedes Krankenhaus hat seine eigenen Überlegungen angestellt und umgesetzt. Aufgrund der Heterogenität der Modelle ist es schwierig, einen Gesamtüberblick über die Möglichkeiten und Strategien zu bekommen. Das vorliegende Buch fasst einen Teil der existierenden Konzepte zusammen und kombiniert es mit neuen Ideen zur praktischen Umsetzung. Es ist eine Mischung aus bekanntem und neuem Wissen – ein Ideen- und Ratgeber für die Praktiker im DRG-System: Medizin-Controller, Kodierassistenten, Chefärzte, DRG-Beauftragte und Verwaltungsleiter.

Aufgrund der raschen Entwicklungen bei den Diagnosis Related Groups kann nicht gewährleistet werden, dass sämtliche Informationen und genannten Daten auf dem letzten Stand sind. Die Quellenangaben sind aber so gestaltet, dass bei den einzelnen Themen eine schnelle Aktualisierung durch den Leser möglich wird. Aufgrund der unterschiedlichen strategischen Notwendigkeiten bei den Budgetverhandlungen wurden die Themen Budget, Konvergenzphase und Ausgleiche in diesem Buch komplett ausgeklammert.

Hier erscheint es sinnvoller, dass die betroffenen Mitarbeiter jährlich entsprechende Schulungen besuchen, da heute getroffene Empfehlungen unter Umständen bereits im nächsten Jahr nicht mehr gelten.

Ich wünsche Ihnen viel Spaß und gute Erkenntnisse bei der Lektüre und freue mich über jede Anregung und Rückmeldung unter boris.rapp@web.de.

Offenburg, im September 2007   Dr. Boris Rapp

Vorwort zur 2. Auflage

Bereits wenige Monate nach der Veröffentlichung dieses Fachbuches war die
1. Auflage komplett verkauft. Diese Entwicklung hat mich sehr gefreut, zumal
sie zeigt, dass das Thema der DRG-Strukturen in deutschen Krankenhäusern
auch sechs Jahre nach der DRG-Einführung oben auf der Tagesordnung
steht.

Im Jahr 2007 hat auch das Bundesministerium für Gesundheit (BMG) die
Ergebnisse einer Umfrage bei Verbänden von Krankenhäusern, Krankenkassen
und der Krankenpflege, der Bundesärztekammer, den medizinischen Fachgesellschaften und der Arzneimittel- und Medizinprodukteindustrie durchgeführt, mit der Erfahrungen über die DRG-Einführung und deren erste Auswirkungen erhoben werden sollten, veröffentlicht. Hierbei kommt man zu
einem interessanten Zwischenfazit: „Insgesamt sind Akzeptanz und Zufriedenheit mit dem DRG-System und dem bisherigen Einführungsprozess
hoch." Kritisch werden insbesondere der angestiegene Dokumentationsaufwand, die Arbeitsverdichtung, die Zahl der Anfragen von Krankenkassen
und MDK-Prüfungen sowie die erreichte Komplexität des Systems eingestuft.
Insbesondere die Rückmeldungen der Medizinischen Fachgesellschaften umfassen ein weitgestecktes Feld von „immer noch geringer" Akzeptanz und
Zufriedenheit über „nach Anfangsschwierigkeiten nunmehr akzeptiert und
in den klinischen Alltag integriert" bis hin zu Akzeptanz, „da es prinzipiell
Leistungsgerechtigkeit ermöglicht". „Insgesamt muss aber gesagt werden,
dass wahrscheinlich die Akzeptanz des DRG-Systems im einzelnen Krankenhaus bzw. in der einzelnen Abteilung auch stark davon abhängig ist, inwie-
weit die jeweilige ärztliche Führungsebene die Notwendigkeit von ökonomisch orientiertem Handeln sieht und auf eine richtige, vollständige und
konsistente DRG-Dokumentation Wert legt."[1]

Ich danke Ihnen für die vielen positiven Rückmeldungen, die ich zu meinem
Buch erhalten habe. In der vorliegenden Auflage wurden die Kapitel aktualisiert und wesentliche Teile vollständig überarbeitet. Darüber hinaus sind
neue Themen hinzugekommen, u. a. die Herausforderungen an das Prozessmanagement, die sich unter DRG-Bedingungen ergeben.

Hof, im Februar 2010   Dr. Boris Rapp

---

[1] Quelle: BMG (2007) Auswertung der Erfahrungen mit der DRG-Einführung –
     Langfassung

Abkürzungsverzeichnis

§ 301	Datenübermittlung nach § 301 SGB V
Abt.-CMI	Abteilung-Casemix-Index
ACVB	Aorto-coronarer-Venen-Bypass
AEP	Appropriateness Evaluation Protocol
AFGIB	Ärztliche Arbeitsgemeinschaft zur Förderung der Geriatrie in Bayern e. V.
AKVD	Aufwandskorrigierte Verweildauer
AWMF	Arbeitsgemeinschaft der wissenschaftlich medizinischen Fachgesellschaften
AP-DRG	All patient-diagnosis related groups
BfDI	Bundesbeauftragter für Datenschutz und Informationsfreiheit
BG	Berufsgenossenschaft
BQS	Bundesgeschäftsstelle Qualitätssicherung
BR	Bewertungsrelation
BSG	Bundessozialgericht
BVmed	Bundesverband Medizintechnologie e. V.
BWR_{nom}	Nominale Bewertungsrelation
CC	Complication or Comorbidity
CCL	Complication or Comorbidity Level
CM	Casemix
CMI	Casemix Index
COPD	Chronic Obstructive Pulmonary Disease
CW	Cost Weight (relatives Kostengewicht)
CW_{eff}	Effektives Kostengewicht
DAG-KBT	Deutsche Arbeitsgemeinschaft für Knochenmark- und Blutstammzelltransplantation e. V.
DDMI	Dual-Day-Mix-Index
DFÜ	Datenfernübertragung
DGÄK	Deutsche Gesellschaft der Ärzte im Krankenhausmanagement
DGfM	Deutsche Gesellschaft für Medizincontrolling e. V.

DGHM	Deutsche Gesellschaft für Hygiene und Mikrobiologie e. V.
DGVS	Deutsche Gesellschaft für Verdauungs- und Stoffwechselkrankheiten e. V.
DIMDI	Deutsches Institut für Medizinische Dokumentation und Information
DKG	Deutsche Krankenhausgesellschaft
DKI	Deutsches Krankenhausinstitut
DKR	Deutsche Kodierrichtlinien
DMI	Day-Mix-Index
DMP	Disease Management Programm
DokuAbschluss	Dokumentationsabschluss
DPR	Deutscher Pflegerat
DRG	Diagnosis Related Groups = diagnosebezogene Fallgruppen
DSG	Deutsche Schlaganfall Gesellschaft e. V.
DSL	Digital Subscriber Line
DVMD	Deutscher Verband Medizinischer Dokumentare
EBM	einheitlicher Bewertungsmaßstab
EER	Erlösorientierte Ergebnisrechnung
ePA	elektronische Patientenakte
FaMI	Fachangestellter für Medien- und Informationsdienste
FP	Fallpauschale
G-AEP	German Appropriateness Evaluation Protocol = deutsche Kriterien zur Begründung einer stationären Notwendigkeit
G-DRG	German Diagnosis Related Groups = diagnosebezogene Fallgruppen (deutsche Version)
GMDS	Deutsche Gesellschaft für Medizinische Informatik, Biometrie und Epidemiologie e. V.
GOÄ	Gebührenordnung für Ärzte
HD	Hauptdiagnose
HGB	Handelsgesetzbuch
ICD	International Statistical Classification of Diseases and Related Health Problems = internationale Klassifikation der Krankheiten
IMC	Intermediate Care
InEK	Institut für das Entgeltsystem im Krankenhaus
i.V.m.	in Verbindung mit
k. A.	Keine Angabe

KBS	Koordinierte Belegungssteuerung
KFPV	Krankenhausfallpauschalen-Verordnung
KH	Krankenhaus
KHG	Krankenhausfinanzierungsgesetz
KHK	Koronare Herzkrankheit
KHEntG	Krankenhausentgeltgesetz
KIS	Krankenhaus-Informations-System
KÜA	Kostenübernahmeantrag
KÜV	Kostenübernahmeverlängerung
KV	Krankenversicherung
MD	Medizinischer Dokumentar
MDA	Medizinischer Dokumentationsassistent
MDC	Major Diagnostic Category
MDK	Medizinischer Dienst der Krankenkassen
MDS	Medizinischer Dienst der Spitzenverbände der Krankenkassen e. V.
MedCO	Medizin-Controlling
MRE	Multiresistente Erreger
MRSA	Multiresistenter Staphylococcus aureus
MTA	Medizinisch-technische Assistentin
MVD	mittlere Verweildauer
MVZ	Medizinisches Versorgungszentrum
MWBO	Musterweiterbildungsordnung
ND	Nebendiagnose
NON-OR	Non-operating room
NPO	Non-Profit-Organisationen
NUB	Neue Untersuchungs- und Behandlungsmethoden
OGVD	obere Grenzverweildauer
OPS	Operationen- und Prozeduren-Schlüssel
OR	Operating room
ORSA	Oxacillin-resistenter Staphylococcus aureus
PCCL	Patient Clinical Complexity Level
RG	Relativgewicht, relatives Kostengewicht
SE	Sonderentgelt
UGVD	untere Grenzverweildauer
UKJ	Universitätsklinikum Jena
VDGH	Verband der Diagnostica-Industrie e. V.
VK	Vollkräfte

VPN	Virtual Private Network
VRE	Vancomycin-resistente Enterokokken
VWD	Verweildauer
ZVK	zentraler Venenkatheter

1   DRG-Kodierung

Die vollständige und korrekte DRG-Abrechnungsdokumentation stellt eine große Herausforderung für Krankenhäuser dar. Die Krankenhausträger gehen aber völlig unterschiedliche Wege, um diese Problematik in ihren Häusern zu lösen. In diesem Kapitel sollen die derzeit in Deutschland etablierten Kodier- und Anreizmodelle vorgestellt werden. Vorab wird kurz die Komplexität der Thematik skizziert, vor der Akutkliniken seit Beginn des „DRG-Zeitalters" im Jahre 2003 stehen.

1.1   Anforderungen an die DRG-Kodierung und -Dokumentation

Die DRG-Kodierqualität wird auf Seiten der Leistungserbringer häufig auf die Vollständigkeit der kodierten Informationen beschränkt. Kostenträger hingegen legen den Schwerpunkt auf die Korrektheit der abgerechneten Patientendaten. Beide Sichtweisen bilden nur einen geringen Teil der gesamten DRG-Kodierung ab, die sich anhand von zehn Dimensionen beschreiben lässt (Tabelle 1). Gerade die Nichtbeachtung sämtlicher Ausprägungen kann mitunter zu erheblichen Erlöseinbußen bzw. überproportional vielen Kostenträgeranfragen führen. Dem optimalen DRG-Management kommt daher eine zentrale Aufgabe auf Seiten der Krankenhausträger zu. Mit der Wahl eines geeigneten Kodiermodells ist die Aufgabe allerdings nicht abgeschlossen. Vielmehr muss gewährleistet werden, dass insbesondere die Kontrolle und Steuerung der Kodierung im Sinne der Qualitätsdimensionen in der Aufbau- und Ablauforganisation umgesetzt werden.

In vielen Krankenhäusern zeigt sich, dass die Aufwandsbezogenheit der kodierten Daten, also die Tatsache, dass alle abgerechneten Diagnosen und Prozeduren auch mit einem dokumentierten Aufwand in der Krankenakte korrelieren, eine besondere Schwierigkeit darstellt. Die Qualität der Patientenakten entspricht nicht in allen Fällen den gesteigerten Anforderungen im DRG-System. Häufig lässt sich der Aufwand für erfasste Nebendiagnosen oder Prozeduren nur mit Mühe aus den Krankenakten herauslesen. Insbesondere die ärztlichen Entlassungsberichte, die in der Regel vom Medizinischen Dienst der Krankenkassen (MDK) zur ersten Fallprüfung herangezogen werden, entsprechen in vielen Fällen nicht den Abrechnungsanforderungen, da sich meist nicht für alle kodierten Diagnosen hier ein textliches Korrelat fin-

Tabelle 1: Zehn Qualitätsdimensionen der DRG-Kodierung

Dimension	Beschreibung (Beispiele)
Vollzähligkeit	Hat jeder Patient einen Entlassungsdatensatz?
Vollständigkeit	Sind alle Diagnosen und Prozeduren im System erfasst?
Richtigkeit	Existieren die verwendeten Schlüssel (noch)?
Zulässigkeit	Ist die Kodierung nach Deutschen Kodierrichtlinien bzw. ICD/OPS-Katalog zulässig? Sind ggf. Fallzusammenführungen berücksichtigt?
Präzision	Sind die kodierten Kodes präzise?
Plausibilität	Ist die Kodierung plausibel (z. B. Geschlechts-konflikt)?
Dublettenfreiheit	Sind keine unerlaubten Doppelkodierungen enthalten?
Korrektheit	Stimmt die Kodierung mit der durchgeführten Diagnostik/Behandlung überein?
Aufwandsbezogenheit	Lässt sich für alle Kodes ein Aufwand in der Krankenakte zuordnen?
Sachgerechtigkeit	Bildet die Kodierung den Fall sachgerecht ab?

den lässt. Die Ärzte geben zu Bedenken, dass der Entlassungsbericht einen anderen Empfänger als den Kostenträger hat, nämlich den niedergelassenen Arzt, der andere Anforderungen an einen stationären Arztbrief stelle als derjenige, der damit die Abrechnung prüfe.

In vielen Häusern sind Grundsatzdiskussionen darüber entbrannt, wie in der Krankenakte bzw. im Entlassungsbrief zu dokumentieren ist. Lösungen lassen sich hier nur mithilfe eines Gesamtkonzeptes finden, d. h. jedes angewandte Modell sollte bis ins Detail durchdacht, professionell umgesetzt und betreut werden. Problematisch ist derzeit vor allem, dass Missstände in der Regel erst im Rahmen von Kostenträgerprüfungen auffallen, sodass das finanzielle Risiko, das sich für den Krankenhausträger dahinter verbirgt, in vielen Fällen noch nicht einmal grob abgeschätzt werden kann. Wenn die Fehler in der Dokumentationsqualität auffallen, zum Beispiel im Rahmen einer Stichprobenprüfung des Medizinischen Dienstes, ist es meist schon viel zu spät, da sich in diesen Fällen schmerzhafte Budgetkürzungen ergeben können.

1.2 Etablierte Kodiermodelle

Zu Beginn der DRG-Einführung hatte man in Deutschland – anders als in anderen Ländern wie zum Beispiel Australien – schnell die Verantwortlichen für die gesamte Kodierung und Datenerfassung gefunden. Man wollte dies nicht aus den Händen der Ärzte nehmen, vor allem in der Annahme, dass hier das größte Know-how für eine korrekte und vollständige Kodierung liegt.

Schnell hat sich allerdings gezeigt, dass viele Ärzte mit dieser Aufgabe überfordert waren. Kam es unter dem System der Bundespflegesatzverordnung nur auf eine rudimentäre Datenerfassung mit zumindest einer Hauptdiagnose an, waren es nun vor allem die Nebendiagnosen, die zum Teil zu erheblichen Erlöseffekten geführt haben.

Durch intensive Schulungs- und Motivationsbemühungen hat man vielerorts die Ärzte „fit" für die DRG gemacht – nicht ganz ohne Folgen. Diese Aktivitäten haben manchmal zu einer förmlichen Flut von Nebendiagnosen geführt. Das beste Beispiel ist die Nikotinabhängigkeit (ICD-Kode F17.2), die regelmäßig bei jedem Raucher – oft unter Missachtung der Kodierrichtlinien – erfasst wurde. Dies hat letztendlich dazu geführt, dass man diesen Schlüssel ab 2006 abgewertet hat. Er kann seitdem keine Erlössteigerung mehr bewirken.

An diesem Beispiel zeigt sich auch die Problematik der ärztlichen Kodierung. Aufgrund der hohen Fluktuation im ärztlichen Bereich und der ohnehin hohen zeitlichen Belastung dieser Berufsgruppe ist es schwierig, sämtliche kodierenden Mitarbeiter auf dem aktuellen Stand zu halten. Das DRG-System in Deutschland lässt klare Tendenzen erkennen. Waren es zu Beginn im Jahr 2003 fast ausschließlich die Nebendiagnosen, die eine Schweregradrelevanz hatten, kamen mit den Jahren immer deutlicher die neben dem Haupteingriff erbrachten Prozeduren hinzu. Solche Trends werden in den Krankenhäusern häufig nicht rechtzeitig, d. h. erst mit zeitlichem Verzug von zum Teil mehreren Jahren, erkannt und umgesetzt. Der Schulungsaufwand der Ärzte – vor allem wenn man diese Berufsgruppe vollständig erreichen möchte – ist sehr umfangreich.

Andere Häuser haben die Brisanz dieser Situation früh erkannt und andere Modelle der Kodierung entwickelt. Hier sind es dann nicht mehr die Ärzte, sondern spezifisch aus- oder weitergebildetes Personal, das unter ärztlicher Anleitung die Datenerfassung selbstständig vornimmt. Bislang hat sich noch kein einheitliches System fest etabliert, von Haus zu Haus gibt es zum Teil noch deutliche Unterschiede.

Grundsätzlich Vorsicht geboten ist bei einem Vergleich der deutschen Situation mit dem australischen DRG-System, wie er vielfach herangezogen wird. Haas (2006) hat übersichtlich dargestellt, dass die „... Vergütung stationärer Aufenthalte ... in keinem der acht australischen Bundesstaaten ausschließlich über die [DRG-]Pauschalen [erfolgt]. Es ist zwar in Australien gesetzlich vorgeschrieben, für alle Krankenhauspatienten bei Entlassung

21

eine Diagnose zu kodieren. Allerdings läuft nur ein Teil der Finanzierung über die DRG, ansonsten erfolgt die Abrechnung mit Hilfe ‚historischer Budgets'. Die Situation in den Staaten ist dabei uneinheitlich. ‚Das australische System' gibt es folglich nicht. Die Bundesstaaten unterscheiden sich in ihren Abrechnungsmodalitäten" (Haas, 2006, S. A-1729). Der Autor stellt weitere Unterschiede dar: „In deutschen Krankenhäusern ist es die Regel, dass Ärzte für die Verschlüsselung der Diagnosen verantwortlich sind. Das ist in Australien grundsätzlich nicht der Fall. Vielmehr ist das Analysieren der Daten und Kodieren der Patientendiagnosen und Therapien durchweg eine nicht-ärztliche Tätigkeit. Die Kodierung der Fälle erfolgt anhand der Akten nach Entlassung der Patienten. Sie wird von professionellen Kodierern vorgenommen. Diese verfügen entweder über eine einjährige Ausbildung in medizinischer Terminologie (Clinical Coders) oder haben sich als Medical Health Information Management Officers qualifiziert. Die Kodierer durchforsten die Akten und geben die DRG anhand der Aktenlage in das Computersystem ein. Ein Feedback zu den behandelnden Ärzten oder Rückfragen zur Plausibilität erfolgen nicht.[2]

Eine umfassende Linksammlung mit Informationen zum australischen DRG-System hat die DRG Research Group der Uniklinik Münster zusammengestellt.[3]

In den folgenden Kapiteln werden die bislang etablierten Modelle gegenübergestellt. Die Vorstellung erfolgt nach einem einheitlichen Schema: Zunächst wird kurz der jeweilige Verfahrenskern dargestellt, gefolgt von einer Übersicht über die Vorteile und Defizite sowie einer weiteren Diskussion des Modells. Von der grundsätzlichen Ausrichtung lassen sich unterschiedliche Modellprinzipien unterscheiden, die in der Abbildung 1 dargestellt sind.

1.2.1 Ärztemodell

Bei dem derzeit noch am häufigsten in Deutschland etablierten Ärztemodell kodieren die Ärzte während des stationären Aufenthaltes eines Patienten. Je nach Organisationsform erfolgt die Überprüfung der Kodierung durch einen Entgeltverantwortlichen der Abteilungen bzw. durch einen zentralen DRG-Manager. Entgeltverantwortlicher bzw. DRG-Manager haben hierbei in der Regel die Funktion eines Multiplikators. Die durch externe Schulungen oder Eigenstudium gewonnenen Erkenntnisse über wichtige Kodierfragen werden von ihnen an die kodierenden Assistenzärzte weitergeleitet.

---

2   Haas (2006), S. 1729
3   http://drg.uni-muenster.de/de/informationen/info_ardrgs.php, zuletzt abgefragt am 03.02.2010

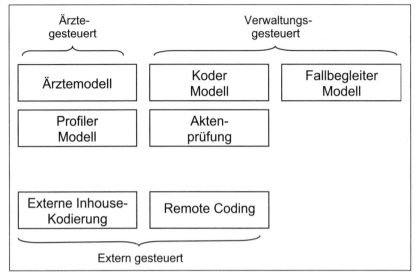

Abbildung 1: Übersicht Kodiermodelle (eigene Darstellung)

In vielen Häusern hat sich ergänzend etabliert, dass innerhalb der Pflege eine eigene Liste (Pflege-ICD, Liste pflegerelevanter Nebendiagnosen) verwendet wird, auf der die Mitarbeiter der Pflege Diagnosen und Prozeduren ankreuzen, die für sie im Rahmen der stationären Behandlung eines Patienten eine Relevanz hatten.

Der prinzipielle Ablauf des Ärztemodells wurde am Beispiel eines konkreten Krankenhauses bereits ausführlich von Baller (2005) beschrieben. Zusammenfassend lässt sich der Dokumentationsworkflow wie in Abbildung 2 darstellen:

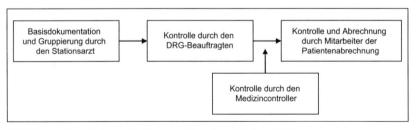

Abbildung 2: Dokumentationsworkflow (nach Baller, 2005)

Das Ärztemodell findet derzeit vor allem noch in kleinen Krankenhäusern Anwendung. Hier wird vielfach aus Kostengründen auch auf die Einstellung eines zentralen DRG-Managers verzichtet. Das jährliche DRG-Know-how wird über externe Schulungsangebote von Seminaranbietern gewährleistet.

Da bei diesem Modell die Kodierung und ihre Kontrolle in der Hand von Stationsärzten und Entgeltverantwortlichen liegen, bestehen für die Einrichtung gewisse Risiken. Neben der zum Teil eingeschränkten Motivation und der ohnehin schon großen zeitlichen und administrativen Belastung der Stationsärzte ist die Identifikation von systematischen Fehlern in Kodierung und Dokumentation äußerst schwierig. Nur die Häuser, die einen eigenen, abteilungsunabhängigen DRG-Manager einstellen, haben die Möglichkeit der Kontrolle und Optimierung.

Gerade systematische Kodierfehler oder hausspezifische Auffälligkeiten können Auswirkungen auf die Folgejahre haben. Wenn Ärzte zum Beispiel nur noch das notwendige Minimum an Nebendiagnosen kodieren, hat dies für die Einzelfallabrechnung und den über das Jahr erreichten Casemix zunächst noch keine Relevanz. Werden in den Folgejahren aber für diese DRG Nebendiagnosen-getriggerte Schweregrad-Splits eingeführt, kann sich dies deutlich auf die Budgetverhandlungen auswirken, da hier in der Regel die Daten des aktuellen Jahres mit dem Grouper des Folgejahres gruppiert werden. Werden im laufenden Jahr Kodes weggelassen, die im nächsten Jahr relevant werden, ergibt dies ein nicht repräsentatives Bild, auf dessen Basis allerdings die Verhandlung stattfindet. Ein solches Haus wird sich schwer tun, die Vertreter auf Kostenträgerseite zu überzeugen.

Die Ärztekodierung hat allerdings auch Vorteile. Der zusätzliche Personalaufwand hält sich für die Krankenhäuser in Grenzen. Durch die direkte Verantwortlichkeit der medizinischen Leistungserbringer für die Abrechnung steigt die Sensibilisierung der Ärzte für ökonomische Belange. Theoretisch müsste dieses Modell auch – aufgrund der nur geringen Zahl an Zwischenstufen – zu einer schnellen Abrechnung führen. Die Praxis zeigt vielerorts allerdings ein anderes Bild.

Eine Zusammenstellung der Vor- und Nachteile zeigt die Tabelle 2.

Für ein auf Basis des Ärztemodells aufgebautes dreistufiges Kodiermodell hat sich auch das Universitätsklinikum Aachen entschieden (Brost et al., 2004):

• Eingabe der Kodes durch die behandelnden Ärzte
• Kontrolle und erste Freigabe durch DRG-Oberärzte
• Überprüfung und endgültige Freigabe durch das Medizinische Controlling.

In Aachen wurde erkannt, dass die „DRG-Oberärzte der Fachabteilungen ... eine wichtige Überwachungsfunktion ein[nehmen]. Gerade die medizinischen Inhalte entziehen sich oft einer qualifizierten externen Kontrolle.

Tabelle 2: Vorteile und Defizite des Ärztemodells

Defizite	Vorteile
• hohes Risiko bei fehlenden oder falschen Kodierungen • großer Schulungsaufwand, da i. d. R. hohe Personalfluktuation im ärztlichen Dienst • zeitliche Belastung (u. U. Überstunden) • eingeschränkte Rückmeldemechanismen (abhängig vom jeweiligen Entgeltverantwortlichen) • Risiko systematischer Fehler • fehlende Motivation • Pflege-ICD-Listen häufig veraltet, unvollständig	• theoretisch schnelle Abrechnung, da nur wenige Zwischenstufen • kein zusätzlicher Personalaufwand in der Verwaltung • Leistungserbringer/Stationsärzte sind direkt verantwortlich • Sensibilisierung der Ärzte für ökonomische Belange

Vor diesem Hintergrund erscheint es plausibel, dass es nach Etablierung der DRG-Oberärzte zu einem Anstieg der Diagnosenzahl und gleichzeitig zu einem starken Absinken der Rate unspezifischer Kodes kam. Ähnlich war die Entwicklung bei den Prozeduren. In Zeiten zunehmender Transparenz im Gesundheitssektor wird es immer wichtiger, das Leistungsspektrum einer Klinik präzise abzubilden."[4]

Ein ähnliches vierstufiges Modell wurde von Kraus und Farrenkopf (2005, S. A-722) für die Chirurgische Universitätsklinik Heidelberg beschrieben: „Weil die Stationsärzte in der Chirurgischen Klinik sämtliche Diagnosen erfassen und die Krankenhaushauptdiagnose festlegen, die Operateure die Operationsprozedur dokumentieren und alle Non-Operation-Prozeduren am Ort des Leistungsgeschehens und damit überwiegend von Pflegekräften erfasst werden (Stufe 1), kann eine Überprüfung und Korrektur durch die DRG-Controllerin[5] grundsätzlich nur in engen Absprachen mit den Erfassenden stattfinden. Damit ist neben der Erlössicherung gewährleistet, dass die gesetzlichen Kodier-Vorgaben eingehalten werden (Stufe 2). Eine Schulung aller an der Dokumentation Beteiligten ist unerlässlich und gehört

---

4   Brost et al. (2004), S. 813
5   Vollzeitstelle für die Abteilung Allgemein-, Viszeral- und Unfallchirurgie (circa 140 Betten), besetzt mit einer Krankenhausbetriebswirtin (Erstausbildung: Krankenpflege); Quelle: Kraus und Farrenkopf (2005)

25

zu ihren Kernaufgaben. Für die inhaltliche Korrektheit zeichnet ein DRG-Oberarzt durch Unterschrift verantwortlich (Stufe 3). Anschließend werden die DRG-Daten an das zentrale Klinikums-Controlling zur Endabrechnung versandt (Stufe 4). Die DRG-Dokumentation ist somit vollständig und zeitnah als 4-Stufen-Prozess realisiert." Für dieses Modell wurde eine ökonomische Betrachtung durchgeführt, die die Autoren wie folgt zusammenfassen: Inzwischen liegen Daten zur Effizienz dieses DRG-Controlling-Ansatzes vor. „Es wurde ein Vorher-Nachher-Vergleich der Erlössituation erstellt. Am Tage nach der Entlassung wurden alle dokumentierten Fälle gruppiert und die Casemix (CM)-Punkte dieser ‚roh gruppierten Fälle' [...] addiert. Nach Überarbeitung durch das DRG-Controlling wurden die Fälle abgerechnet und die erzielten CM-Punkte ebenfalls über das Gesamtjahr erfasst. Für das Jahr 2004 betrug die Erlös-Differenz 1.387 CM-Punkte. Das entspricht 15 % des gesamten Casemix der chirurgischen Abteilung" (Kraus und Farrenkopf, 2005, S. A-722).

1.2.2 Profiler-Modell

Beim Profiler-Modell erfolgt die Kodierung der DRG-Informationen hauptsächlich durch die Stationsärzte während bzw. kurz nach Abschluss des Aufenthaltes eines Patienten. Speziell ausgebildete Mitarbeiter der Verwaltung (DRG-Profiler) führen anhand der Systemkodierung Plausibilitätsprüfungen durch. Sie geben den Ärzten, z. B. in Form von regelmäßig stattfindenden Kodierbesprechungen, Hinweise, die sie anhand der Untersuchung von Standardabweichungen identifiziert haben.

Das Tätigkeits- und Anforderungsprofil der DRG-Profiler lässt sich folgendermaßen zusammenfassen:

- Überprüfung der medizinischen Kodierung (Diagnosen, Prozeduren, administrative Falldaten) im System auf Kodierrichtlinienkonformität, Plausibilität, Präzision (ohne Krankenakte)
- selbstständige Durchführung von ein- bis mehrmals wöchentlich stattfindenden Kodierbesprechungen mit den Stationsärzten und/oder entgeltverantwortlichen Oberärzten der medizinischen Abteilungen. Während dieser Treffen werden fallbezogene Kodierauffälligkeiten besprochen, allgemeine Kodierhinweise vermittelt und sonstige Rückfragen geklärt
- Ansprechpartner für die Ärzte im Falle von Kodierfragen/Fragen aus dem Abrechnungsrecht
- enge Zusammenarbeit mit einem ggf. zentralen DRG-Management bzw. den Entgeltverantwortlichen der medizinischen Fachabteilungen
- Bearbeitung im Sinne einer Weiterleitung von DRG-bezogenen Krankenkassenanfragen.

Durch den Einsatz von Profilern besteht eine gute Möglichkeit, das Kodiergeschehen zu überprüfen. Darüber hinaus wird der „Verwaltungssicht" eines Falles in besonderer Weise Rechnung getragen. Durch regelmäßige Gespräche zwischen Profilern und kodierenden Ärzten kann eine gute Zusammenarbeit zwischen Verwaltung und Medizinbetrieb aufgebaut werden, die auch für andere Kommunikationsprozesse und Belange genutzt werden kann. Systematische Fehler können von den Profilern schnell aufgedeckt und an die Abteilungen gemeldet werden.

Die Nachteile dieses Modells liegen auf der Hand. Durch die rein systemseitige Überprüfung der Kodierungen findet kein Abgleich mit der physischen Patientenakte statt. Nur in den Häusern, in denen es eine elektronische Patientenakte (ePA) gibt, ist es den Profilern möglich, auch problemlos die medizinische Dokumentation einzusehen. Kritisch ist auch die u. U. fehlende medizinische Kompetenz der Mitarbeiter einzuschätzen, der häufig dadurch begegnet wird, dass auch Mitarbeiter der Pflege für einen Einsatz in diesem Bereich qualifiziert werden. Bei einer festen Abteilungszuordnung ist es aber auch Mitarbeitern mit einer kaufmännischen Ausbildung nach Einarbeitung möglich, zahlreiche medizinische Sachverhalte zu hinterfragen. Dies wird insbesondere durch die direkte Kommunikation mit den kodierenden Ärzten gefördert.

Tabelle 3 gibt eine Übersicht über die Vor- und Nachteile des Profiler-Modells.

Tabelle 3: Vorteile und Defizite des Profiler-Modells

Defizite	Vorteile
• zusätzlicher Personalaufwand im Bereich der Verwaltung • Liegen keine Standardabweichungen vor, können in der Akte dokumentierte relevante/erbrachte Leistungen nicht aufgedeckt werden • kodierte Leistungen sind evtl. nicht durch die Krankenaktendokumentation gedeckt • Kontrollen auf Vollständigkeit und Korrektheit der Kodierung sind nur eingeschränkt möglich • unter Umständen fehlende medizinische Kompetenz der Verwaltungskraft • Vertretungsregelung ggf. schwierig	• durch Kodiergespräche während der Anwesenheit des Patienten können Kodierdefizite aufgedeckt werden (prospektives Grouping) • Fall ist in der Liegedauer steuerbar bzw. Entlassungsplanung in Abhängigkeit von mittlerer Verweildauer (MVD)/oberer Grenzverweildauer (OGVD) • Durchsicht der Datensätze aus „Verwaltungssicht" • Aufdecken und Rückmeldung systematischer Fehler

1.2.3 Koder-Modell

Beim Koder-Modell wird nach Abschluss des Aufenthaltes die Dokumentation komplett in Kodierung umgesetzt. Diese Verschlüsselung wird in der Regel von dafür speziell ausgebildeten Verwaltungskräften oder Pflegenden durchgeführt. Sie findet anhand der Krankenakte und gegebenenfalls weiterer schriftlicher Aufzeichnungen über einen Patienten statt. Je nach Ausgestaltung wird die komplette Kodierung des Entlassungsdatensatzes nach der Entlassung des Patienten durchgeführt. Bei der Aufnahmedokumentation gibt es unterschiedliche Varianten. Häufig praktiziertes Prinzip ist eine Papierdokumentation von Diagnosen durch die Ärzte und die Umsetzung in Systemkodierung durch den Koder.

Tätigkeits- und Anforderungsprofil der DRG-Koder:

- Kodierung der medizinischen Dokumentation (Diagnosen, Prozeduren, administrative Falldaten) für die DRG-Abrechnung mithilfe der Krankenakte unter Berücksichtigung der Vorgaben des § 301 SGB V (Datenübermittlung), Kodierrichtlinienkonformität, Plausibilität, Präzision, Vollständigkeit und Korrektheit
- Überprüfung der Dokumentationsqualität und Vollständigkeit der Patientenakte (inkl. Aufwandsüberprüfung und G-AEP-Kriterien)
- medizinische Grundkenntnis, die Folgendes ermöglicht:
  - aus der Akte den Aufwand ableiten für Kodierrelevanz von Diagnosen
  - Umsetzung von Klarschriftdiagnosen und -therapien in ICD- bzw. OPS-Kodes
  - Aufdeckung von Diagnosen und Therapien aus dem Dokumentationskontext
- Grundkenntnisse über die medizinischen Abläufe
- Grundkenntnisse über die medizinische Terminologie, Arzneimittelkunde
- Fähigkeit zur Beurteilung von
  - stationärer Notwendigkeit
  - Notwendigkeit einer OGVD-Überschreitung
  - Notwendigkeit einer Fallzusammenführung
- selbstständige Bearbeitung der eingehenden Krankenkassenanfragen
- enge Zusammenarbeit mit einem ggf. zentralen DRG-Management bzw. den Entgeltverantwortlichen der medizinischen Fachabteilungen.

Das Koder-Modell findet seinen Ursprung in Australien, wo sich der Medical Coder als eigener Beruf fest etabliert hat (siehe auch Kapitel 1.1). Klarer Vorteil ist, dass ein vollständiger Abgleich zwischen Kodierung und Dokumentation bzw. Krankenakte stattfindet. Das Risiko berechtigter Kostenträgeranfragen sinkt. Da die gesamte Kodierung nur von wenigen Mitarbeitern durchgeführt wird, nimmt ebenfalls der Schulungsaufwand ab.

Dieses Modell hat allerdings auch Nachteile. Durch seinen retrospektiven Ansatz (Kodierung erst nach Entlassung des Patienten) kann kein Einfluss mehr auf das Patientenmanagement genommen werden. Das betrifft im Wesentlichen die Verweildauer, die im Nachhinein nicht mehr beeinflusst werden kann. Da ein Fokus der Kostenträgeranfragen im Bereich der Dauer des stationären Aufenthaltes liegt, müssen hier alternative Lösungen gefunden werden. Auch werden durch die Koder die Ärzte ihrer wirtschaftlichen Verantwortung teilweise entbunden.

Je nach Modell wird nur ein Teil der Kodierungen vom Koder durchgeführt. Drösler et al. (2004) vertreten zur OPS-Kodierung zum Beispiel die Auffassung, dass hier die Leistungserbringer direkt kodieren sollten. „Nur die Leistungserbringer ... wissen genau, welche Leistungen ... erbracht wurden und sollten diese direkt am Ort des Geschehens erfassen. Bei der Überschaubarkeit der Prozedurenkodes für Bild gebende Verfahren, Endosonographieleistungen und auch Endoskopien spricht vieles dafür, das Funktionspersonal in die Datenaufzeichnung zu integrieren. Anders ist der Sachverhalt für operative Leistungen zu beurteilen. Hier biete der Prozedurenschlüssel oftmals eine differenzierte Auswahl, die der Operateur selbst treffen sollte."[6]

Sämtliche Vorteile und Defizite sind in Tabelle 4 zusammengefasst.

Tabelle 4: Vorteile und Defizite des Koder-Modells

Defizite	Vorteile
• sehr hoher Personalaufwand • Dokumentationslücken bedeuten Kodierungslücken • retrospektiver Ansatz (während des Aufenthaltes kann kein Einfluss auf das Patientenmanagement genommen werden, der Koder „reagiert" nur) • differenzialdiagnostische Beurteilung und Berücksichtigung bei der Kodierung erschwert • Ärzte verantworten nicht den wirtschaftlichen Prozess • Kodierung nur in wenigen Händen, Risiko bei Personalfluktuation der Know-how-Träger • ärztliche Handschrift mitunter schwer zu entziffern	• fachlich vollständige und korrekte Kodierung • Dokumentation und Kodierung sind identisch und vor dem MDK unangreifbar (minimiertes Risiko) • dadurch schnellere Bearbeitung von Kostenträgerrückfragen, da ohne Rücksprache mit Abteilung zu bearbeiten • alle in der Akte dokumentierten Leistungen sind kodiert • zeitlich klar definierter Rechnungslauf (aber nicht zwingend schneller) • geringerer Schulungsaufwand, da nur kleine Gruppe zu schulen ist (im Gegensatz zur gesamten Ärzteschaft)

---

[6] Drösler et al. (2004)

29

Eine besondere Vorreiterrolle bei der Umsetzung eines Koder-Modells hatte mit ihren 3.300 Betten und über 120.000 stationären Patienten die Charité in Berlin. Hier hatte man bereits frühzeitig eine neue Berufsgruppe der „Medizinischen Dokumentationsassistenten" etabliert. Die Ziele der Integration dieser Gruppe in den Dokumentationsprozess wurden von Hansen und Grasse (2004) mit drei Punkten beschrieben:[7]

1. Entlastung der Ärzte
2. korrekte, valide und vollständige Erfassung von sämtlichen für die Abrechnung relevanten Informationen (inkl. Informationen zu Aufnahme und Entlassung)
3. Sicherung einer MDK-festen Dokumentation (Übereinstimmung von Primärdokumentation in Akte und Arztbrief mit der Kodierung).

„Die Medizinischen Dokumentationsassistenten kodieren Nebendiagnosen und Prozeduren und erstellen einen Kodiervorschlag einschließlich der Festlegung der Fachabteilungs- und Krankenhaushauptdiagnose. Dieser wird dem behandelnden Arzt zur abschließenden Bewertung vorgelegt. Eine zentrale elektronische Prüfung der Datensätze unterstützt die Sicherung der Korrektheit und Validität der Dokumentation. Täglich werden die Fälle aller am Vortag entlassenen Patienten vor der Freigabe zur Abrechnung anhand von Prüfregeln EDV-gestützt [...] geprüft. Die Prüfregeln wurden teilweise in der Charité entwickelt und mit Regeln eines führenden Software-Unternehmens kombiniert. Im Falle einer auffälligen Kodierung wird der zuständige MDA informiert und um Korrektur oder Rücksprache mit dem behandelnden Arzt gebeten. Erst nach Korrektur der Kodierung wird der Fall zur Abrechnung freigegeben. Dieser Korrekturprozess wird von den MDA durchgeführt und entlastet die Ärzte zusätzlich."[8]

Am Klinikum Ludwigshafen entschied man sich auch für ein Koder-Modell. Dort wurde folgendes Ablaufmodell etabliert[9]:

• Abholen der kompletten Patientendokumentation (Akte, administrative Entlassungsanzeige mit ärztlich notierter Hauptdiagnose, Kurzarztbrief) auf den Stationen durch den Koder bzw. eine Hilfskraft
• komplette Kodierung der Fälle unter Berücksichtigung der Kodierrichtlinien, Erstellen eines Ausdruckes mit den kodierten Diagnosen und Prozeduren sowie dem Gruppierungsergebnis
• Abzeichnung des Ausdrucks durch den Koder, Rücksendung der Akte nebst Ausdruck zum behandelnden Stationsarzt
• Prüfung des Ausdrucks, gegebenenfalls handschriftliche Korrektur und Unterschrift durch den Arzt. Dadurch Freigabe für die weitere Abrechnung.

---

7 Hansen und Grasse (2004)
8 Hansen und Grasse (2004), S. 245f.
9 Stein et al. (2004)

Neben der Kodierung ist die aktive Begleitung von MDK-Anfragen eine weitere Aufgabe der Koder.

Stein et al. (2004) kommen zum Fazit, dass durch die „Tätigkeit von [...] [Kodern], deren Arbeit weitaus mehr umfasst als das ‚reine Kodieren‘, [...] das Klinikum Ludwigshafen in die Lage [versetzt wird], die ‚objektive Primärdokumentation‘ vollständig und richtig auszuwerten. Im Sinne eines ‚Right-Coding‘ werden nur die Diagnosen und Prozeduren zur DRG-Abrechnung gebracht, die nach dem Augenschein der Patientendokumentation und unter Beachtung der Kodierrichtlinien zu identifizieren sind. Eine Schwäche in der Delegation der DRG-Dokumentation an Ärzte dagegen kann darin gesehen werden, dass von ihnen Diagnosen unter anderem aus dem persönlichen Kenntnisstand der Fälle gemeldet werden, die in der Akte (zum Beispiel durch einen äquivalenten Aufwand) nicht immer ausreichend belegt sind" (Stein et al., 2004, S. 695).

Im Uniklinikum Jena mit ca. 45.000 Fällen sind zum Teil in einzelnen Kliniken auch Dokumentare im Einsatz. Anders als in der Charité ist man hier einen anderen Weg gegangen. „Als zentrale Vorgabe bestehen die Forderung nach dem DokuAbschluss durch einen Arzt und die Benennung von mindestens einem DRG- und MDK-Beauftragten pro Klinik. Die Wahl einer Methode der Dokumentation liegt im Ermessen der Kliniken."[10] Die Empfehlung von Leder (2005) geht aber auch in Richtung Koder-Modell: „Diagnose-Kodierung und/oder Vorprüfung durch einen vor Ort und zentral angeleiteten, besonders zu qualifizierenden DRG-Dokumentar mit Arbeitsplatz direkt auf der Krankenstation, überwiegend ärztliche Kodierung der OP-Prozeduren, der Fallabschluss bleibt in den Händen des prozessverantwortlichen, behandelnden Arztes."[11] Besonderheit in Jena ist, dass dort alle MDK-Anfragen vom zentralen Medizin-Controlling ärztlich beurteilt werden, was ca. 30 % der 2,2 Vollkräfte in Anspruch nimmt.[12] „Bei offensichtlichem Verstoß gegen Kodierregeln durch das UKJ/das Gutachten erfolgt die Korrektur/der Widerspruch zentral durch das MedCO."[13]

1.2.4 Aktenprüfung

Eine vereinfachte Variante des Koder-Modells ist die Aktenprüfung. Flächendeckend werden hierbei die von den Ärzten kodierten Akten kontrolliert und noch nicht im System erfasste Leistungen hinzugefügt. Nicht dokumentierte,

---

[10] Leder (2005), S. 23
[11] ebenda, S. 26
[12] ebenda
[13] ebenda, S. 24

aber kodierte Leistungen werden im Abrechnungsdatensatz entfernt. Diese Veränderungen werden nach Rücksprache mit den jeweiligen Abteilungen durchgeführt, kodierverantwortlich bleibt der Stationsarzt.

Bei der Aktenprüfung ist der zusätzliche Personalaufwand geringer als beim Koder-Modell. Auch ist es hier möglich, selektiv solche Akten zu prüfen, bei denen eine ökonomische Auswirkung möglich ist (nach Schweregrad unterteilte DRG, Intensivpatienten etc.). In Abteilungen mit nicht gesplitteten DRG kann die Frequenz bzw. der Anteil der Aktenprüfungen dagegen gering gehalten werden.

Ein solches Modell aus der Klinik III für Innere Medizin am Uniklinikum Köln wurde von Flintrop (2004) vorgestellt. Hier hatte man eine langjährige Krankenschwester für eine systematische Aktenkontrolle eingesetzt. Pro Tag wurden von ihr 20 bis 30 Akten bearbeitet und ein Abgleich zwischen Dokumentation und Kodierung durchgeführt.

In einer großen Untersuchung von knapp 1.900 Krankenakten aus 17 Krankenhäusern konnten Holzwarth und Kuypers (2005) durch eine Aktenkontrolle deutliche Mängel aufweisen. Lediglich 12 % der geprüften Akten wurden von ihnen nicht beanstandet. Die Prüfung der ärztlichen Kodierung wurde anhand der Krankenakten inklusive der Entlassungsberichte sowie mittels definierter Prüfkriterien durchgeführt und brachte das in Tabelle 5 gezeigte Ergebnis. Untersucht wurden sowohl Krankenhäuser der Grund- und Regelversorgung als auch solche der Spezial- und Zentralversorgung.[14] Hierbei schnitten die Zentralversorger am besten ab, das schlechteste Bild lieferten Krankenhäuser der Grund- und Regelversorgung.

Holzwarth und Kuypers (2005) kommen darüber hinaus zu der Erkenntnis, dass sich „meist ... die in den Krankenakten dokumentierten [pflegerelevanten] Diagnosen und Prozeduren nicht in der Abrechnung wieder [finden]. Eine Erklärung hierfür ist, dass ... [diese] nur in den seltensten Fällen direkt in die EDV eingegeben werden. Auffallend war unter anderem auch, dass die Pflege richtig kodiert, diese Kodierung aber nicht in die ärztliche Abschlusskodierung einfließt. Pflegende kodieren aber oft auch ohne ausreichende Schulung und dadurch über das Ziel hinaus. Das potenzielle ‚Upcoding' wird dann häufig vom Arzt übernommen."[15] Fazit der Autoren ist: „Eine ... Empfehlung ist, regelmäßig stichprobenartig Krankenakten auf Korrektheit der Kodierung zu überprüfen, um einen Überblick über die Kodierqualität zu gewinnen, daraus Verbesserungspotenzial abzuleiten und so zu einem kontinuierlichen Verbesserungsprozess im Sinne eines etablierten Qualitätsmanagements zu kommen."[16] Die Kosten hierfür seien vernachläs-

---

[14] ohne Universitätsklinika
[15] Holzwarth und Kuypers (2005), S. 680
[16] ebenda, S. 680

Tabelle 5: Prüfkriterien und Anteil fehlerhafter Akten (eigene Darstellung nach Holzwarth und Kuypers, 2005)

Prüfkriterium	Anteil der Akten an allen geprüften Fällen (absolute Zahl der Akten)	am häufigsten im Krankenhaus der Versorgungsstufe
fehlerfreie Kodierung	12 % (225 Fälle)	Zentralversorgung
allgemeine Kodierfehler* (ärztlicher Dienst, Pflegedienst)	39 % (733 Fälle)	Grund- und Regelversorgung
fehlerhafte Dokumentation von ICD**	19 % (k. A.)	Grund- und Regelversorgung
fehlerhafte Dokumentation von OPS**	14 % (k. A.)	Grund- und Regelversorgung
notwendige DRG-Änderungen	29 % (541 Fälle)	Grund- und Regelversorgung
schwerwiegende Regelverstöße***	32 % (610 Fälle)	Grund- und Regelversorgung
Fehler in der Pflegedokumentation	10 % (194 Fälle)	Grund- und Regelversorgung

* unspezifische Schlüssel, Verstöße Kreuz-Stern-Systematik; ** nicht existierende Schlüssel, Verwendung von verkürzten Kodes; *** Deutsche Kodierrichtlinien

sigbar und eine abschließende Fallbesprechung biete einen hohen Lerneffekt für die kodierenden Ärzte.

Auch in Jena wurde eine randomisierte Aktenprüfung eingeführt. Knapp 10 % aller Fälle eines definierten Zeitraums wurden vom Medizin-Controlling zur Prüfung identifiziert und davon circa die Hälfte der Akten am Tag nach Entlassung zur Prüfung bereitgestellt. „Unter den letzteren enthielten 5 % erlösrelevante und 9 % PCCL-relevante Fehlkodierungen."[17]

Dass unter Umständen auch eine Gefahr in der reinen Kodierung auf Basis der medizinischen Dokumentation liegen kann, konnten Stausberg et al. (2005) zeigen. Sie hatten in einer Studie die Übereinstimmung von Medizin-Controllern, Dokumentationsfachkräften und Medizinstudenten beim Kodieren von Diagnosen anhand von Arztbriefen untersucht. Das aus Sicht der

---

[17] Leder (2005), S. 26

Autoren unbefriedigende Ergebnis zeigt eine Unsicherheit der Kodierung unter Berücksichtigung der Deutschen Kodierrichtlinien. Die fünf an der Untersuchung beteiligten Medizin-Controller bzw. die sieben Dokumentationsfachkräfte kamen bei einer unabhängigen Kodierung desselben Arztbriefs zu drei verschiedenen Kodes für die Hauptdiagnose. Weitere, etwas ältere Studien kamen zu ähnlichen Ergebnissen. So fand im Jahr 2003 ein Vergleich von circa 2.000 Fällen des DRK-Krankenhauses Alzey mit einer Nachkodierung durch den MDK Rheinland-Pfalz statt. Hierbei lag bei den Hauptdiagnosen die Übereinstimmung bei circa 70 % mit schlechtesten Werten für Innere Medizin (ca. 61 %) und Gynäkologie (ca. 60 %).[18] Auch im Bürgerhospital in Frankfurt am Main ergaben sich mit Datenmaterial aus 2002 für die Hauptdiagnosen ähnliche Ergebnisse. Die Übereinstimmung der Hauptdiagnose betrug für die Gynäkologie ca. 65 %, für die Innere Medizin ca. 52 %.[19]

In Alzey bzw. Frankfurt a. M. konnten zwischen 30 und 40 % der Nebendiagnosen bestätigt werden.[20]

Neubauer und Neubauer (2006) haben eine Untersuchung zu den Kodierunterschieden zwischen Stationsärzten und Kodierfachkräften bei der Kodierung von Prozeduren durchgeführt. Zwar kam es hierbei nicht zu Erlösverbesserungen, u. a. deswegen, weil die Wirkung der Diagnosen im DRG-System (noch) zu ausgeprägt ist. Es zeigten sich aber dennoch deutliche Qualitätsunterschiede, was in Tabelle 6 verdeutlicht ist.

Tabelle 6: Ergebnisqualität Kodierfachkraft versus Stationsärzte für OP-Verschlüsselung (Neubauer und Neubauer (2006); jeweils n = 50, Überprüfung anhand von OP-Protokollen)

Kennzahl	Kodierung durch Stationsärzte	Kodierung durch Kodierfachkraft
mittlere Zahl der OPS-Kodes pro OP	2,39 ± 1,84	2,85 ± 1,37
richtige Lokalisationsangabe bei paarigen Organen	84 %	94 %
fehlende Kodierung	18 %	6 %
Unterkodierung	10 %	0 %
Überkodierung	4 %	6 %

---

18 Stockdreher et al. (2004)
19 Klaus et al. (2005)
20 Stockdreher et al. (2004); Klaus et al. (2005)

1.2.5 Fallbegleiter-Modell

Das Fallbegleiter-Modell ist ein methodischer Ansatz, der die DRG-Fallko-
dierung mit Elementen des Case-Managements verbindet. Besonderheit ist,
dass die Fallbegleiter sowohl die Ärzte als auch das Pflegepersonal in ihrem stationären Tagesablauf begleiten. Angefangen von der morgendlichen
Frühbesprechung der Abteilungsärzte, über Visiten und Pflegeübergaben erfolgt die kontinuierliche Betreuung durch den Fallbegleiter. Diese umfasst
nicht nur die Kodierung, sondern ebenfalls die Beratung über die wahrschein-
lichen Erlöse, die Verweildauergrenzen der prospektiven DRG sowie die identifizierten Dokumentationslücken. Die Ärzte und das Pflegepersonal erfahren
dadurch bei jedem Patienten zeitnah und aktuell, welche Besonderheiten aus
Dokumentations- und Abrechnungssicht zu beachten sind.

Die Kodierung wird durch den Fallbegleiter kontinuierlich anhand der
Krankenakte und Patientenkurve durchgeführt. Hier werden ebenfalls Do-
kumentationsfehler und Unzulänglichkeiten aufgedeckt und unmittelbar
zurückgemeldet. Auch Erkenntnisse, die in den Besprechungen und Visiten
vom Fallmanager gewonnen wurden, aber nicht in der physischen Akte dokumentiert sind, werden entsprechend angemahnt. Neben der Haupt- und
den Nebendiagnosen werden zudem Prozeduren, die auf den Stationen
durchgeführt werden (z. B. Punktionen, ZVK-Anlagen, Transfusionen, Lagerungsbehandlung) vom Fallbegleiter kodiert. Die im OP bzw. in den Funktionsbereichen erbrachten Eingriffe werden nach wie vor vom Operateur vor
Ort erfasst, der Fallmanager führt lediglich eine Vollständigkeitskontrolle
durch. Durch die kontinuierliche Komplettierung des Entlassungsdatensatzes
während der Behandlung kann bereits am Entlassungstag eine vollständige
Abrechnung des Falles durchgeführt werden.

Tätigkeits- und Anforderungsprofil des DRG-Fallbegleiters:

- gleiches Profil wie DRG-Koder (siehe Kapitel 1.2.3), zusätzlich
- Überprüfung der Abrechnungskonsistenz des ärztlichen Entlassungsberichtes
- behandlungsbegleitende Beratung der Stationsärzte über abrechnungsrelevante Informationen (Erlös, Katalogverweildauern, wenn vorhanden:
  DRG-bezogene Kostendaten)
- Bearbeitung der medizinischen Kostenträger-/MDK-Anfragen, prospekti-
  ve Vermeidung durch selbst initiierten Verlängerungsantrag
- begleitende Information und Schulung von Ärzten, Pflegepersonal und
  Therapeuten über identifizierte Schwachstellen (Dokumentationslücken,
  Ablaufstörungen etc.)
- zentrale Schnittstelle zur Abrechnungsabteilung
- umfassende Kenntnisse im Case-Management (Prozessoptimierung etc.)
- kommunikatives Geschick, da berufsgruppenübergreifende Kommunikation unerlässlich.

Das Fallbegleiter-Modell ist der umfassendste und kostenaufwändigste Ansatz der vorgestellten Modelle. Eine flächendeckende Umsetzung eines solchen Modells rechnet sich nur in einzelnen Einrichtungen. Allerdings kann es sinnvoll sein, in Schlüsselabteilungen das Fallbegleiter-Modell umzusetzen und andere Abteilungen mit einem anderen Ansatz zu betreuen.

Dadurch, dass der Fallbegleiter fast ganztägig auf den Stationen eingesetzt wird, ist vorab eine eindeutige Klärung der Zuständigkeiten unabdingbar. Ist eine weitere organisatorische Zuordnung zu den Verwaltungsbereichen gewünscht, muss dies auch klar kommuniziert werden, damit der Fallbegleiter nicht im Medizinbetrieb absorbiert wird.

Wichtig ist vor allem der ständige Kontakt zu den Mitarbeitern der medizinischen Abteilung. Hierzu zählen nicht nur die Ärzte, sondern auch das Pflegepersonal, das Funktionspersonal und die Therapeuten. Klarer Vorteil ist, dass Einfluss auf das Patientenmanagement genommen werden kann. Während der Visiten können die Ärzte beraten werden, in welche DRG mit welchen Verweildauergrenzen der Patient voraussichtlich eingruppiert wird. Je nach Organisationsstruktur lässt sich dieses Modell auch mit dem Fall- bzw. Case-Management kombinieren.

Hier die Vorteile und Defizite zusammenfassend im Überblick:

Tabelle 7: Vorteile und Defizite des Fallbegleiter-Modells

Defizite	Vorteile
• Hoher Personalaufwand • Klärung der Zuständigkeiten mitunter schwierig (Abrechnung/Ärzte/Pflege) • Hoher Einzelschulungsbedarf (DRG-Dokumentation, Case-Management etc.) • Stationsnaher Arbeitsplatz erforderlich (häufig Raumproblematik), mobile Technik notwendig	• Durch Fallkenntnis sind sowohl eine vollständige Falldokumentation als auch Fallkodierung möglich (Aufdecken von Dokumentationslücken) • Verknüpfung Erlös- und Kosten-Controlling möglich • Differenzialdiagnostische Betrachtung durch direkte Interaktion mit den behandelnden Ärzten möglich • Patientenmanagement durch direkte tagaktuelle Rückmeldung beeinflussbar • Prospektiver Ansatz, da fortlaufende Kodierung und „Steuerung" eines Falles • Kombination mit Fall-/Case-Management möglich • Entlastung der Ärzte von administrativen Tätigkeiten (administrative Unterstützung der Arztbriefschreibung)

In der beschriebenen Form wurde das Fallbegleiter-Modell in einem Pilotversuch 2005 bis 2006 im Klinikum Lüdenscheid eingesetzt. Teilergebnisse wurden von Hielscher et al. (2006) vorgestellt. Hier hatte man das Modell in der Unfallchirurgie und Onkologie umgesetzt.

Auch die Sana Kliniken AG setzt ein ähnliches, flächendeckendes Konzept mit dezentralen medizinischen Dokumentationsassistenten um, die eine enge Anbindung an den Medizinbetrieb haben und eine fallbegleitende Kodierung und Optimierung des Dokumentations- und Abrechnungsprozesses vornehmen. Weitere Aufgaben der Dokumentationsassistenten sind die Entlastung der Ärzte in Bezug auf Tätigkeiten im Zusammenhang mit der Arztbriefschreibung (z. B. administrative Tätigkeiten, Erstellen von Standardtexten als Vorbereitung für den Arztbrief) sowie die Unterstützung bei der Erstellung statistischer Analysen und bei der Planung des medizinischen Leistungsgerüstes.

1.2.6 Outsourcing von Kodierdienstleistungen

1.2.6.1 Situation in Deutschland

Modelle, in denen Krankenhäuser ihre gesamte Kodierung an fremde Unternehmen oder eigene Tochtergesellschaften ausgliedern, konnten sich bislang in Deutschland nicht durchsetzen. Dementsprechend sind auf dem Markt derzeit nur sehr wenige Unternehmen vertreten, die solche Dienstleistungen komplett anbieten. Die mit einer Fremdvergabe verbundenen Probleme sind vermutlich zu groß. Aufgrund der häufig unzureichenden Abbildung der Patientendaten in elektronischen Patientenakten ist es quasi zwingend erforderlich, dass eine kodierende Fremdfirma direkt in den Räumen des Krankenhauses arbeitet. Die Weggabe der Krankenakte – auch nur für einen kurzen Zeitraum – ist aus rechtlichen und organisatorischen Gründen als problematisch einzuschätzen. Grundsätzlich sind auch Fragestellungen des Datenschutzes zu beachten, d. h. der Patient müsste zu Beginn der Behandlung einem solchen Verfahren zustimmen.

Winkler (2005)[21] hat verschiedene Vorteile einer Fremdkodierung diskutiert. „So verfügt der Dienstleister über spezielle Fachkräfte, die ausschließlich auf die Kodierung fokussiert sind. Darüber hinaus setzt er eine professionelle Prüfungssoftware ein. Korrekturen erfolgen nur in Abstimmung mit dem Krankenhaus-Arzt. Nach Endkodierung erfolgt das Abrechnungsmanagement bis hin zur Inkassostellung für das Krankenhaus. Die automatisierte Rech-

---

21 von der PriA Dienstleistungen im Gesundheitswesen GmbH (www.pria.de, www.drg-connect.de), die u. a. diese Dienstleistung anbietet

nungserstellung schließt sich direkt an die Kodierungsprüfung an. Die Rechnungslegung erfolgt nach § 301 SGB V. Das Krankenhaus erhält einen täglichen Abrechnungsstatus und eine taggleiche Gutschrift der eingehenden Zahlungen" (Winkler, 2005, S. A-256). Manche Unternehmen bieten weitergehende Dienstleistungen an. „Zum Abrechnungsmanagement gehört aber nicht nur die Rechnungsstellung und Zahlungsüberwachung, sondern auch die Korrespondenz mit den Kostenträgern und im Bedarfsfall das gesamte außergerichtliche Mahnwesen. Hierfür stehen Fachkräfte und Juristen zur Verfügung. Für die Korrespondenz mit den Kostenträgern ist es vorteilhaft, dass ein externer Dienstleister über eine Sammlung von Korrespondenzfällen vieler Krankenhäuser verfügt und daher eine einheitliche und sachgerechte Kommunikation mit den Kostenträgern beziehungsweise dem MDK erfolgt. Er hat den Überblick über Urteile und Schiedssprüche, sodass eine Abstimmung mit dem Krankenhaus nur in schwierigen Fällen notwendig ist. Mit dem angeschlossenen Berichtswesen unterstützt der Dienstleister das medizinische Controlling durch monatliche Analyseberichte, Management Reports und individuelle Qualitätsberichte."[22]

Bei einer Vor-Ort-Leistungserbringung entsteht allerdings für ein anbietendes Unternehmen eine zu der Lage des Krankenhauses vergleichbare Situation. Die Mitarbeiter müssen in den organisatorischen Ablauf des Krankenhauses eingebunden sein, mit dem deutlichen Nachteil, dass sich aus dieser Vorgehensweise nur selten Synergien und Skaleneffekte realisieren lassen – eine ungünstige Situation für den Unternehmer.

Auch zeigt sich, dass eine rein retrospektive Kodierung Nachteile in sich birgt, da ein Einfluss auf das Patientenmanagement oder die Dokumentationsqualität im Nachhinein nahezu unmöglich ist. Eine kontinuierliche Rückmeldung an die Abteilungen bzw. die behandelnden Ärzte kann deutliche Nebeneffekte mit sich bringen, wie z. B. die Verweildaueroptimierung oder die Verbesserung der Dokumentationsqualität inklusive des ärztlichen Entlassungsberichtes (siehe hierzu auch Kapitel 1.2.5). Auch eine klare Schnittstelle und Kommunikationsebene zwischen Kodierung und Abrechnung inklusive § 301 SGB V-Übermittlung zeigt positive Effekte bei der Verkürzung der Zeit zwischen Patientenentlassung und Rechnungsstellung. Bei der heutigen EDV-Landschaft stellt auch dieser Punkt ein relevantes Hindernis für das Outsourcing von Kodierdienstleistungen dar.

Wenn auch eine komplette Vergabe der Kodierung nach außen bislang noch die absolute Ausnahme darstellt, bieten verschiedene Beratungsunternehmen in modulartiger Weise zahlreiche Einzeldienstleistungen für Krankenhäuser an. Hierzu zählen zum Beispiel die punktuelle Aktenkontrolle oder Spezialschulungen für kodierende Mitarbeiter. Auch Organisationsfragen werden häufig extern vergeben, wie z. B. die Prozessoptimierung bei der Bearbeitung

---

[22] Winkler (2005), S. A-256

von Kostenträgeranfragen oder die Verkürzung der Rechnungslaufzeit. Gerade kleinere Häuser sparen sich auch die Einstellung eines hauptamtlichen ärztlichen DRG-Verantwortlichen und vergeben diese Dienstleistung an ein Unternehmen. Baller (2006) konnte zeigen, dass diese Vorgehensweise deutlich positive Kosteneffekte für ein Krankenhaus haben kann.[23]

Interessant in diesem Zusammenhang ist ein Urteil des Bundessozialgerichts vom Dezember 2008[24], das sich mit der Abrechnung von GKV-Patientenfällen durch private Verrechnungsstellen auseinandergesetzt hat. Zwar betraf der Sachverhalt die ambulante Abrechnung, die grundsätzlichen Festlegungen lassen sich allerdings auf den stationären Bereich übertragen:

- Im Geltungsbereich des SGB V ist die Weitergabe von Patientendaten durch Leistungserbringer nur dann und in dem Umfang erlaubt, in dem bereichsspezifische Vorschriften über die Datenverarbeitung im SGB V dies gestatten; die allgemeinen Regelungen des Datenschutzes, die Datenübermittlung bei Vorliegen einer Einwilligungserklärung des Betroffenen erlauben, finden insofern keine Anwendung.
- Krankenhäuser sowie Vertragsärzte dürfen Patientendaten, die gesetzlich Krankenversicherte betreffen, nicht zur Erstellung der Leistungsabrechnung privaten Dienstleistungsunternehmen übermitteln.
- Die Kassenärztliche Vereinigung ist berechtigt, durch private Abrechnungsstellen ohne ausreichende gesetzliche Ermächtigung erstellte Abrechnungen zurückzuweisen.

Das Gericht führt in seiner Urteilsbegründung u. a. aus, dass eine o. g. bereichsspezifische Rechtsgrundlage für die Datenweitergabe auch nicht entbehrlich ist, wenn die betroffenen Patienten formal in die Datenweitergabe eingewilligt haben.
Die Erfassung, Verwendung und Übermittlung von Leistungs- und Gesundheitsdaten werde ausschließlich für die im Gesetz bezeichneten Zwecke zugelassen und im Umfang auf das für den jeweiligen Zweck unerlässliche Minimum beschränkt.

Für ein mögliches Outsourcing der gesamten Kodierung sind mit dieser Rechtsprechung sehr hohe Hürden definiert worden.

---

[23] unveröffentlicht, persönliche Gespräche mit Herrn Dr. Sascha Baller, Institut für Medizincontrolling
[24] Bundessozialgericht Kassel; Urteil vom 10.12.2008, B 6 KA 37/07 R

1.2.6.2 Blick in die Schweiz: Erfahrungen mit Remote Coding (Fernkodierung)

Stefan Lippitsch[25] und Max J. Lenz[26]

Seit der schweizweiten Verbreitung der Medizinischen Statistik der Krankenhäuser im Jahr 1998 und vor allem mit der Einführung von AP-DRG zu Finanzierungszwecken in einzelnen Kantonen gewann die Kodierung der medizinischen Diagnosen und Prozeduren in Krankenhäusern an Bedeutung. Mit der geplanten flächendeckenden Einführung von SwissDRG – dem an den deutschen Fallgruppen angelehnten Schweizer DRG-System – wird der Bedarf einer professionellen Kodierung weiter steigen. Dabei stellt sich zunehmend die Frage, wer diese Kodierarbeiten in welcher Form übernehmen soll. Hier hat sich ein Modell bewährt, das die Firma LENZ Beratungen & Dienstleistungen AG in den letzten Jahren mit Erfolg in mehreren Schweizer Krankenhäusern eingesetzt hat. In diesem Kapitel geht es darum, diese Erfahrungen aus der Schweiz aufzuzeigen und eine Zwischenbilanz zu ziehen.

Die Kodierarbeit wird in Schweizer Krankenhäusern häufig vom klinisch ärztlichen Personal übernommen, das oftmals an der Obergrenze der Belastbarkeit arbeitet. Zudem wird die Kodierarbeit von vielen Ärzten nicht als notwendig, sondern als belastende und überflüssige Verwaltungstätigkeit empfunden. Der Stellenwert einer hochwertigen medizinischen Kodierung wird mancherorts nicht wahrgenommen. So können im Einzelfall einem Krankenhaus, das über ein DRG-System finanziert wird, Einnahmen entgehen und – bei Betrachtung der Kostenträgerrechnung – unter bestimmten Umständen die Fallkosten des Krankenhauses nicht gedeckt werden. Es drängt sich also auf, nach einer Alternative zu suchen, die eine professionelle Kodierung gewährleistet. Auch in der Schweiz gibt es verschiedene Ansätze, von denen das Remote Coding (engl.: Fernkodierung) Vorteile aufweisen kann.

Grundsätzlich sind im Rahmen der Kodierung verschiedene Modelle denkbar, deren Hauptunterschiede in der Verwendung interner oder externer Experten sowie in der internen oder externen Kodierung liegen. Tabelle 8 stellt die verschiedenen Modelle zusammengefasst gegenüber.

Die verschiedenen Konzepte bringen unterschiedliche Vor- und Nachteile mit sich, auf die im Folgenden eingegangen wird.

---

25 Lippitsch S, LENZ Beratungen & Dienstleistungen AG, Asylstrasse 41, 8032 Zürich, www.lenz.org
26 Lenz MJ, Dr., LENZ Beratungen & Dienstleistungen AG, Asylstrasse 41, 8032 Zürich, www.lenz.org

Tabelle 8: Vereinfachte Gegenüberstellung verschiedener Kodiermodelle (eigene Darstellung)

Modell	Anstellungsverhältnis der Kodierfachkraft	Ansiedlung des Kodierprozesses
1. Kodierung durch Ärzte/ Sekretariat	intern (medizinisches oder administratives Personal)	intern
2. Kodierung durch interne Experten	intern (Spezialpersonal)	intern
3. Kodierung durch externe Experten	extern	intern
4. Fernkodierung durch externe Experten (Remote Coding)	extern	extern

Modell 1 (Kodierung durch Ärzte/Sekretariat): Hier kodiert ärztliches oder nicht-medizinisches Personal. Nachteil dieses Modells ist eine hohe Fluktuation der Assistenzärzte, die immer wieder neu eingearbeitet werden müssen. Zu den üblichen Anforderungen an das Personal kommen die Ansprüche der Kodierung hinzu. Das Kodieren ist hier keine Kernkompetenz des für die Kodierung eingesetzten Personals (angelsächsisches Sprichwort: „Doctors are bad coders"). Die Motivation zur Erledigung der Kodierarbeit ist häufig negativ. Diese Kodierlösung kann aber auch Vorteile bringen. Die Bereicherung der ärztlichen Betrachtungsweise um eine ökonomische und politische Perspektive gehört ebenso dazu wie die größere Verantwortung für die eigenen Kodierdaten, die zunehmend auch als Routinedaten für Qualitätsbetrachtungen (Sekundärdatenanalysen) herangezogen werden und die Sensibilisierung für den Zusammenhang mit administrativen Abläufen.

Für kleinere Krankenhäuser beinhaltet das Modell 2 (Kodierung durch interne Experten) die Schwierigkeit, eine mit hohen Qualifikationsanforderungen versehene Stelle besetzen zu können. Die Anzahl zu kodierender Fälle ist hier meist zu gering, als dass sich eine Vollzeitstelle auszahlen würde. Falls doch eine Expertenkraft eingestellt werden sollte, gibt es für diese meist wenig Vertretungsmöglichkeiten im Urlaubs- und Krankheitsfall. Vorteile der Kodierlösung durch interne Experten sind die Bindung von hochqualifiziertem Personal an das eigene Krankenhaus und damit bessere Möglichkeiten einer stärkeren Identifikation. Volkswirtschaftlich gesehen bietet diese Lösung denjenigen Ärzten, die nicht direkt mit Patienten arbeiten möchten oder können, eine neue Beschäftigungsperspektive.

Im Rahmen des dritten Modells (Kodierung durch externe Experten im eigenen Krankenhaus) fällt ein relativ hoher Organisationsaufwand an für die Prozesse zur Herstellung von zeitnahen Kodiermöglichkeiten vor Ort (zum Beispiel An- und Abreise ins Krankenhaus). Diese Nachteile können durch das Fernkodierungsmodell 4 (Remote Coding) teilweise aufgefangen werden.

Die Bezeichnung Remote Coding leitet sich vom Hauptmerkmal dieser Kodierlösung ab, nämlich dem Kodieren über einen Fernzugriff. Voraussetzung dafür ist, dass ein Krankenhaus-Informations-System (KIS) vorhanden ist und die Krankengeschichte in elektronischer Form vorliegt.[27] Die Kodierexperten einer externen Organisation erhalten über technische Lösungen (z. B. Remote Desktop über Virtual Private Network (VPN)) einen Fernzugriff auf das jeweilige KIS, Berichtswesen, Kodierapplikation und -hilfsmittel. Kodiert wird anhand der elektronisch zur Verfügung stehenden Unterlagen.

Vorteile in dieser Lösung liegen darin, dass bei einem eher dünn besetzten Stellenmarkt das Krankenhaus keine internen oder externen Fachkräfte auf dem offenen Stellenmarkt suchen muss, sondern auf gut geschulte Fachkräfte einer externen Organisation zugreifen kann (Outsourcing). Eine hohe Kontinuität, Qualität und Professionalität innerhalb der externen Organisation ist gewährleistet. Insgesamt kann dem Remote Coding eine gute Kosten-/Nutzen-Relation zugeschrieben werden.
Eine weitere Chance im Zusammenhang mit Remote Coding ist die Notwendigkeit, die für die Kodierung relevanten Daten systematisch zu erfassen, was zu einer Prozessoptimierung innerhalb des Krankenhauses genutzt werden kann. Zudem sind zeitgerechtere Statistiken über die Leistungen des Krankenhauses möglich.

Die Notwendigkeit, in Hard- und Software zu investieren, ist im Rahmen einer Professionalisierung der Kodierung ohnehin erforderlich, da in den meisten Fällen die notwendigen Werkzeuge und Voraussetzungen nicht gegeben sind. Es ist immer angeraten, eine Ansprechperson für die Prozesse innerhalb des Krankenhauses zu definieren. Je nach Zustand und Komplexität des KIS kann hier teilweise ein nicht zu unterschätzender Arbeitsaufwand anfallen. Für die Herstellung einer Fernverbindung und das Benutzen spezialisierter Software-Werkzeuge ist mitunter eine enge Zusammenarbeit des Krankenhauses mit Informatikern und Softwareherstellern notwendig, um beispielsweise die Schnittstellen zwischen verschiedenen Software-Systemen herzustellen.

Durch die Auslagerung der Kodierung und eng daran gebundener Prozesse kann die Identifikation mit dem Krankenhaus unter Umständen geringer sein

---

[27] so genannte ePA (elektronische Patientenakte)

als vom Krankenhaus gewünscht. Die fehlende Präsenz der Kodierkräfte im Krankenhaus kann dann ein Nachteil sein, wenn die verfügbaren Dokumente nicht vollständig genug sind, um den kompletten Fall in der Kodierung abbilden zu können. Insgesamt gewinnt eine sorgfältige Prozessdefinition und eine gut funktionierende Kommunikation zwischen den beteiligten Stellen im Rahmen der Fernkodierung stark an Bedeutung.

Praktische Erfahrungen mit Remote Coding beziehen sich auf Krankenhäuser mit ca. 2.000 bis 24.000 Entlassungen pro Jahr, wobei teilweise nicht alle Fälle durch Remote Coding bearbeitet wurden. Der Verwendung von Remote Coding bei sehr kleinen oder sehr großen Häusern stehen verschiedene Argumente gegenüber, die häufig andere Kodieroptionen sinnvoller erscheinen lassen (geringe Fallzahlen bzw. mit steigender Fallzahl wachsende Attraktivität eines eigenen Kodierpersonals). Die Dauer von Entlassung eines Patienten bis zur Kodierung des Falles hängt zum großen Teil davon ab, wann die relevanten Berichte und Dokumentationen verfügbar sind. Nach Vorliegen dieser Dokumentation vergehen in der Regel etwa ein bis zwei Wochen, bis die Kodierung dieses Falles abgeschlossen ist. Hierbei ist besonders hervorzuheben, dass Nachfragen zu einzelnen Fällen bei der Kodierung in der Regel zu vermeiden sind, weil das Nachfragen durch die Entfernung der Kodierfachkräfte zum Krankenhaus einen hohen Aufwand bedeutet. Allerdings dient bei einer eventuellen externen Revision auch nur die vorhandene Dokumentation als Informationsgrundlage. Daher ist insbesondere bei der Erstellung der Berichte bereits darauf zu achten, dass die Unterlagen vollständig und für den Fall aussagekräftig sind. Die Kodierfachkräfte müssen daher eine fundierte medizinische Ausbildung (bestenfalls ein abgeschlossenes Medizinstudium) haben, die idealerweise durch eine spezielle Ausbildung zur Kodierfachkraft ergänzt wird. Die Firma LENZ legt hierbei großen Wert auf eine gute Ausbildung ihrer Kodierfachkräfte.

Zusammenfassend kann für die Schweiz festgestellt werden, dass Remote Coding viele Chancen hinsichtlich einer effizienten und effektiven Kodierlösung bietet. Für viele Krankenhäuser ist das Remote Coding daher sehr geeignet, um eine professionelle Kodierung einzuführen, wobei sich eine vollständige, aber auch eine teilweise Vergabe/Auslagerung der Kodierung zumindest in der Schweiz bewährt hat. Im Rahmen der Swiss-DRG-Einführung eröffnen sich sowohl für die Schweizer Spitäler als auch für die Kodieranbieter wie die Firma LENZ weitere interessante Perspektiven.

1.2.7 Kostenkalkulation für Kodiermodelle

Bei der Umstellung auf ein neues Kodiermodell entsteht meist zu Beginn der Planungsphase die Frage, welche (zusätzlichen) Kosten für das Krankenhaus entstehen. „Wie lange braucht ein Koder für eine Akte?" ist eine viel gestellte Frage, mit der der ungefähre Personalaufwand abgeschätzt werden soll.
Bei der Beantwortung solcher Fragen ist Vorsicht geboten. Den Umfang an Kodierungen, den ein Kodiermitarbeiter zeitlich bewältigen kann, hängt von zahlreichen Faktoren ab, die bei der Berechnung berücksichtigt werden müssen:

- Welche zusätzlichen Aufgaben sind zu bewältigen? Dazu gehören z. B. die Bearbeitung von MDK-Anfragen, Kontrolle der Arztbriefe, G-AEP-Vollständigkeitskontrolle, die Einholung fehlender Befunde, Kopiertätigkeiten für den MDK-Versand, Archivaufgaben, Kodierbesprechungen, Teilnahme an sonstigen Sitzungen, Schulungen, § 301 SGB V-Übermittlung, Kostensicherung.
- Welche Abteilungen werden betreut? Ein Intensivpatient mit einem Aufenthalt von 60 Tagen verursacht einen deutlich höheren Kodieraufwand als der 17-Jährige mit operiertem Leistenbruch, der nach drei Tagen das Krankenhaus wieder verlässt.
- Welche Erfahrungen hat der Kodiermitarbeiter, allgemein und mit den aktuell zu betreuenden Einrichtungen? Die Bearbeitungszeit einer Krankenakte lässt sich mit steigender Erfahrung und Routine deutlich senken.
- Wie werden die Kodiermitarbeiter weitergebildet (kontinuierlich oder nur durch jährliche Update-Schulungen)? Besteht die Möglichkeit eines kontinuierlichen Austausches, z. B. mit einem am Haus angestellten DRG-Manager oder durch regelmäßige Teambesprechungen?
- Welche technischen Möglichkeiten stehen zur Verfügung? Welche Software wird eingesetzt, z. B. konfigurierbare Kodierregelprüfung, Simulationsgrouping?

In Anbetracht der zu berücksichtigen Aspekte ergeben sich daher völlig unterschiedliche Ergebnisse hinsichtlich der zu bearbeitenden Fälle einer Vollkraft.

Im Klinikum Ludwigshafen hat sich als „Richtwert für die durchschnittliche Aktenbetreuungszeit ... eine Spanne zwischen 20 und 25 Minuten ergeben. Im Schnitt bewältigt daher eine Vollkraft etwa 3.000 bis 3.200 Akten pro Jahr. Der Bedarf für das Klinikum Ludwigshafen an Fachkräften beläuft sich demnach auf etwa 12 VK – bei insgesamt 36.000 jährlich anfallenden stationären Fällen."[28]

---

[28] Stein et al. (2004), S. 694

Eine interessante Rechnung hat die Charité zur Finanzierung ihrer 115 Medizinischen Dokumentationsassistenten aufgemacht: „Insgesamt wird … im Mittel ein MDA pro Station eingesetzt. Durch Dezentralisierung der administrativen Aufnahme konnte gleichzeitig die Anzahl der Mitarbeiter des zentralen Patientenmanagements um 35 Vollkräfte reduziert werden. Zusätzlich konnten im Pflegedienst aufgrund der Aufgabenentlastung weitere 35 Stellen abgebaut und in MDA-Stellen umgewandelt werden. Die Kosten der verbleibenden 45 MDA müssen mit der Reduktion des Aufwandes im ärztlichen Dienst verrechnet werden."[29] Hier geht man von einer Entlastung von 20 Minuten pro Tag und Arzt[30] aus, was auf das Jahr gesehen 40 Vollkräften im Ärztlichen Dienst entspricht.[31]

Eine nach Ansicht des Verfassers sehr optimistische Rechnung haben Drösler et al. (2004) vorgestellt. Auf Basis von Erfahrungen mit „Medical Codern" in Australien gehen sie lediglich von einem Zeitaufwand von circa 6 Minuten pro Fall aus, was im Vergleich zur ärztlichen Kodierung ein immenses Einsparpotenzial bergen würde (siehe Tabelle 9).

Tabelle 9: Gegenüberstellung der Kosten für die Primärkodierung (Drösler et al., 2004)

	Assistenz-arzt	Kodier-fachkraft	Diffe-renz
Zeit/Fall	11 min	6 min	5 min
Nettolohn/Minute (€)	0,72	0,37	0,45
Kosten/Fall (€)	7,92	2,22	5,70
Hochrechnung 5.000 Fälle/Jahr (€)	39.600	11.100	28.500
Hochrechnung 10.000 Fälle/Jahr (€)	79.200	22.100	57.100
Hochrechnung 20.000 Fälle/Jahr (€)	158.400	44.200	114.200

---

29 Hansen und Grasse (2004), S. 248
30 Die Autoren beziehen sich auf eine Studie des DKI aus dem Jahr 2003 (Blum und Müller, 2003), die einen ärztlichen Aufwand von 17 Minuten für die Dokumentation von Diagnosen und Prozeduren sowie Qualitätssicherung und weitere neun Minuten für die Beantwortung von MDK-Anfragen ermittelt hat. Da der Arzt nach wie vor die Verantwortung für die richtige und vollständige Kodierung hat, wurde in Berlin nur eine Entlastung von 20 Minuten angenommen (50 % bis 70 % des Aufwandes).
31 ebenda

Neubauer und Neubauer (2006) kommen ebenfalls zu der Erkenntnis, dass „erfahrene Kodierkräfte etwa die Hälfte der Zeit [von kodierenden Ärzten, also] ... im Schnitt fünf bis sechs Minuten pro Fall" benötigen.

Diese Berechnung muss sicher differenzierter betrachtet werden. Um einen Wert von sechs Minuten zu erreichen, bedarf es nach Auffassung des Verfassers zum einen einer klaren Beschränkung auf die reine Kodierung (ohne MDK-Bearbeitung) sowie weiterer organisatorischer Anpassungen (Optimierung der Aktenstruktur etc.). Selbst dann ist der Wert von sechs Minuten pro Fall wahrscheinlich nur unter hohem Zeitdruck zu realisieren und erlaubt keine umfangreichen Korrektur- und Abstimmungsläufe.

1.2.8 Übersicht Ausbildungsgänge Medizinische Dokumentation/Kodierung

1.2.8.1 Fort- und Weiterbildungsangebote für Medical Coder/Kodierassistenten

Seit einigen Jahren haben sich verschiedene Weiterbildungsangebote für die Medizinische Kodierung am Markt etabliert. Das Angebot richtet sich im Wesentlichen an spezifische Berufsgruppen im Krankenhaus, die in den Bereich der Kodierung und Falldokumentation wechseln möchten. Hauptzielgruppe sind Mitarbeiter der Krankenhausverwaltung, vornehmlich Abrechnung, sowie Pflegekräfte und Stationssekretäre. Es erfolgt eine Übersichtsdarstellung der derzeit am Markt befindlichen Angebote in alphabetischer Reihenfolge.[32]

Vielfach bieten die Anbieter auch weitere Kurse und Weiterbildungen an, die sich an andere Berufsgruppen richten (z. B. Kodierschulungen für Ärzte, Betriebswirtschaft für Ärzte, Medizin-Terminologie für Verwaltungsmitarbeiter, Überprüfung der Aktenqualität usw.). Diese werden hier nicht explizit dargestellt und können bei Bedarf bei den jeweiligen Veranstaltern abgerufen werden.

---

[32] Juli/August 2009. Quelle: Abfrage bei den jeweiligen Veranstaltern. Ohne Gewähr und ohne Anspruch auf Vollständigkeit

Deutsches Krankenhausinstitut GmbH, Düsseldorf

Name der Kodierausbildung	Weiterbildungsgang „Medizinische Kodierung"
Veranstalter (inkl. Anschrift + Internet)	Deutsches Krankenhausinstitut GmbH und Akademie für öffentliche Gesundheit e.V., Ruhr-Universität Bochum in Zusammenarbeit mit der Krankenhausgesellschaft Nordrhein-Westfalen
	Deutsches Krankenhausinstitut GmbH Hansaallee 201 40549 Düsseldorf Tel.: 0211-4 705 116 Fax: 0211-4 705 119 E-Mail: seminar@dki.de www.dki.de
	Akademie für öffentliche Gesundheit e.V. Ruhr-Universität Bochum Universitätsstr. 150 44780 Bochum Tel.: 0234-3 222 162 Fax: 0234-3 214 922 E-Mail: lohs@amib.rub.de
Wie häufig pro Jahr?	1–2-mal pro Jahr
Teilnahmevoraussetzungen	Nicht-ärztliche Mitarbeiter aus dem Krankenhaus und von Krankenhausträgerorganisationen, insbesondere MitarbeiterInnen aus der Krankenhausverwaltung und Rechnungsabteilung, Pflegekräfte, Stationssekretärinnen, Case-Manager, Med. DokumentarInnen, Berufsneu- oder -wiedereinsteiger
Zulassungsbeschränkungen	Keine

Inhalte	Grundlagen der Krankenhausfinanzierung unter DRG, Grundlagen des G-DRG-Systems (Systematik, KFPV, KHEntG), Rechnungsstellung, Datenaustausch (§ 301 SGB V), Grundlagen der medizinischen Dokumentation (Dokumente, Befunde, Datenhaltung, Archivierung), spezielle Dokumentationsanforderungen (Qualitätssicherung, DMP, BG-Fälle etc.), medizinische Klassifikationen, Diagnosenkodierung (ICD-10), Prozedurenkodierung (OPS 301), Deutsche Kodierrichtlinien (allgemeine und spezielle Kodierrichtlinien), DRG-Definitionshandbücher, Dokumentationsanforderungen ambulante Leistungserbringung, fachgebietsbezogene Anwendungen der Kodierrichtlinien (mit Übungen): konservative und diagnostische Fächer/operative Fächer/Gynäkologie und Geburtshilfe sowie kleine Fächer, EDV-gestützte Kodierung (Kodierprogramme), Organisation der DRG-Dokumentation, EDV-gestützte Kodierung (Kodierprogramme), Kodier-Prüfprogramme, Akten- und durch Arztbrief gestützte Kodierung, Prüfung der Kodierqualität inkl. EDV-Tools. Einzelfall- und Stichprobenprüfung durch den MDK.
Anzahl Module	7, davon 6 Wochenendeinheiten, 1 Wochenblock
Dauer (Zeitraum in Monaten)	5 Monate
Berufsbegleitend oder Vollzeit?	Berufsbegleitend
Anzahl Unterrichtsstunden	
Anteil Praxis-/Kodierübungen	Ca. 70 %
Durchschnittliche Teilnehmerzahl pro Kurs	16
Wie viele Durchgänge wurden bereits abgeschlossen?	7

Gesamtteilnehmerzahl aller beendeten Kurse	118
Hausaufgaben und/oder Zwischenprüfungen?	Nein
Art der Prüfung am Ende	Schriftlicher Abschlusstest
Name des Zertifikats bzw. der Teilnehmerbescheinigung	Zertifikat der Deutschen Krankenhausinstitut GmbH und Akademie für öffentliche Gesundheit e.V., Ruhr-Universität Bochum in Zusammenarbeit mit der Krankenhausgesellschaft Nordrhein-Westfalen; bei bestandenem Abschlusstest „hat mit Erfolg teilgenommen", ohne bestandenem Abschlusstest „hat teilgenommen"
Besondere Kooperationen	S. unter Punkt Veranstalter
Sonstiges	Krankenhausmitarbeitern ohne spezielle medizinische Vorkenntnisse wird der vorherige Besuch des DKI-Seminars „Medizinische Grundlagen für Nicht-Mediziner" empfohlen
Gesamtkosten (inkl. MwSt.)	Krankenhausmitarbeitern ohne spezielle medizinischeVorkenntnisse wird der vorherige Besuch des DKI-Seminars „Med. Grundlagen für Nicht-Mediziner" empfohlen
Gesamtkosten (inkl. MwSt.)	3.400 € (umsatzsteuerfrei)

DMI-Systems AG, Hamburg

Name der Kodierausbildung	Grundausbildung zum Klinischen Kodierer
Veranstalter (inkl. Anschrift + Internet)	DMI-Systems AG Krähenweg 30 22459 Hamburg Tel.: 040-555 659 00 Fax: 040-555 659 29 E-Mail: info@dmi-systems.de
Wie häufig pro Jahr?	4-mal

Teilnahmevoraussetzungen	Mitarbeiter aus Krankenhäusern, die mit der Kodierung und Abrechnung betraut sind oder Ärzte, die zukünftig bei diesen Aufgaben unterstützen sollen; mit EDV-Vorkenntnissen
Zulassungsbeschränkungen	Keine
Inhalte	DRG-Einführung – Grundlagen, Begriffe, Definitionen, Kodierrichtlinien – Ablauf der Kodierung, Diagnosenkataloge – Einführung, Prozedurenkataloge – Einführung, Upcoding – Ursachen, Folgen und Lösungen, DRG – gesetzliche Vorgaben und derzeitiger Stand, Kodierung in den verschiedenen Fachabteilungen mit praktischen Übungen, Wiederaufnahmen und deren Problematik
Anzahl Blöcke	2
Dauer (Zeitraum in Monaten)	1 Monat
Berufsbegleitend oder Vollzeit?	Vollzeit in Blockunterricht
Anzahl Unterrichtsstunden	40 pro Block = insgesamt 80
Anteil Praxis-/Kodierübungen	50 %
Durchschnittliche Teilnehmerzahl pro Kurs	12
Wie viele Durchgänge wurden bereits abgeschlossen?	20
Gesamtteilnehmerzahl aller beendeten Kurse	220
Hausaufgaben und/oder Zwischenprüfungen?	Kodierübungen
Art der Prüfung am Ende	Abschlussprüfung mit Zertifikat, mit Multiple Choice-Aufgaben und Kodierbeispielen, Dauer ca. 3 Stunden
Name des Zertifikats bzw. der Teilnehmerbescheinigung	Zertifikat zum Klinischen Kodierer

Besondere Kooperationen	Deutsche Gesellschaft für Klinisches Kodieren e.V.
Sonstiges	Pausensnacks, Getränke, Mittagessen, Schulungsunterlagen inklusive
Gesamtkosten	1.400 € zzgl. MwSt.

Gesundheitsakademie Celle

Name der Kodierausbildung	Kurs Weiterbildung zur Klinischen Kodierfachkraft
Veranstalter (inkl. Anschrift + Internet)	Gesundheitsakademie Celle
Wie häufig pro Jahr?	2-mal jährlich
Teilnahmevoraussetzungen	Ausbildung und praktische Erfahrung im Pflegedienst oder als Arzthelfer/in, Mitarbeiter aus der Abrechnung, wenn ausgedehnte Erfahrung im Krankenhaus nachweisbar ist
Zulassungsbeschränkungen	Außer Maximalteilnehmerzahl und o.g. Voraussetzungen keine
Inhalte	Alle wesentlichen Inhalte zur Kodierung (ICD, OPS, DKR), Grundlagen Medizincontrolling, Grundlagen des G-DRG-Systems
Anzahl Module	5-mal 1 Woche
Dauer (Zeitraum in Monaten)	2,5 Monate
Berufsbegleitend oder Vollzeit?	Berufsbegleitend
Anzahl Unterrichtsstunden	220
Anteil Praxis-/Kodierübungen	75 %
Durchschnittliche Teilnehmerzahl pro Kurs	15 bis 18
Wie viele Durchgänge wurden bereits abgeschlossen?	12

Gesamtteilnehmerzahl aller beendeten Kurse	180
Hausaufgaben und/oder Zwischenprüfungen?	Hausaufgaben von Modul zu Modul mit begleitender Aufarbeitung der Ergebnisse. Mehrfach wöchentliche Zwischenprüfungen
Art der Prüfung am Ende	Freitext und Multiple Choice, Dauer 3,5 bis 4 Zeitstunden
Name des Zertifikats bzw. der Teilnehmerbescheinigung	Qualifiziertes Zertifikat der Gesundheitsakademie Celle
Besondere Kooperationen	BARTELS Consulting GmbH
Sonstiges	Keine Bemerkungen
Gesamtkosten (inkl. MwSt.)	3.949 €

GMHM mbH, Berlin und weitere Standorte in Deutschland

Name der Kodierausbildung	Weiterbildung zum DRG-Coder
Veranstalter (inkl. Anschrift + Internet)	GMHM Gesellschaft für medizinisches Honorarmanagement mbH www.gmhm.de
Wie häufig pro Jahr?	2 Kurse pro Jahr
Teilnahmevoraussetzungen	Medizinische Grundkenntnisse, Berufserfahrung, Computerbasiswissen; Zielgruppe: Angehörige Medizinischer Pflegeberufe
Zielgruppe	Angehörige medizinischer Assistenzberufe, medizinisches Pflegepersonal, Mitarbeiter von Krankenkassen, kassenärztlichen Vereinigungen und aus der patientennahen Verwaltung sowie Quereinsteiger mit medizinischen Vorkenntnissen

Inhalte	G-DRG-System, Organisationsstrukturen, Grundlagen der medizinischen Dokumentation, medizinische Terminologie, medizinische Klassifikationen, allgemeine Kodierrichtlinien, spezielle Kodierrichtlinien, Kodierung (Innere Medizin, Chirurgie, Gynäkologie, Geburtshilfe, Urologie, Augenheilkunde, Pädiatrie, Neurologie, Dermatologie, HNO, Anästhesiologie, Intensivmedizin, ambulante Leistungserbringung), Kodierprogramme, Akten- und durch Arztbrief gestützte Kodierung, Prüfung der Kodierqualität, MDK-Prüfungen, Case-Management, Medizin-Controlling, Kommunikation, Führung, rechtliche Grundlagen (Schweigepflicht, Haftung) Hoher Praxisanteil!
Dauer/Umfang	6-mal 3 Seminartage (verteilt auf einen Zeitraum von rund sechs Monaten, jeweils Do.-Sa.)
Berufsbegleitend oder Vollzeit?	Berufsbegleitend
Durchschnittliche Teilnehmerzahl pro Kurs	14
Wie viele Durchgänge wurden bereits abgeschlossen?	26
Gesamtteilnehmerzahl aller beendeten Kurse	ca. 390
Prüfung/Zertifikat	Abschlussprüfung (schriftlich und mündlich) mit Zertifikat und Teilnehmerbescheinigung
Besondere Kooperationen	3M (Software), IHK
Sonstiges	Weitere Angebote: Inhouse-Schulungen, jährliches DRG-Update-Seminar
Gesamtkosten (inkl. MwSt.)	3.332 €/2.975 € (Frühbucherrabatt)

Haus der Technik, Essen

Name der Kodierausbildung	Klinische Kodierung und DRG-basierte Leistungsabrechnung
Veranstalter (inkl. Anschrift + Internet)	Haus der Technik Hollestr. 1 45127 Essen www.hdt-essen.de
Wie häufig pro Jahr?	2
Teilnahmevoraussetzungen	Möglichst Tätigkeit in Klinik oder bei Kostenträger
Zulassungsbeschränkungen	Keine
Inhalte	• ICD 10-GM 2010 • OPS 2010 • Deutsche Kodierrichtlinien 2010 • G-DRG 2010 • Praxismodule
Anzahl Module	–
Dauer (Zeitraum in Monaten)	6 Präsenztage über ca. 2 Monate
Berufsbegleitend oder Vollzeit?	Berufsbegleitend
Anzahl Unterrichtsstunden	48
Anteil Praxis-/Kodierübungen	ca. 30%
Durchschnittliche Teilnehmerzahl pro Kurs	18
Wie viele Durchgänge wurden bereits abgeschlossen?	21
Gesamtteilnehmerzahl aller beendeten Kurse	386
Hausaufgaben und/oder Zwischenprüfungen?	Aufgaben zwischen den Präsenztagen
Art der Prüfung am Ende	Keine
Name des Zertifikats bzw. der Teilnehmerbescheinigung	Zertifikat: Klinische Kodierung und DRG-basierte Leistungsabrechnung (Case Mix-Performer)

Besondere Kooperationen   –

Sonstiges   –

Gesamtkosten (inkl. MwSt.)   1.690 €

Katholische Akademie für Berufe im Gesundheits- und Sozialwesen in Bayern e. V., Regensburg

Name der Kodierausbildung	„Klinische Kodierfachkraft"
Veranstalter (inkl. Anschrift + Internet)	Kath. Akademie für Berufe im Gesundheits- und Sozialwesen in Bayern e.V. Ostengasse 27 93047 Regensburg www.kap-regensburg.de
Wie häufig pro Jahr?	Bisher geplant: 1-mal pro Jahr
Teilnahmevoraussetzungen	Verwaltungs- bzw. Pflegepersonen mit Berufserfahrung
Zulassungsbeschränkungen	Teilnehmer ohne Verwaltungs- und/oder Pflegeerfahrung
Inhalte	• Grundlagen des G-DRG-Systems • Kodierungssystematik im G-DRG-System • Klassifikation der Diagnosen nach ICD-10 • Klassifikation der Prozeduren nach OPS 301 • allgemeine und spezielle Kodierregeln • Grundlagen der Krankenhausfinanzierung • Grundlagen des Medizin-Controlling • medizinische Dokumentation • Grundlagen der EDV-technischen Recherche für Diagnosen und Prozeduren • Grundlagen der Krankenhaus-Informations-Systeme • Grundlagen einer prozessorientierten Medizin • Strategien zur Umsetzung

	Zusätzliche Abendveranstaltungen: • Excel Grund- und Aufbaukurs • Medizin-Controlling
Anzahl Module	3 (1-mal 2 Wochen und 2-mal 1 Woche)
Dauer (Zeitraum in Monaten)	Insgesamt 4 Wochen, verteilt auf ca. 3 Monate
Berufsbegleitend oder Vollzeit?	Während der Präsenzphasen Vollzeit
Anzahl Unterrichtsstunden	Insgesamt 180 Stunden (90 Block 1, je 45 Blöcke 2 und 3 inkl. der Praxisstunden (Hausaufgaben)
Anteil Praxis-/Kodierübungen	ca. 25 %
Durchschnittliche Teilnehmerzahl pro Kurs	Geplant 12 bis max. 15
Wie viele Durchgänge wurden bereits abgeschlossen?	3
Gesamtteilnehmerzahl aller beendeten Kurse	
Hausaufgaben und/oder Zwischenprüfungen?	Sind nach dem jeweiligen Modul geplant/ schriftlich mit Fragenkatalog
Art der Prüfung am Ende	Bartels Consulting, Coesfeld
Name des Zertifikats bzw. der Teilnehmerbescheinigung	Klinische Kodierfachkraft
Besondere Kooperationen	Bartels Consulting, Coesfeld
Sonstiges	
Gesamtkosten (inkl. MwSt.)	3.900 € inkl. Seminarunterlagen und Teilverpflegung, inkl. MwSt.

Katholische Fachhochschule Freiburg

Name der Kodierausbildung	Fachkraft für Kodierung mit den Schwerpunkten Klinische Kodierung Kodierprüfung Abrechnungsprüfung
Veranstalter (inkl. Anschrift + Internet)	Katholische Fachhochschule Freiburg gGmbH Hochschule für Sozialwesen, Religionspädagogik und Pflege Karlstraße 63 79104 Freiburg www.kfh-freiburg.de in Kooperation mit dem MDK Baden-Württemberg, Lahr
Wie häufig pro Jahr?	2-mal
Teilnahmevoraussetzungen	Examinierte Pflegekräfte und andere Teilnehmer/-innen mit medizinischem Fachwissen
Zulassungsbeschränkungen	Keine
Inhalte	Systematik des G-DRG-Systems, Rechtsgrundlagen der Krankenhausfinanzierung, Vereinbarung zum Fallpauschalensystem für Krankenhäuser (FPV), Medizinische Terminologie, ICD-10-GM/OPS: Systematik und praktische Übungen, Allgemeine und spezielle Deutsche Kodierrichtlinien (DKR), Konfliktmanagement und Gesprächsführung, G-DRG-Grouper, Kodier- und Prüfsoftware: Funktionsweise und praktische Übungen, Qualitätsmanagement in der Kodierprüfung. Auffälligkeiten bei Abrechnungsdaten: Sinnvolle Fallauswahl, Abrechnungsregeln, Fehlbelegungs- und DRG-Prüfung (Dokumentation, Aktenführung, G-AEP, MDK-Prüfungen), Kodierworkflow, Praktische Übungen einschl. spezieller Fallkonstellationen

Anzahl Module	1. Basisschulung für alle Schwerpunkte 2. Aufbauschulung (abhängig vom Schwerpunkt, mit umfangreichen praktischen Teilen)
Dauer (Zeitraum in Monaten)	4 Blöcke in 6 Monaten
Berufsbegleitend oder Vollzeit?	Berufsbegleitend
Anzahl Unterrichtsstunden	144 Unterrichtsstunden
Anteil Praxis-/Kodierübungen	60 Stunden
Durchschnittliche Teilnehmerzahl pro Kurs	Max. 24 Teilnehmer/-innen
Wie viele Durchgänge wurden bereits abgeschlossen?	4
Gesamtteilnehmerzahl aller beendeten Kurse	60
Hausaufgaben und/oder Zwischenprüfungen?	Nein
Art der Prüfung am Ende	Schriftliche Prüfung und praktisches Kolloquium
Name des Zertifikats bzw. der Teilnehmerbescheinigung	Fachkraft für Kodierung zusätzlich mit jeweils ausgewiesenem Schwerpunkt
Besondere Kooperationen	Katholische Fachhochschule Freiburg mit dem MDK Baden-Württemberg in Lahr
Sonstiges	Das „Lahrer Modell" 1. Keine Assistentenausbildung, sondern Ausbildung zur Fachkraft 2. Zertifizierung durch die Katholische Fachhochschule Freiburg als unabhängige Bildungseinrichtung 3. Gemeinsame Basisausbildung aller drei betroffenen Partner: Krankenhäuser, Krankenkassen, MDK.
Gesamtkosten (inkl. MwSt.)	1.480 €

Kaysers Consilium GmbH, Kevelaer

Name der Kodierausbildung	Intensiv-Ausbildung zur Klinischen Kodierfachkraft in Kooperation mit mydrg
Veranstalter (inkl. Anschrift + Internet)	Kaysers Consilium GmbH Marienstr. 24 47623 Kevelaer Tel.: 02832-40 40 10 E-Mail: info@kaysers-consilium.de www.kaysers-consilium.de
Wie häufig pro Jahr?	6–8-mal
Teilnahmevoraussetzungen	Pflege/Arzthelferin/Verwaltung mit Erfahrung
Zulassungsbeschränkungen	Keine
Inhalte	Siehe www.kaysers-consilium.de
Anzahl Module	2
Dauer (Zeitraum in Monaten)	Basiskurs 3 Wochen + Erweiterungskurs 2 Wochen
Berufsbegleitend oder Vollzeit?	Beides ist möglich
Anzahl Unterrichtsstunden	120 + 40
Anteil Praxis-/Kodierübungen	60 Theorie/40 Praxis
Durchschnittliche Teilnehmerzahl pro Kurs	20
Wie viele Durchgänge wurden bereits abgeschlossen?	> 50
Gesamtteilnehmerzahl aller beendeten Kurse	Ca. 1.000
Hausaufgaben und/oder Zwischenprüfungen?	Ja
Art der Prüfung am Ende	3 Stunden schriftliche Prüfung
Name des Zertifikats bzw. der Teilnehmerbescheinigung	Zertifikat „Klinische Kodierfachkraft"
Besondere Kooperationen	mydrg/3M/MDK Bayern

59

Sonstiges

Gesamtkosten (inkl. MwSt.)	Basiskurs: 2.856 €; Erweiterungskurs: 1.309 €

Landesärztekammer Hessen, Bad Nauheim

Name der Kodierausbildung	Klinikassistenz
Veranstalter (inkl. Anschrift + Internet)	Landesärztekammer Hessen Carl-Oelemann-Schule Carl-Oelemann-Weg 5 61231 Bad Nauheim www.carl-oelemann-schule.de
Wie häufig pro Jahr?	Interessentenliste
Teilnahmevoraussetzungen	Abgeschlossene Ausbildung zur Arzthelferin/Med. Fachangestellten. Mindestens einjährige Berufstätigkeit als Arzthelferin/Med. Fachangestelle empfehlenswert. In begründeten Fällen können auch Angehörige anderer Fachberufe im Gesundheitswesen teilnehmen.
Zulassungsbeschränkungen	Siehe oben
Inhalte	DRG-Kodierung, Grundlagen krankenhausrelevanter Gesetzgebung, Aufbau- und Ablauforganisation im Krankenhaus, Dokumentation und Verwaltung von Patientenakten, EDV, Formular- und Abrechnungswesen, Gesprächsführung Praktikum
Anzahl Module	7
Dauer (Zeitraum in Monaten)	Ca. zwei Monate
Berufsbegleitend oder Vollzeit?	Berufsbegleitend
Anzahl Unterrichtsstunden	100 Unterrichtsstunden Theorie, 20 Unterrichtsstunden Praktikum in einem Krankenhaus

Anteil Praxis-/Kodierübungen	
Durchschnittliche Teilnehmer- zahl pro Kurs	12–15
Wie viele Durchgänge wurden bereits abgeschlossen?	5
Gesamtteilnehmerzahl aller beendeten Kurse	69
Hausaufgaben und/oder Zwischenprüfungen?	Keine
Art der Prüfung am Ende	Kolloquium
Name des Zertifikats bzw. der Teilnehmerbescheinigung	Zertifikat über die erfolgreiche Teilnahme an einem 120-stündigen Fortbildungslehr- gang „Klinikassistenz" nach dem Curri- culum der Landesärztekammer Hessen
Besondere Kooperationen	Klinikpraktikum
Sonstiges	Umfangreiche praktische Übungen mit einschlägiger Krankenhaus-Software
Gesamtkosten (inkl. MwSt.)	1.190 €

MDK Bayern, München

Name der Kodierausbildung	Weiterbildung „Kodierassistenz"
Veranstalter (inkl. Anschrift + Internet)	MDK Bayern Putzbrunner Str. 73 81739 München http://www.mdk-bayern.de [Wissen → Unser Angebot → Weiterbil- dungsangebote]
	Ansprechpartner: Dr. med. Ernst Spitzenpfeil MDK Bayern Waltherstr. 2 90429 Nürnberg Tel.: 0911-929 862 34 E-Mail: ernst.spitzenpfeil@mdk-bayern.de

Wie häufig pro Jahr?	2–3 Kurse pro Jahr
Teilnahmevoraussetzungen	Empfohlen: abgeschlossene medizinnahe Berufsausbildung (Krankenpflege, Arzthelferin, MTA, RTA, PTA o. Ä.)
Zulassungsbeschränkungen	Keine
Inhalte	DRG-Systemgrundlagen, ICD-10-GM, OPS, Deutsche Kodierrichtlinien, medizinische Terminologie, Rote Liste, ambulantes Operieren, AEP, Dokumentation in der Krankenakte, MDK-Prüfungen, Kommunikationstraining
Anzahl Module	5-mal 1 Blockwoche
Dauer (Zeitraum in Monaten)	Ca. 4 Monate
Berufsbegleitend oder Vollzeit?	Vollzeit während der Blockwochen
Anzahl Unterrichtsstunden	163 Stunden à 60 Minuten
Anteil Praxis-/Kodierübungen	Ca. 15–20 %
Durchschnittliche Teilnehmerzahl pro Kurs	Ca. 25
Wie viele Durchgänge wurden bereits abgeschlossen?	14
Gesamtteilnehmerzahl aller beendeten Kurse	346
Hausaufgaben und/oder Zwischenprüfungen?	Hausaufgaben: ja, Zwischenprüfung: nein
Art der Prüfung am Ende	Schriftliche Multiple Choice-Prüfung
Name des Zertifikats bzw. der Teilnehmerbescheinigung	Zertifikat „Weiterbildung zur/zum Kodier- und Dokumentationsassistentin/en"
Besondere Kooperationen	Hochschule Deggendorf
Sonstiges	Veranstaltungsort 2009: Nürnberg
Gesamtkosten	1.950 €

mibeg-Institut Medizin, Köln

Name der Kodierausbildung	Intensivseminar DRG-Dokumentar/in Berufsbegleitende Weiterbildung des mibeg-Instituts Medizin zum/zur medizinischen Dokumentations- und Kodierassistenten/in
Veranstalter (inkl. Anschrift + Internet)	mibeg-Institut Medizin Sachsenring 37–39, 50677 Köln Tel. 0221-33 604 610 Fax 0221-33 604 666 E-Mail medizin@mibeg.de www.mibeg.de
Wie häufig pro Jahr?	2-mal
Teilnahmevoraussetzungen	Das Seminar richtet sich an Medizinische Dokumentar/innen, Pflegekräfte, Stationssekretär/innen, Arzthelfer/innen, Verwaltungsfachkräfte und interessierte Ärztinnen und Ärzte
Zulassungsbeschränkungen	Keine
Inhalte	Grundlagen und Auswirkungen des DRG-Systems, Medizinische Dokumentation und Finanzierung von Krankenhausleistungen, Organisation der Leistungserfassung, Abrechnungsmanagement und elektronischer Datenaustausch, Allgemeine und Spezielle Kodierrichtlinien mit Fallbeispielen aus allen Fachgebieten, DRG-Arbeitsplatzsysteme, Prüfung durch den MDK, Trainingsmodule zu allen Seminareinheiten
Anzahl Module	6
Dauer (Zeitraum in Monaten)	6 berufsbegleitende Wochenendeinheiten im Zeitraum eines halben Jahres
Berufsbegleitend oder Vollzeit?	Berufsbegleitend
Anzahl Unterrichtsstunden	84

Durchschnittliche Teilnehmerzahl pro Kurs	20
Wie viele Durchgänge wurden bereits abgeschlossen?	18
Gesamtteilnehmerzahl aller beendeten Kurse	350
Hausaufgaben und/oder Zwischenprüfungen?	Praxisreflexion
Art der Prüfung am Ende	Abschlusskolloquium
Name des Zertifikats bzw. der Teilnehmerbescheinigung	Zertifikat „DRG-Dokumentar/in" des mibeg-Instituts Medizin
Besondere Kooperationen	Wissenschaftlicher Beirat: Martin Czech, Darmstadt; Joachim Finklenburg, Gummersbach; Peter Goerdeler, Unna; Dr. Ernst-Albert Schröder, Siegburg; Dr. Andreas Weigand, Siegen
Sonstiges	Weiteres Angebot: Interdisziplinäre Weiterbildung „Medical-Controlling", die in Kooperation mit der Ärztekammer Nordrhein und der Uniklinik Köln durchgeführt wird
Gesamtkosten (inkl. MwSt.)	1.970 €. Das Seminar ist umsatzsteuerbefreit.

Wissner-Kompetenz (Schliengen/Baden-Württemberg)

Name der Kodierausbildung	Ausbildung zur klinischen G-DRG-Kodierfachkraft/Kodierassistent/in Basiswissen
	Ausbildung zur klinischen AP-DRG bzw. Swiss-DRG-Kodierfachkraft
Veranstalter (inkl. Anschrift + Internet)	Schulungszentrum Wissner-Kompetenz In den Hofmatten 19 79418 Schliengen-Liel Tel. 07635-8 249 351 E-Mail: sonja.wissner@wissner-kompetenz.de www.wissner-kompetenz.de

Wie häufig pro Jahr?	4–6 Mal (2008)
Teilnahmevoraussetzungen	Medizinische Grundkenntnisse
Zulassungsbeschränkungen	Keine
Inhalte	Grundlagen des Krankenhauswesens Grundlagen des G-DRG-Systems/AP-DRG/Swiss-DRG IT im Krankenhaus Medizinische Dokumentation Berichtswesenoptimierung MDK-Prüfungen Medizinische Fachbereiche ICD und OPS Deutsche Kodierrichtlinien/Schweizer Kodierrichtlinien Vorbereitung praktische Kodierung Praktische Kodierung Intensiv-Woche Intensiv-Kodierung in den Bereichen Chirurgie, Kardiologie, Innere Medizin, Gynäkologie und Geburtshilfe
Dauer (Zeitraum in Monaten)	2 Wochen + 1 Woche Intensiv-Kodierung in verschiedenen Fachbereichen
Berufsbegleitend oder Vollzeit?	Vollzeit
Anzahl Unterrichtsstunden	86 + 37 Intensiv-Woche
Anteil Praxis-/Kodierübungen	50 % + Intensiv-Woche 100%
Durchschnittliche Teilnehmerzahl pro Kurs	12 (max. 15)
Wie viele Durchgänge wurden bereits abgeschlossen?	8 – G-DRG 4 – AP-DRG
Gesamtteilnehmerzahl aller beendeten Kurse	142
Hausaufgaben und/oder Zwischenprüfungen?	Nein
Art der Prüfung am Ende	Keine
Name des Zertifikats bzw. der Teilnehmerbescheinigung	Zertifikat „Klinische Kodierfachkraft"

Besondere Kooperationen
- Module können auch als Einzelkurs belegt werden mit entsprechender Teilnahmebescheinigung
- Intensiv-Kodierwoche kann tageweise gebucht werden
- Dozenten sind Fachdozenten
- Swiss DRG- Kurse im Angebot

Gesamtkosten (inkl. MwSt.) Siehe Homepage

Weitere Angebote

Es folgt eine tabellarische Darstellung weiterer Angebote[33]:

Tabelle 10: Weitere Fort- und Weiterbildungsangebote Kodierfachkraft/-assistenz

Name der Fortbildung	Veranstalter	Homepage
Praxisausbildung „Medizinischer Codier Assistent (MCA)"	ctw-Akademie, Düren	www.ct-west.de
Weiterbildung „DRG-Kodierassistent/-in"	BayTech	www.drg.baytech.de
Intensivschulung zur Klinischen Kodierfachkraft	Caritas Akademie Köln-Höhenlind	www.caritas-akademie-koeln.de
Fortbildung zur „DRG-Kodierassistenz"	Trainergy, Hauset, (Belgien)	www.trainergy.de
IHK-Kurs: Grundlagen medizinischer Dokumentation	IHK Pfalz, Ludwigshafen	www.pfalz.ihk24.de
Intensiv-Training „Klinische Kodierfachkraft"	BFZ Essen	www.bfz-essen.de
Mehrere Kurse u. a. „Casemix Performer", „Case Analyst"	epos, Bad Homburg	www.epos-bg.de

---

33 ohne Gewähr, ohne Anspruch auf Vollständigkeit

1.2.8.2 Medizinische Dokumentare/Dokumentationsassistenten

Ein eigener Berufszweig hat sich mit den Ausbildungsgängen zu den Medizinischen Dokumentationsassistenten gebildet. Je nach Voraussetzung gibt es hier vier unterschiedliche Ausbildungsgänge, die in der Tabelle 11 aufgeführt sind.

Tabelle 11: Ausbildungs- und Studiengänge „Medizinische Dokumentation" (DVMD e. V.)

Ausbildungs-/Studiengang	Voraussetzungen
Fachangestellter für Medien- und Informationsdienste (FaMI)	Hauptschulabschluss
Medizinischer Dokumentations-assistent (MDA)	Realschul- oder Hauptschulabschluss (mind. 2-jährige Berufsausbildung)
Medizinischer Dokumentar (MD)	Hochschul- oder Fachhochschulreife
Diplom-Dokumentar (Fachhochschule)	Hochschul- oder Fachhochschulreife

Das älteste Angebot hat seinen Ursprung bereits in den 70er-Jahren an der Schule für Medizinische Dokumentation an der Uniklinik Ulm. Die Ausbildung zum „Medizinischen Dokumentar" dauert drei Jahre und umfasst neben Theorieteilen umfassende Praktika. Eingangsvoraussetzung ist die Fachhochschulreife bzw. ein guter mittlerer Schulabschluss. Auch an Fachhochschulen findet sich eine Anpassung dieser Ausbildung in Form eines Bachelor-Studiums (meist sechs oder sieben Semester).

„Medizinische Dokumentationsassistenten" absolvieren – je nach Bundesland – eine zwei- bis dreijährige Ausbildung an einer Berufsfachschule. Voraussetzung für die Zulassung ist hier die Mittlere Reife bzw. ein gleichwertiger Bildungsstand. Sie gliedert sich i. d. R. in die schulische und die berufspraktische Ausbildung und beinhaltet mehrere Praktika.[34]

Seit circa sechs Jahren existiert eine duale Ausbildung zum „Fachangestellten für Medien- und Informationsdienste in der Fachrichtung Medizinische

---

[34] Ein kurzes Video zur Ausbildung zum medizinischen Dokumentationsassistenten findet sich auf den Internetseiten der Medizinischen Berufsfachschule Bad Elster, siehe: http://www.medfachschule.de/Seiten_M-D-A-Video-Berufsvorstellung.aspx, zuletzt abgefragt am 03.10.2009

Dokumentation". Die Auszubildenden sind an einem Krankenhaus oder einer anderen Einrichtung des Gesundheitswesens angestellt. Begleitend erfolgt eine theoretische Ausbildung an der Berufsschule.

Alle der genannten Ausbildungen und Studiengänge haben als Eckpfeiler die vier Hauptfachgruppen Medizin, Dokumentation, Statistik und Informatik. Die einzelnen Schulen und Ausbildungsgänge setzen unterschiedliche Schwerpunkte und Vertiefungen. Diese sind vor allem von den Eingangsvoraussetzungen und dem Fächerangebot abhängig.

Vom Fähigkeitsprofil unterscheiden sich die Ausbildungen und Studiengänge, was die Abbildung 3 verdeutlicht.

Weitere Informationen zum Beruf der Medizinischen Dokumentare und Dokumentationsassistenten sowie ein Verzeichnis der Ausbildungsstätten finden sich auf der Homepage des Deutsches Verbandes Medizinischer Dokumentare (DVMD, www.dvmd.de).

1.2.8.3 Zertifikat „Medizinische Dokumentation"

Von der Deutschen Gesellschaft für Medizinische Informatik, Biometrie und Epidemiologie (GMDS) und des Deutschen Verbandes Medizinischer Dokumentare (DVMD) wurde ein eigenes Zertifikat „Medizinische Dokumentation" entwickelt, das auf Antrag von den Gesellschaften erteilt wird.[35]

Dieses Zertifikat „Medizinische Dokumentation" bescheinigt Qualifikationen hinsichtlich

- der adäquaten Berufsausbildung
- praktischer Qualifikation sowie
- einer über die Berufseingangsqualifikation hinausgehenden theoretischen Weiterbildung auf dem Gebiet der Medizinischen Dokumentation.

Die hierbei geltenden Mindestvoraussetzungen sind klar definiert.[36]

1.2.8.4 Mitarbeiterauswahl und Zuordnung

Bei der Umstellung ihres Kodiermodells stehen Krankenhäuser vor der schwierigen Wahl der richtigen Mitarbeiter. In vielen Fällen wird zunächst auf interne Mitarbeiter zurückgegriffen, die durch Fortbildungsmaßnahmen auf die neuen DRG-Tätigkeiten vorbereitet werden. Aufgrund der immer kürzer

---

[35] Jöckel et al. (2000)
[36] für Detailinformationen siehe www.gmds.de, zuletzt abgefragt am 03.02.2010

✓ = gründliche Fach-kenntnisse vorhanden	Medizinische Dokumentationsassistenten (MDA)	Fachangestellte für Medien- und Informationsdienste (Fachrichtung Medizinische Dokumentation)	Medizinische Dokumentare (MD)	Diplom-Dokumentare (Fachrichtung Medizin/ Biowissenschaften)
Ausbildung	✓	✓	✓	✓
Medizinische Terminologie	✓	✓	✓	✓
Formale Erfassung/ Inhaltliche Erschließung	✓	✓	✓	✓
Umgang mit medizinischen Klassifikationen	✓	✓	✓	✓
Elementare EDV-Kenntnisse	✓	✓	✓	✓
Umgang mit EDV-Datenbanken	✓	✓	✓	✓
Konzeption von EDV-Datenbanken	∅	∅	✓	✓
Deskripitive Statistik	✓	✓	✓	✓
Krankenhausbetriebs-wirtschaftslehre	∅	∅	✓	✓
Methoden des Medizinischen Controlling	∅	∅	✓	✓
Methoden des Qualitätsmanagements	∅	∅	✓	✓
Informationsvermittlung	✓	✓	✓	✓

Abbildung 3: Überblick Fachkenntnisse von Medizinischen Dokumentaren/Dokumentationsassistenten (Markus Stein/DVMD e.V., www.dvmd.de)

69

werdenden stationären Verweildauern kommt es vielfach zu Personalabbau im Pflegebereich, sodass sich auf interne Stellenbewerbungen für neue Strukturen im DRG-Bereich häufig Pflegende bewerben. Sie haben den Vorteil einer medizinischen Grundausbildung sowie Kenntnisse der Stationsabläufe. Häufig ist ihnen allerdings die Fallabrechnung völlig fremd. Umzuschulenden Mitarbeitern der Verwaltung fehlen dagegen in der Regel die medizinischen Grundkenntnisse. Sie sind jedoch mit den Tücken der DRG-Abrechnung und administrativen Fallprüfung vertraut. Bei der Bildung eines Kodierteams kann es daher Sinn machen, eine Teambildung aus Mitarbeitern mit unterschiedlicher Grundausbildung vorzunehmen. Hierdurch kann ein optimaler Wissenstransfer gewährleistet werden.

Bei der Auswahl von externen Bewerbern ist unbedingt auf die praktische Kodiererfahrung zu achten. Trotz zahlreicher Praktika fehlt diese bei vielen Kandidaten. Die Einarbeitung neuer unerfahrener Mitarbeiter ohne jede vorher durchgeführte eigene Kodierung anhand von Patientenunterlagen ist sehr zeitintensiv, selbst bei vorhandenem Grundwissen über die DRG-Systematik. Auch die erlernten Fachrichtungen spielen eine große Rolle, da die Relevanz korrekter Prozedurenkodierungen bzw. Vollständigkeit der Nebendiagnosen je nach Fachrichtung völlig unterschiedlich ist.

Für welche Qualifizierung (Übersicht siehe Abbildung 4) man sich bei fortzubildenden bzw. neu einzustellenden Mitarbeitern entscheidet, hängt u. a. vom einzurichtenden Kodiermodell ab. Werden eigene Schulungsangebote vorgehalten, genügt in der Regel eine weniger umfangreiche externe Schulung. Sollten die Mitarbeiter nur in einer Fachabteilung eingesetzt werden, muss überlegt werden, ob nicht auch eine zusätzliche fachspezifische DRG-Schulung sinnvoll sein könnte. Eigene Erfahrungen des Autors sind, dass weniger der Ausbildungsgang, sondern eher die Grundmotivation des Mitarbeiters eine wesentliche Rolle spielt. Ist ein hohes Interesse an der Kodiertätigkeit vorhanden, hat das Selbststudium häufig einen deutlichen Effekt, der über die Ergebnisse externer Schulungen hinaus gehen kann. Auch Multiplikatorenschulungen sind eine Erfolg versprechende Variante. Hier wird ein Mitarbeiter auf eine externe Maßnahme geschickt, der dann später die für das jeweilige Krankenhaus relevanten Inhalte an die anderen internen Kollegen weitergibt.

Im Modell der dezentralen Dokumentationsassistenten der Sana Kliniken AG werden z. B. in Bezug auf Mindestanforderungen folgende Zielgruppen angesprochen:

- Examinierte Krankenschwester/-pfleger bzw. Gesundheits- und Krankenpfleger/in
- Arzthelfer/in oder Stationssekretär/in
- Medizinische/r Dokumentationsassistent/in
- Verwaltungsmitarbeiter/in mit medizinischen Grundkenntnissen

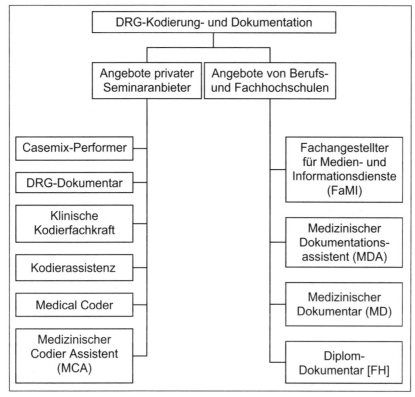

Abbildung 4: Überblick über die Aus- und Fortbildungsangebote zur DRG-Kodierung und -dokumentation

Hinsichtlich der organisatorischen Zuordnung der Kodiermitarbeiter gibt es grundsätzlich mehrere Möglichkeiten. Die gängigsten hierunter sind:

1. Zuordnung erfolgt zu den jeweiligen medizinischen Abteilungen (Bereichen)
2. Zuordnung erfolgt zum Medizin-Controlling (dezentrale Assistenten) bzw. zum Leistungsmanagement, wenn das Haus über kein Medizin-Controlling verfügt
3. Zuordnung erfolgt zu einer Abteilung der Verwaltung, zum Beispiel zum Finanz-Controlling.

An der Charité in Berlin mit 114 Medizinischen Dokumentationsassistenten erfolgte die Anbindung an das Medizin-Controlling. „An der Charité haben wir uns für die organisatorische Anbindung an das zentrale Medizin-Controlling entscheiden. Wir glauben, dass durch diese Anbindung der Aufwand für Kodierprüfungen und Schulungen an einem Klinikum mit hoher

71

ärztlicher Personalfluktuation sowie die Gefahr der Überkodierung aus Klinikinteresse[37] minimiert werden können."[38]

Hansen und Grasse (2004) haben auch die Vor- und Nachteile der Zuordnungsalternativen von medizinischem Dokumentationspersonal diskutiert, was in Tabelle 12 dargestellt ist.

Tabelle 12: Möglichkeiten der organisatorischen Anbindung von MDA (Hansen und Grasse, 2004)

Alternativen	Vorteile	Nachteile
1. Zuordnung zu den Kliniken/ Abteilungen	• einfache und schnelle Kommunikation zwischen Dokumentar und Arzt • Erlösverantwortung und Dokumentationskontrolle in einer Hand • Identifikation der MDA mit der Klinik/ Abteilung	• Erlösoptimierung zugunsten einer Verbesserung des internen Budgets • umfangreichere zentrale Dokumentationsprüfung erforderlich • Einsatz der MDA für andere Aufgaben (Gefahr: Verschlechterung der Dokumentationsqualität) • MDA nicht abteilungsübergreifend einsetzbar
2. Zuordnung zum Medizin-Controlling	• direkte Umsetzung der Kodierempfehlungen des Medizin-Controllings • Entlastung des zentralen Medizin-Controllings • Schulungen zentral möglich • Klinik- und abteilungsübergreifender Einsatz der MDA möglich • direkte Umsetzung der Ergebnisse der MDK-Prüfungen	• stärkerer Abstimmungsbedarf zwischen Ärzten und Dokumentationsassistent/in • Ärzte fühlen sich weniger verantwortlich für die Dokumentation

---

[37] Anmerkung des Verfassers: Mit dem Begriff Klinik meinen die Autoren nicht das Gesamtkrankenhaus, sondern die medizinische Abteilung bzw. „medizinische Klinik", für die der jeweilige MDA zuständig ist

[38] Hansen und Grasse (2004)

Unabhängig von der organisatorischen Anbindung müssen technische und andere Voraussetzungen geschaffen sein, die ein strukturiertes und zügiges Arbeiten erleichtern.

Auf der technischen Seite zählen hierzu:

- PC mit Anschluss an das Krankenhausinformationssystem (je nach Konzept u. U. mobiler PC, Handheld o. Ä.)
- Telefon, möglichst mobiles Handgerät
- Fotokopierer in der Nähe
- E-Mail-Anbindung und Internetanschluss.

Wichtig ist auch, den kodierenden Mitarbeitern notwendige Hilfsmittel zur Verfügung zu stellen. Diese umfassen auf jeden Fall:

- ICD- und OPS-Kataloge in Buchform sowie als PDF-Dateien
- aktuelle Definitionshandbücher als PDF-Dateien, sinnvollerweise auch in Buchform
- aktuelle Kodierrichtlinien, ggf. kommentierte Versionen in Buchform
- Stand-alone-Grouper-Software
- von den Ärzten kommentierte hausinterne Arzneimittelliste sowie Arzneimittelverzeichnis (z. B. Rote Liste, z. T. auch online verfügbar [kostenpflichtig])
- Internet-Zugriff für DRG-Foren (z. B. „www.mydrg.de").

Sind die Mitarbeiter auf den Stationen eingesetzt (relevant insbesondere beim Fallbegleiter-Modell, siehe Kapitel 1.2.5), sollten sie analog dem medizinischen Personal mit entsprechender Schutzkleidung ausgestattet werden. Hierbei bietet sich insbesondere die Verwendung eines weißen Kittels an. Die Kleidung hat hierbei nicht nur Schutzfunktion, sondern unterstützt auf optischem Wege die Einbindung des Mitarbeiters in die Abteilungsabläufe. Insbesondere bei Patientenkontakt (z. B. im Rahmen der Visitenbegleitung) erspart eine entsprechende Kleidung Nachfragen der Patienten und reduziert deren Unsicherheitsgefühl. Auch bei der Wahl des Namensschildes ist darauf zu achten, dass nicht durch Bezeichnungen wie z. B. „Abrechnung" oder „Kostensicherung" ein falsches Signal bei den Patienten gesetzt wird. Es bieten sich neutrale Begriffe wie „Medizinischer Dokumentationsassistent" an.

Für die Tätigkeit der Kodierung sollte ein eigener Raum zur Verfügung stehen, der nicht zu weit von der Station entfernt ist. Wenn mehrere Kodierer/ Fallbegleiter eingesetzt werden, ist auch ein Großraumbüro sinnvoll, damit ein Austausch untereinander unterstützt werden kann.

Grundsätzlich zu beachten ist abschließend auch, dass die Dokumentationsassistenten i. d. R. Einblick in die primäre Dokumentation des Behandlungsprozesses eines Patienten haben und somit der Schweigepflicht unterliegen.

1.2.9 DRG-Management/Medizin-Controlling

Eine umfassende Definition der relativ jungen Disziplin des Medizin-Controllings fällt nicht leicht. Medizin-Controlling überwacht die Struktur-, Prozess- und Ergebnisqualität der medizinischen Leistungserstellungsprozesse im Krankenhaus. Durch die konsequente Umsetzung der Prozessorientierung sorgt das Medizin-Controlling für Kostenoptimierung und trägt somit zu höherer Wirtschaftlichkeit bei.

Medizin-Controller sind interne betriebswirtschaftliche Berater im medizinischen Bereich und medizinische Berater im Verwaltungsbereich. Damit trägt das Medizin-Controlling als internes Consultingorgan zur Erhöhung der Transparenz und Beschleunigung der Schnittstellenprozesse bei.[39]

In den meisten Krankenhäusern einer Stichprobe ist das Medizin-Controlling in Form einer Stabsabteilung organisiert, was eine Umfrage der Deutschen Gesellschaft für Medizin-Controlling im August 2006 zeigte[40]. Zum Teil handelt es sich auch um eigenständige Abteilungen oder Bereiche, die dem Finanz-Controlling zugeordnet sind.

Zumindest bei der Leitung einer Medizin-Controlling-Struktur sind zum Großteil Ärzte eingesetzt. Nur ein geringer Teil entfällt auf andere Berufsgruppen. Bei den Teilnehmern der Umfrage war kein Krankenhaus dabei, bei dem die Leitung des Medizin-Controlling in den Händen eines Medizinischen Dokumentars oder eines Mitarbeiters mit pflegerischer Ausbildung liegt. In der Zusammenfassung einer Standortbestimmung der Deutschen Gesellschaft für Medizincontrolling zieht E. Horndasch, Vorstandsmitglied und Geschäftsbereichsleiter Berufspolitik, im September 2009 folgendes Fazit: „Zusammenfassend lässt sich also sagen, dass Medizincontroller in der Regel Ärzte mit fundierten betriebswirtschaftlichen Zusatzqualifikationen sind. Dies drückt sich auch aus in der Bezeichnung Medizincontrolling, die sowohl die medizinische Qualifikation als auch den Aspekt der betriebswirtschaftlichen Kompetenz im Namen führt. Davon abzugrenzen sind nichtärztliche Medizincontroller, Kodierfachkräfte und andere im Medizincontrolling tätige Berufe. Bei der Weiterentwicklung des Berufsbildes des Medizincontrollers und der Etablierung von Qualitätsstandards in der Aus- und Weiterbildung entsprechenden Personals sollte dies berücksichtigt werden."[41]

Die Aufgaben des Medizin-Controlling sind sehr vielfältig und umfassen sowohl operative als auch strategische Funktionen, was die Tabellen 13 und 14 zeigen.

---

[39] Vgl. Goldschmidt et al. (2005)
[40] Veröffentlichung der Ergebnisse mit freundlicher Genehmigung der Deutschen Gesellschaft für Medizincontrolling (Anzahl der Umfrageteilnehmer: 79)
[41] Horndasch (2009)

Tabelle 13: Operative Aufgaben eines Medizin-Controllers*

Unterstützung des Patientenmanagements	• Datenübermittlung (§ 301 SGB V; § 21 KHEntgG) • Implementierung neuer Klassifikationen und Kataloge (ICD 10, OPS 301) • Logistik der patientenbezogenen Verwaltungsprozesse • Abrechnungsmanagement (FP/SE, DRG) • Validierung der Daten (Diagnosen, Prozeduren)
Optimierung der internen Kommunikation zwischen dem medizinischen und administrativen Bereich	
Optimierung der medizinischen Dokumentation	• Qualität der Kodierung mit den ICD-10- und OPS-Klassifikationen • Verlaufsdokumentation
Einsatz der EDV-Technologie im medizinischen Bereich	• Anpassung und Implementierung der medizinischen Software • elektronische Datenerfassung und Bereitstellung • Verschlüsselungssoftware (ICD, OPS, DRG) • Medizinische Informations-Systeme
Funktion als interner Berater im ärztlichen Bereich	• interne Budgetierung – Interpretation der Daten • Medizinische Dokumentation – Optimierungsstrategien, Arbeitstechniken • Optimierung der Prozessorganisation • Auswahl der zutreffenden Form der Krankenhausbehandlung • Leistungsplanung und -erfassung im medizinischen Bereich
Analyse der Leistungsdaten und Bereitstellung der Auswertungen	
Analyse der Leistungserstellungsprozesse im medizinischen Bereich	

75

Tabelle 13: Fortsetzung

Standardisierung im medizinischen Bereich	• Diagnostische und therapeutische Leitlinien • Evidence Based Medicine
Enge Zusammenarbeit mit Controlling, Qualitäts- und Prozessmanagement	

* vgl. Goldschmidt et al. (2005)

Tabelle 14: Strategische Aufgaben eines Medizin-Controllers*

- Internes Consulting
- Optimierung der interdisziplinären Zusammenarbeit
- Vorbereitungen und Einführung des DRG-Systems
- Informationstechnologie im Krankenhaus
- Management im Rahmen der integrierten Versorgung
- Mitwirkung bei der Implementierung eines Prozessmanagement-Systems
- Mitwirkung bei der Implementierung des Qualitätsmanagement-Systems und der Umsetzung der gesetzlich geförderten Maßnahmen zur Qualitätssicherung
- Unterstützung der Krankenhausleitung bei der Umsetzung gesetzlicher Normen und (Neu-)Regelungen
- Durchführung komplexer Analysen, wie z. B.:
  - Analyse und Optimierung des Leistungsspektrums
  - Analyse der Wettbewerbsituation
  - Analyse der medizinischen Entwicklung unter dem Kosten-Nutzen-Aspekt
  - Mitwirkung bei der Vorbereitung auf den Krankenhausvergleich
- Ausbau der Kommunikation mit den externen Partnern
  - Krankenkassen und Medizinischer Dienst der Krankenversicherung
  - niedergelassene Ärzte und andere Krankenhäuser

* vgl. Goldschmidt et al. (2005)

Die oben genannte Umfrage der Deutschen Gesellschaft für Medizin-Controlling hat auch abgefragt, welche aktuellen Projekte von den Mitgliedern bearbeitet werden. Hierbei zeigen sich Schwerpunkte bei den Themen Prozessoptimierung, Anfragenbearbeitung und Entwicklung bzw. Verbesserung des DRG-Berichtswesens (Abbildung 5).

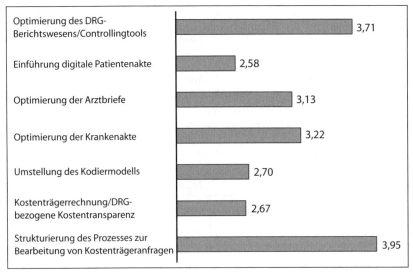

Abbildung 5: Aktuelle Projekte im Medizin-Controlling (0 bzw. 1 = überhaupt nicht, 5 = sehr intensiv)

Darüber hinaus wurden von den Befragten über ein Freitextfeld noch folgende aktuellen Projekte und Initiativen in den jeweiligen Einrichtungen genannt (Auszug):

- Anpassung der optimalen Liegedauer
- ärztliche Beratung in strategischen Entscheidungen
- Durchführung von MDK-Inhouse Meetings
- Einrichtung von Kodierhilfen (EDV)
- Erstellung und Implementierung von Pfaden/Pfadmanagement
- Forderungsmanagement
- Kalkulationen und Analysen für neue Versorgungsformen (Integrierte Versorgung/MVZ)
- Optimierung der klinischen Prozessabläufe
- Qualitätssicherung, Qualitätsbericht, internes Qualitätsmanagement
- Risikoeinschätzung der Verluste durch MDK-Prüfungen
- Schulung/Information der ärztlichen Mitarbeiter bzw. der neuen Mitarbeiter
- strategische Planung/Beratung in strategischen Entscheidungen
- Vermeidung stationärer § 115b-Fälle
- Vorbereitung der Budgetverhandlungen.

Da selten Mitarbeiter gefunden werden, die sämtliche der genannten operativen und strategischen Funktionen abdecken können, sollte vor der Einstellung eines Medizin-Controllers entschieden werden, welches genaue Tätigkeitsprofil für die spezifische Situation der jeweiligen Einrichtung angestrebt wird. So lassen sich die Ausschreibung präzise formulieren und die Bewerbungsgespräche entsprechend planen.

Medizin-Controller haben unter sich eine relativ gut ausgebaute Netzwerkstruktur. So stehen für den inhaltlichen Austausch eine Reihe von Organisationen bzw. Berufsverbänden zur Verfügung, die in der Tabelle 15 zusammenfassend alphabetisch dargestellt werden.[42]

Tabelle 15: Vereinigungen und Organisationen für Ärzte im Medizin-/DRG-Controlling

Name der Organisation	Internetauftritt
Deutsche Gesellschaft der Ärzte im Krankenhausmanagement (DGÄK)	www.dgaek.de
Deutsche Gesellschaft für Medizincontrolling e.V. (DGfM)	www.medizincontroller.de
Deutsche Gesellschaft für Medizinische Informatik, Biometrie und Epidemiologie e.V. (gmds)	www.gmds.de AG Medizincontrolling: www.ecqmed.de/gmdsagmedco.htm
Berufsverband Medizinischer Informatiker	www.bvmi.de
Deutscher Verein für Krankenhauscontrolling	www.dvkc.de
Internationaler Controller Verein – Arbeitskreis Gesundheitswesen Deutschland	www.controllerverein.com
Deutsche Gesellschaft für Controlling in der Sozialwirtschaft	www.dgcs.de

Für kleinere Einrichtungen, bei denen sich eine volle Stelle für einen Medizin-Controller nicht rechnet, ist auch ein Outsourcing des Medizin-Controllings denkbar. So könnte zum Beispiel erreicht werden, dass ein externer Controller für einen oder mehrere Tage pro Woche in das jeweilige Haus kommt. Auch können sich nicht unmittelbar konkurrierende Krankenhäuser einen Medizin-Controller teilen.

---

[42] ohne Anspruch auf Vollständigkeit

In den letzten Jahren kommen immer mehr Tätigkeitsfelder aus dem Bereich des sog. strategischen Medizincontrollings hinzu. Dies beschäftigt sich vor allem mit der inhaltlichen Ausgestaltung des Leistungsspektrums, der Prozessoptimierung und der systematischen Unternehmensentwicklung der Krankenhäuser.

Diese Aufgaben werden ausschließlich in Händen von ärztlicher Kompetenz gesehen: „Auf der Ebene des strategischen Medizincontrollings ist eine klinische Ausbildung, ggf. mit Facharztanerkennung, gefordert. Diese Auffassung beruht auf einer ausgiebigen Analyse der besetzten Stellen und deren Profile, ausführlichen Gesprächen mit Personalberatern, die entsprechende Positionen vermitteln und nicht zuletzt dem Studium der einschlägigen Literatur zum Thema" (Horndasch 2009).

Die kritische Größe, ab wann sich ein eigener Vollzeit-Medizin-Controller lohnt, lässt sich ohne Kenntnis der Einrichtung, des Fallspektrums und des genauen Tätigkeitsprofils nicht präzise vorhersagen. Bei Krankenhäusern unter 100 bis 200 Betten wird jedoch in den seltensten Fällen eine komplette Stelle notwendig sein. In solchen Häusern ist auch denkbar, dass ein interner Arzt einer medizinischen Abteilung diese Tätigkeit unter entsprechender Freistellung von der klinischen Arbeit durchführt. Solche Konstellationen bergen aber nicht unerhebliches Konfliktpotenzial. Ggf. entstehen Zeit- oder Zielkonflikte, denen durch organisatorische Maßnahmen vorgebeugt werden kann. Hierzu zählen

- klar definierte klinische Tätigkeit:
  Bei direkter Patientenbetreuung auf der Station muss gewährleistet sein, dass die Patienten auch in der Abwesenheit optimal versorgt sind. Bei Einsatz im OP müssen die OP-Pläne so gestaltet sein, dass die vorher definierten Zeitkorridore eingehalten werden können.
- eigenes Büro:
  Für die Tätigkeit als Medizin-Controller sollte ein eigener Raum zur Verfügung stehen, der nicht gleichzeitig anders genutzt wird (z. B. als Arztzimmer). Darüber hinaus sollte für eine gute technische Ausstattung gesorgt werden.
- Sekretariat:
  Aufgrund der zeitlichen Beschränkung bietet sich die Unterstützung (zumindest stundenweise) durch ein Sekretariat an (Terminkoordination, Telefonbeantwortung etc.).

1.3 Anreizmodelle für ärztliche Kodierung

Zu Beginn der Einführung des DRG-Systems sind Mitarbeiter der Krankenhausverwaltungen dem mangelnden Interesse von Krankenhausärzten an der

79

Kodierung häufig mit großem Unverständnis begegnet. Hauptargument war, dass im ambulanten Bereich die Leistungsdokumentation und nachfolgende Abrechnung schließlich auch funktioniere. Insofern – so die Argumentation – dürften Stationsärzte keine Schwierigkeiten haben, eine vollständige, abrechnungstaugliche Kodierung vorzulegen. Diese Aspekte sind nicht grundsätzlich zu vernachlässigen, wenngleich zu berücksichtigen ist, dass Ärzte im Krankenhaus in der Regel nur wenig Anreize für eine vollständige Abrechnungsdokumentation haben. In Krankenhäusern, die ein internes Budgetierungssystem implementiert haben, wirkt sich eine Kodierung zumindest mittelbar auf die Stellenpläne aus. In den meisten deutschen Kliniken findet derzeit allerdings (noch) keine erlösorientierte Steuerung statt. Aus subjektiver Sicht des Stationsarztes ist es erst einmal gleichgültig, wie vollständig die Diagnosen- und Prozedurenliste eines Patienten ist.

Krankenhausträger, die sich für den Weg der ärztlichen Kodierung entscheiden, müssen es also schaffen, ihren Ärzten einen Anreiz für eine gute Kodierung zu geben. Problematisch ist hierbei, dass in der Regel keine zusätzlichen finanziellen Mittel für diese Zwecke zur Verfügung stehen. Im Folgenden werden unterschiedliche Anreizmöglichkeiten vorgestellt, die auch diesem Paradigma Rechnung tragen.

1.3.1 Ärztlicher Dokumentationsaufwand

Bereits im Jahr 2003 konnten Blum und Müller in einer umfassenden Studie eine Aussage über den ärztlichen Dokumentationsaufwand treffen. Das Projekt, das zwischen Mitte 2002 und 2003 durchgeführt wurde, bestand aus zwei Modulen. Neben Arbeitssitzungen mit ausgewählten Ärzten zur Ermittlung der relevanten Dokumentationsarten im Ärztlichen Dienst wurde eine schriftliche Repräsentativerhebung bei knapp 2.400 Ärzten der Allgemeinchirurgie und Inneren Medizin durchgeführt. Die Teilnehmer wurden zum durchschnittlichen Aufwand der bei den Workshops ermittelten ca. 30 unterschiedlichen Dokumentationsarten befragt. Die Rücklaufquote betrug 42,3 % (1.010 Ärzte). Für die Chirurgie ergab sich ein Dokumentationsaufwand von 2 Stunden 42 Minuten je Arzt und Arbeitstag und für die Innere Medizin 3 Stunden 15 Minuten je Arzt und Arbeitstag, wovon jeweils 40 Minuten auf die so genannte administrative Dokumentation entfielen, was die Abbildung 6 verdeutlicht.[43]

Da die Befragung noch vor der offiziellen DRG-Einführung stattgefunden hat, wäre bei einer erneuten Durchführung interessant, ob sich die administrative Dokumentationsbelastung weiter erhöht hat. Es dürfte nicht strittig

---

[43] Blum und Müller (2003a)

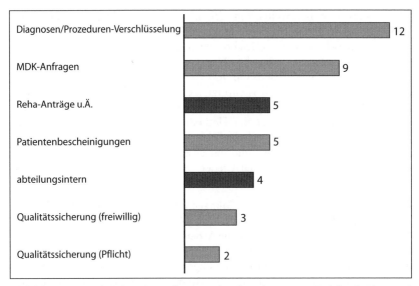

Abbildung 6: Administrative Dokumentation (in Minuten pro Tag) (nach Blum und Müller, 2003a; Hansen und Grasse, 2004). Hansen und Grasse sehen bei den hellgrauen Tätigkeiten eine Unterstützung durch Medizinische Dokumentationsassistenten (MDA)

sein, dass die große Mehrheit der Krankenhausärzte eine Entlastung von Dokumentationstätigkeiten wünscht. Unter anderem wurde diese Problematik auch bei den großen Ärztestreiks an Universitätsklinika und kommunalen Krankenhäusern im Frühjahr und Sommer 2006 thematisiert.

Baller und Oestreich (2005) haben den Umfang der Aufgaben, die den Klinikalltag der Ärzte prägen, in folgender Liste zusammengefasst:

- „Prüfung der stationären Behandlungsnotwendigkeit nach G-AEP-Kriterien
- ambulante Behandlung unter Berücksichtigung der Gebührenordnung [...]
- Erfassung der Aufnahmediagnosen, des Aufnahmegrunds und der voraussichtlichen Behandlungsdauer
- Behandlung entlang strukturierter Handlungs- und Zeitabläufe
- Fall-Management
- mengengenaue elektronische Erfassung von Blutprodukten und Medikamenten
- Kontrolle der elektronischen Dokumentation auf Korrektheit und Vollständigkeit
- Verweildauer-optimierte Entlassung des Patienten."

81

Die Autoren kommen weiter zum Schluss: „Die jährlichen Neuerungen im DRG-System stellen selbst den erfahrenen Arzt vor immer neue Herausforderungen. Wirkliche Arbeitserleichterungen gibt es nur wenig, denn selbst mit der Einführung der elektronischen Datenverarbeitung ist der Arbeitsumfang der Klinikärzte angewachsen. Ob von Ärzten oder durch Kodierfachkräfte kodiert wird, ist auch eine Kostenfrage – ebenso wie die Qualität der Daten und der Kodierung. Auch bei noch so gewissenhafter Dokumentation und Kodierung durch den Arzt ist eine Unterstützung durch spezialisiertes Fachpersonal (Medizin-Controller, Kodierfachkräfte) wegen der detaillierten Kenntnisse des DRG-Systems und der gesetzlichen Neuregelungen notwendig. Die Frage, ob der Arzt sich wieder vermehrt der klinischen Arbeit zuwenden sollte, ist durchaus berechtigt.

Die Attraktivität des Arztberufes sinkt seit der Einführung des DRG-Systems – auch wegen des hohen Anteils an fachfremden, weitgehend verwaltungsorientierten Aufgaben. Weil die ärztliche Arbeitskraft teurer ist, wirkt sich die zunehmende Verwaltungsarbeit durch die Ärzte negativ auf die Kostenstruktur der Krankenhäuser aus. Den Klinikleitungen, die trotz Wirtschaftlichkeit und Effizienz Strategien entwickeln, die die Mitarbeiterzufriedenheit steigern und die Personalfluktuation senken, wird Erfolg beschert sein."[44]

Eine Problematik ergibt sich aus der Qualität der ärztlichen Dokumentation in der Krankenakte, was Püschmann et al. (2006) zeigen konnten. „Aus den von der Norddeutschen Schlichtungsstelle zu Verfahren beigezogenen Krankenunterlagen wurden stichprobenartig 186 Krankenakten operativer (Op) und 131 nichtoperativer Fächer (NOp) untersucht: Anamnese und körperliche Untersuchung waren nur in je 69 % dokumentiert und frei von Mängeln. Die ärztlichen Verlaufsnotizen entsprachen lediglich in 49 %, die pflegerischen dagegen in 85 % der Fälle den Anforderungen. Die Arztbriefe wurden in 70 % und die Sofortinformation für die Weiterbehandelnden in 79 % der Fälle als einwandfrei bewertet. 29 % der Arztbriefe wurden später als 14 Tage nach Entlassung des Patienten versandt. Die Resultate Op versus NOp unterschieden sich kaum. Die Praxisfälle wiesen bei Anamnese und Untersuchung mehr Mängel auf als die stationären Krankenhausfälle. Einzelfallbezogen waren nur 27 % dieser 317 Krankenakten in allen erforderlichen Dokumentationsteilen vollständig und qualitativ einwandfrei" (Püschmann et al., 2006, S. A-122).

Zusammenfassend ergab sich aus dieser Untersuchung das in Tabelle 16 dargestellte Bild.

Deutliche Mängel in der Dokumentationsqualität können erhebliche Einflüsse auf die DRG-Erlöse nehmen, weitgehend unabhängig davon, ob der Arzt selbst oder eine Kodierfachkraft die Kodierungen durchführt. Nicht doku-

---

[44] Baller und Oestreich (2005), S. 3009

Tabelle 16: Bewertung der ärztlichen und pflegerischen Dokumentation (nach Püschmann (2006))

	Fach-gruppe	einwand-frei (in %)	unvollständig oder fehlerhaft (in %)	fehlt (in %)
Anamnese	Op	73	19	8
	NOp	65	28	7
körperliche Untersuchung	Op	67	15	18
	NOp	72	18	10
Verlaufsnotizen Arzt	Op	42	22	36
	NOp	61	24	15
Verlaufsnotizen Pflege	Op	84	10	6
	NOp	88	9	3
Arztbrief	Op	79	14	7
	NOp	79	17	4
Information der Weiterbehandelnden	Op	71	9	20
	NOp	82	9	9
Lokalbefund	Op	72	18	10
Bericht Operation	Op	80	15	5
Bericht Endoskopie/ Invasivmaßnahme	NOp	90	10	0

mentierte Leistungen werden entweder nicht kodiert oder führen spätestens bei der MDK-Prüfung zu einer negativen Begutachtung.

1.3.2 Konfliktpotenzial Arzt und DRG-System

Anders als niedergelassene Ärzte tun sich Krankenhausärzte mit der Kombination aus Medizin und Ökonomie schwer. Noch wenige Jahre vor Einführung des DRG-Systems zu Zeiten des Selbstkostendeckungsprinzips konnten sie sich ganz auf ihre medizinische Leistungserbringung konzentrieren. Der Kostenaspekt spielte eine nur untergeordnete Rolle. Heute wird neben der medizinischen Versorgung den Ärzten im Krankenhaus wirtschaftliches Mitdenken abverlangt. Viele fühlen sich mit dieser Aufgabe überfordert. Ihre Ausbildung an der Universität hat sich diesen Themen überhaupt nicht gewidmet. Darüber hinaus ist vielen Ärzten im Krankenhaus nicht klar, welche Auswirkungen ihr vermeintlich wirtschaftliches Handeln auf die eigene berufliche Zukunft und Arbeitsbelastung haben könnte. Viele der vorhandenen Ängste lassen sich erklären, da eine zu sehr ausgerichtete wirtschaftliche Orientierung für den Arzt auch deutliche Nachteile haben kann. Hierzu drei Beispiele[45]:

Beispiel Nr. 1: Mehrarbeit durch Verweildauersenkung

Ärzte stehen Bemühungen um eine Senkung der Verweildauer meist eher skeptisch gegenüber. Die Gründe sind in dem Verlauf einer Patientenbehandlung zu suchen. Ein Großteil der Arbeit des Stationsarztes entsteht am Aufnahme- und Entlassungstag. Vor allem die medizinische Aufnahme inklusive der Aufnahmeuntersuchung, die Medikamentenumstellung auf die Krankenhausliste sowie weitere Anordnungen und die DRG-Aufnahmekodierung dauern für den Arzt je nach Abteilung circa 30 Minuten (Tabelle 17):

Tabelle 17: Zeitaufwand für einen Patienten im Rahmen der Aufnahme (Rapp, 2004b)

Patientenanamnese und körperliche Untersuchung	15 min.
Medikamentenumstellungen auf Krankenhausliste	5 min.
Anordnung der Untersuchungen	5 min.
DRG-Aufnahmekodierung	5 min.
Gesamt Aufnahme	30 min.

Im Rahmen der Entlassung entstehen durch das Abschlussgespräch, den vorläufigen und endgültigen Entlassungsbericht und die DRG-Kodierung sogar ungefähr 50 Minuten Arbeit, was die Tabelle 18 verdeutlicht:

Tabelle 18: Zeitaufwand für einen Patienten im Rahmen der Entlassung (Rapp, 2004b)

Patientenabschlussgespräch und körperliche Untersuchung	10 min.
Erstellen des vorläufigen Entlassungsberichtes	8 min.
DRG-Entlassungskodierung	10 min.
Diktat des endgültigen Entlassungsberichtes	22 min.
Gesamt Entlassung	50 min.

---

[45] Rapp (2004b)

Geht man – wie Rapp (2004b) in einer Beispielrechnung – bei einem Assistenzarzt von 20 Stationsbetten, 95 % Nutzungsgrad und 8-tägiger Verweildauer (Durchschnitt) aus, so bedeutet das in einem Jahr einen Behandlungsumfang von 867 Patienten. Würde man die Verweildauer um 2 Tage reduzieren, müsste der gleiche Stationsarzt 1.156 Patienten behandeln, also 289 Patienten mehr.

Wird nun die reine Stationsarbeit inklusive Aufnahme und Entlassung sowie Arztbriefschreibung betrachtet, ohne die Tätigkeit in Funktionsbereichen oder im OP, würde das nach der oben aufgeführten Rechnung zu einer Mehrarbeit von 385 Stunden führen, also mehr als eine Arbeitsstunde pro Wochentag. Diese vereinfachte Rechnung vernachlässigt sogar noch, dass der Aufwand für einen Patienten in den ersten Tagen des Aufenthaltes tendenziell eher größer ist als zum Ende der stationären Behandlung. Hinzu kommt, dass in vielen Krankenhäusern kein Case- oder Fall-Management etabliert ist. Das bedeutet, dass bei vielen Entlassungen auch anteilig die Zahl der problematischen Verlegungen in Pflege- oder Rehabilitationseinrichtungen ansteigt. Diese sind in der Regel mit sehr hohem Zeitaufwand verbunden (Anträge, Telefonate etc.).

Je nachdem, wie die ärztliche Stationsarbeit bei der Berechnung des Personalbedarfs einfließt, muss sich die geschilderte Mehrbelastung nicht unbedingt stellenrelevant auswirken. Ferner gibt es ein weiteres Risiko: Die Reduktion der Verweildauer kann zu leeren Betten führen und das wiederum zu einer Verringerung der ärztlichen Stellenpläne.

Will man also eine wirklich sinnvolle Reduktion der Verweildauer erreichen, sollten diese Sachverhalte berücksichtigt werden. Die alleinige Anweisung der Klinikleitung an die Ärzte, dass die Verweildauer zu reduzieren ist, wird in vielen Fällen kein Gehör finden. Hinzu kommt, dass die Verwaltung sich ungern in die medizinischen Prozesse einmischen möchte. Ein möglicher Steuerungsparameter sind hier beispielsweise die Katalogverweildauern einzelner DRG. Da inzwischen über die Jahre einige Katalogverbesserungen erreicht wurden und auch die Datenbasis und -qualität der DRG-Kalkulation heute viel größer ist als noch zu Beginn des Systems, können die Katalogverweildauern einen sinnvollen Parameter zur Verweildauersteuerung darstellen. Dies bedingt allerdings, dass patientenbezogen diese Informationen zur Verfügung stehen, und zwar – prospektiv – bereits während der stationären Behandlung. Diese Information ohne großen Mehraufwand zu jedem Stationsarzt zu bekommen, stellt für das Krankenhaus wohl derzeit noch die größte Herausforderung dar. Eher unrealistisch ist, dass sich der Stationsarzt eine solche Liste vor der Visite ausdruckt oder gar Notizen in die Krankendokumentation oder sein Notizbuch macht.

Beispiel Nr. 2: Mehrarbeit durch gute Kodierung

Einige Ärzte geben sich bei der DRG-Kodierung besondere Mühe. Jede Nebendiagnose, für die im Verlauf der Behandlung Aufwand entstanden ist, wird im Entlassungsdatensatz dokumentiert und an die Krankenkasse übermittelt. Die Praxis hat gezeigt, dass das Nachfrageverhalten der Kostenträger in fast exponentieller Art und Weise zugenommen hat. Wird die Art der Anfragen untersucht, zeigen sich besondere Fragemuster. Häufig werden zum Beispiel Nebendiagnosen schon deshalb angezweifelt, weil sie zu einer Erhöhung des Schweregrades geführt haben, ohne die Gesamtkodierung und ihre innere Stimmigkeit zu berücksichtigen. Da die Krankenkasse aus Datenschutzgründen keine Berechtigung hat, die medizinische Dokumentation eines Patienten einzusehen, beauftragt sie ihren Medizinischen Dienst (MDK), der für sie die Prüfung der Korrektheit der Kodierung vornimmt. Selbst überschüttet mit Aufträgen der Krankenkassen vereinfacht der MDK das Verfahren, indem er zur Prüfung regelhaft statt der gesamten Akte den ärztlichen Entlassungsbericht und die OP-Dokumentation anfordert, ohne eine Vorprüfung des Falles auf die tatsächlich benötigten Informationen durchzuführen.[46] Vor allem der Entlassungsbericht ist aber als Information des Krankenhausarztes für den niedergelassenen Kollegen gedacht und beschränkt sich bekanntermaßen und vernünftigerweise nur auf die für diesen interessanten Fakten. Auch werden nur die relevanten Besonderheiten des aktuellen Aufenthaltes zusammengefasst. Für den Niedergelassenen ist es eher von geringer Bedeutung, welche Diagnosen vom Krankenhaus abgerechnet werden können. Er muss aus dem Arztbrief erkennen können, was wesentlich im Krankenhaus geschehen ist und welche Empfehlungen er gegebenenfalls umsetzen kann und möchte. Der MDK aber prüft mit dem Arztbrief die komplette Kodierung, was stets dazu führt, dass er Abweichungen zwischen Brief und den an die Krankenkasse übermittelten Diagnosen und Prozeduren feststellt und als Folge daraus die Kodierung beanstandet.

Die Krankenhausträger haben prinzipiell zwei Möglichkeiten darauf zu reagieren. Entweder sie lassen die Arztbriefe mit Informationen ergänzen, die für eine MDK-Prüfung dienlich sind. Hierzu zählen zum Beispiel Aufwände für schweregradrelevante Nebendiagnosen. Dies muss nicht direkt im Arztbrief erfolgen, sondern könnte auch als Anlage an den Entlassungsbericht angefügt werden.

Eine zweite Möglichkeit ist, gegen das negative MDK-Gutachten kommentierten Widerspruch einzulegen bis hin zu einer Klage vor dem Sozialgericht.

Beide Wege sind sehr zeitaufwändig und bedeuten neben der Mehrarbeit für die Mitarbeiter der DRG-Abrechnung einen nicht unerheblichen Aufwand für die Ärzte der jeweiligen Abteilungen. Denn in beiden Fällen müssen sie zusätzlich Dinge dokumentieren oder zu Sachverhalten Stellung nehmen.

---

[46] zur Rechtmäßigkeit dieses Verfahrens siehe Kapitel 5

Je umfassender ein Arzt also kodiert, umso höher ist die Wahrscheinlichkeit, dass er im Rahmen einer späteren Krankenkassenanfrage weiteren Aufwand hat. Diese Arbeit ist sehr aufwändig, da die Anfrage der Kostenträger zeitlich meist Wochen nach der Entlassung des Patienten liegt, was dazu führt, das regelhaft die Krankenakte für eine qualifizierte Beantwortung hinzugenommen werden muss.

Dass die Ärzte, die diese Erfahrungen gemacht haben, hinsichtlich der Kodierung zurückhaltender werden, ist nachvollziehbar. Aber gerade dieses Verhalten führt zu „Jojo-Effekten" in der CMI-Entwicklung. Einem Absinken des CMI aufgrund einer verminderten Anzahl kodierter schweregradrelevanter Diagnosen folgen wieder Appelle auf verbesserte Kodierung, die wiederum vermehrte Krankenkassenanfragen auslösen kann. Die Krankenhäuser tun also gut daran, diesen Teufelskreis durch strategische Maßnahmen zu durchbrechen. Hierzu kann auch zählen, dass man bewusst das Gespräch mit den größeren Kostenträgern und/oder dem regionalen MDK sucht. So kann man sich zumindest auf eine grobe Prüflinie einigen, was einen Teil der Anfragen schon entbehrlich macht. In diese Gespräche sollten auf jeden Fall auch die Mediziner eingebunden werden, denn nur so wird die gewünschte Multiplikation in den Abteilungen erreicht.

Auch muss den Ärzten klar gemacht werden, welche Folgen eine Reduzierung der Kodierung auf die lediglich relevanten Diagnosen und Prozeduren haben kann. Für den Einzelfall ergibt sich zwar kein Erlösunterschied bei zum Teil deutlich geringerem Kodieraufwand. Die große Überraschung droht bei Katalogwechseln zum Jahresanfang, insbesondere bei DRG, die im alten Katalog noch keinen und im neuen dann einen oder mehrere Schweregradsplitts haben. Besonders deutlich wird das Problem, wenn eine PCCL-gesteuerte Schweregradunterteilung eingeführt wird, was das auf der nächsten Seite in Tabelle 19 dargestellte Beispiel veranschaulichen soll.

Unterstellt man jetzt bei einem Haus mit 30 Fällen in der Basis DRG G70, wovon 20 % (6 Patienten) einen PCCL von 4 haben, ergeben sich die in Tabelle 20 zusammengefassten Casemix-Unterschiede.

Das Problem entstand für diese DRG erst bei den Budgetverhandlungen für 2006. Hier wurden in der Regel die Daten des Vorjahres (2005) nach dem des Folgejahres (2006) gruppiert, was Basis für die Verhandlung mit den Kostenträgern war. Im Falle der Minimalkodierung ergibt sich in o. g. Krankenhaus eine Differenz von 3,51 Casemix-Punkten im Vergleich zur optimalen Kodierung.

Dieses kleine Beispiel soll verdeutlichen, dass die Auswirkungen von selektivem Kodierverhalten (z. B. Minimalkodierung) nahezu überhaupt nicht absehbar sind und sich häufig erst im Folgejahr oder darauf folgenden Jahren auswirken.

Tabelle 19: Entwicklung der Basis-DRG G70* (Andere schwere Erkrankungen der Verdauungsorgane) 2004 bis 2006

Katalog 2004		RG
G70Z	andere schwere Erkrankungen der Verdauungsorgane	1,083

Katalog 2005		
G70Z	andere schwere Erkrankungen der Verdauungsorgane	0,961

Katalog 2006**		
G70A	andere schwere Erkrankungen der Verdauungsorgane mit äußerst schweren CC [Anmerkung: PCCL > 3]	1,296
G70B	Andere schwere Erkrankungen der Verdauungsorgane ohne äußerst schwere CC [Anmerkung: PCCL < 4]	0,711

* Im Katalog 2007 ist der Sachverhalt des PCCL-Splitts beibehalten worden. Lediglich die DRG wurden geändert: G64A (mit äußerst schweren CC) und G70Z (ohne äußerst schwere CC); Relativgewicht-Differenz in 2007: 0,683

** In die Basis-DRG G70 fallen z. B. die Hauptdiagnosen K35.1 Akute Appendizitis mit Peritonialabszess, K65.0 Akute Peritonitis oder K63.2 Darmfistel; Quelle: Fallpauschalenkataloge der Jahre 2004–2006 (InEK)

Tabelle 20: Casemix-Differenzen 2004 bis 2006 im Vergleich minimaler zu optimaler Kodierung

	minimal kodiert	optimal kodiert	Differenz
2004	32,49	32,49	0
2005	28,83	28,83	0
2006	21,33	24,84	3,51

Aufgrund der hohen Fluktuation ist dies möglicherweise dem einzelnen Stationsarzt gleichgültig. Das Management sollte aber sensibel mit diesen Themen umgehen und versuchen, solche Fehlentwicklungen möglichst frühzeitig zu erkennen und zu beheben.

Beispiel Nr. 3: Rechnungslegung durch den Arzt ohne wirtschaftliche Konsequenz für ihn

Für zahlreiche Niedergelassene ist es mehr als natürlich, dass für jede Patientenbehandlung akribisch die abzurechnenden EBM- oder GOÄ-Ziffern herausgesucht und zugeordnet werden. Sie wissen auch genau, wofür dieser Aufwand notwendig ist. Ohne eine korrekte Patientenabrechnung ist ein wirtschaftliches Arbeiten nicht möglich, kann die teure Praxisausstattung, das eigene Gehalt und das der Angestellten nicht bezahlt werden.

Krankenhausärzte haben diesen direkten Bezug zu den von ihnen kodierten ICD- und OPS-Ziffern nicht. Für sie ist es vielfach nichts weiter als ein notwendiges Übel, zusätzlich zur ohnehin schon umfangreichen medizinischen Dokumentation. Je nach Krankenhaus-Informations-System erhält der Stationsarzt bei der Kodierung zwar die Information über den Rechnungsgesamtbetrag für einen stationären Aufenthalt. Die dahinter liegenden Kostendaten (die er für ein wirklich wirtschaftliches Arbeiten benötigen würde) sind ihm jedoch in der Regel nicht ohne weiteres zugänglich (wenn sie überhaupt zeitnah DRG-bezogen vorliegen). Insofern „fischt der Krankenhausmediziner im Trüben", kodiert, weil er es muss. Ob er gut oder schlecht kodiert, macht sich nicht an seinem Gehalt bemerkbar. Viel Zeit für die Lektüre DRG-bezogener Kodierhilfen oder gar der Kodierrichtlinien bleibt dem meist jungen Kollegen in der Facharztweiterbildung auch nicht. Insofern gehen viele der Appelle der Krankenhausleitung oder der Chefärzte ins Leere.

Soll wirkliches Engagement der Ärzte bei der Kodierung erreicht werden, müssen Anreizmodelle entwickelt werden, die diesen Einsatz belohnen. Das bedeutet aber nicht, dass das nur über monetäre Effekte geschehen kann. Belohnungssysteme können mitunter sehr differenziert gestaltet werden. Oftmals reicht es in einem ersten Schritt schon aus, dass man den Ärzten sehr differenzierte Rückmeldungen über ihre Kodierungen gibt und Transparenz darüber schafft, wie die einzelnen Abteilungen in ihrer Kodierqualität abschneiden.

Vor allem auch weiche Standortfaktoren, wie zum Beispiel Fortbildungsmaßnahmen oder eine strukturierte Fachweiterbildung, können in solche Anreizsysteme eingearbeitet werden. Im Folgenden werden verschiedene mögliche Ansätze vorgestellt.

1.3.3 Scoring-System

Eine interessante, aber sehr aufwändige Methode ist die retrospektive Beurteilung der Kodierung anhand definierter Parameter. Ein detaillierter Ansatz wurde von Müller-Bellingrodt und Wolff am Universitätsklinikum Frankfurt vorgestellt. Dort sollte ein Anreizsystem in Form einer finanziellen Vergütung

Tabelle 21: Scoring-System für Kodierung und Patientenakte (Müller-Bellingrodt und Wolff, 2003)

Kodierung	Punkte	Bedeutung Punkte
richtige Kodierung der Hauptdiagnose	-3	Zuordnung falsch
	1	Diagnose richtig, aber falsch kodiert
	2	Diagnose richtig, aber zu ungenau kodiert
	3	Diagnose richtig
richtige Kodierung der relevanten Nebendiagnosen	0	alle Nebendiagnosen falsch oder nicht kodiert
	1	weniger als 50 % aller kodierten Nebendiagnosen richtig kodiert
	2	mindestens 50 % aller kodierten Nebendiagnosen richtig kodiert
	3	alle kodierten Nebendiagnosen richtig kodiert/oder keine Nebendiagnosen vorhanden
richtige Kodierung der Prozeduren	0	alle angegebenen Prozeduren falsch oder nicht kodiert
	1	weniger als 50 % aller angegebenen Prozeduren richtig kodiert
	2	mindestens 50 % aller angegebenen Prozeduren richtig kodiert
	3	alle angegebenen Prozeduren richtig kodiert/oder keine Prozeduren vorhanden
Vollständigkeit relevanter Nebendiagnosen	0	keine relevanten Nebendiagnosen kodiert, obwohl vorhanden
	1	weniger als 50 % der relevanten Nebendiagnosen kodiert
	2	mindestens 50 % der relevanten Nebendiagnosen kodiert
	3	alle relevanten Nebendiagnosen kodiert oder keine relevanten Nebendiagnosen vorhanden

eingeführt werden, das als Verteilerbasis das Ergebnis einer Akten- und Kodieranalyse zu Grunde legt. Hierfür wurde das in Tabelle 21 dargestellte

Tabelle 21: Fortsetzung

Kodierung	Punkte	Bedeutung Punkte
Vollständigkeit durchgeführter Prozeduren	0	keine relevanten Prozeduren kodiert, obwohl vorhanden
	1	weniger als 50 % der relevanten Prozeduren kodiert
	2	mindestens 50 % der relevanten Prozeduren kodiert
	3	alle relevanten Prozeduren kodiert oder keine relevanten Prozeduren vorhanden
Upcoding	-1/Diagnose	relevante Nebendiagnose kodiert, aber nicht adäquat dokumentiert oder
		bestehende Nebendiagnose kodiert und dokumentiert, aber nicht relevant
	-1/Prozedur	Prozedur kodiert, aber nicht dokumentiert (Befund fehlt)
Vollständigkeit der Befunde	0	unvollständig
	1	vollständig
Handzeichen	0	fehlen größtenteils
	1	nahezu vollständig
Ordnung der Krankenakte	0	keine erkennbare Ordnung (Loseblattsammlung)
	1	Befunde sehr häufig falsch eingeordnet
	2	weitgehend einheitliche Ordnung der Befunde
maximal	19	Punkte

Scoring-System entwickelt, bei dem pro Patientenakte ein Gesamtwert von 19 Punkten erreicht werden kann. In einem Pilotversuch wurde die Untersuchung anhand von 150 Krankenakten durchgeführt.

Bei der Bewertung der Nebendiagnosen wurde aus Einfachheitsgründen darauf verzichtet, zwischen Diagnosen mit und ohne CCL-Bewertung zu unterscheiden.

91

Tabelle 22: Scoring-System der Kooperation Abteilung (Müller-Bellingrodt und Wolff, 2003)

Kooperation	Punkte	Bedeutung Punkte
Präsenz in den Schulungen	0	keine (weniger als 20 % der ärztlichen Mitarbeiter)
	1	mäßig (bis 60 % der ärztlichen Mitarbeiter)
	2	gut (mehr als 60 % der ärztlichen Mitarbeiter)
Mitarbeit Station	0	keine
	1	mäßig
	2	gut
maximal	4	Punkte

Zusätzlich zur Bewertung der einzelnen Patientenakte wurde ein Gesamtscore für die Kooperation mit der Abteilung entwickelt (Tabelle 22). Diese Punktzahl (maximal 4) wird erst nach arithmetischer Mittelung des Scores für die Kodierung und die Krankenaktenführung aller geprüften Patientenakten einer Abteilung hinzuaddiert, sodass maximal 24 Punkte erreicht werden können.

Auf Basis der Gesamtpunkte einer Abteilung lässt sich ein Anreiz in Form zusätzlicher Vergütungen oder im Rahmen der Stellenpläne realisieren. Nach Abstimmung mit dem Betriebsrat wären auch personenbezogene Auswertungen und Anreize denkbar. Im Rahmen der Kodierung durch die Pflege kann auch diese Berufsgruppe auf diesem Wege in ein Anreizsystem eingebunden werden.

1.3.4 Entgeltverantwortlichen-System

In den meisten Kliniken ist in jeder medizinischen Abteilung ein entgeltverantwortlicher Arzt benannt, der die Kodierung der Stationsärzte vor Abrechnung überprüfen soll. EDV-systemseitig ist in der Regel ein entsprechendes Freigabekonzept implementiert. Da diese Tätigkeit zusätzlich zum normalen ärztlichen Dienst erfolgt, werden diese Mitarbeiter zum Teil für die Kodierkontrolle freigestellt (was aber faktisch aufgrund der Arbeitsbelastung oft nicht umsetzbar ist) oder erhalten eine zusätzliche Vergütung, häufig auf pauschaler Basis. Gerade in größeren Häusern ist eine solche pauschalierte Bezahlung „nach dem Gießkannenprinzip" ungerecht, da zum einen in den Abteilungen unterschiedliche Fallzahlen behandelt und auch differierende Durchschnitts-CMI-Werte vorliegen. Zum anderen ist ein durchdachtes Anreizsystem sehr schwierig in der Umsetzung, da gerade bei erfolgsabhängigen Parametern eine permanente Steuerung und Anpassung erforderlich wäre. Ein vereinfachtes Modell lässt sich realisieren, wenn man bei dem Verteilungsmaßstab lediglich die Fallzahl (als Korrelat für den Aufwand der Tätigkeit) und den CMI der Abteilung (als Bewertungselement für die wirtschaftliche Bedeutung des Bereiches) verwendet. Dieses Modell soll anhand des folgenden Beispiels praktisch erläutert werden.

In Musterkrankenhaus A mit 5 Fachabteilungen erhält jeder der entgeltverantwortlichen Ärzte eine monatliche Pauschalvergütung von 250 Euro brutto:

Tabelle 23: Entgeltverantwortlichen-Vergütung ohne Berücksichtigung der Abteilungsstruktur

Abteilung	jährliche Fallzahl	Durchschnitts-CMI	Vergütung/Monat
Abteilung 1	1.000	1,0	250 €
Abteilung 2	2.000	0,6	250 €
Abteilung 3	500	1,8	250 €
Abteilung 4	1.250	1,6	250 €
Abteilung 5	1.750	1,3	250 €
Gesamtkosten			1250 €

Diese Verteilung ist insofern nicht sachgerecht, als dass der Arzt aus Abteilung 2 die gleiche Vergütung erhält wie der aus Abteilung 3, obwohl er viermal so viele Fälle kontrollieren muss. Aufgrund der unterschiedlichen CMI-Werte bietet sich zudem an, die Fallzahl in der folgenden Form zu gewichten:

gewichtete Fallzahl = jährliche Fallzahl × jährlicher Durchschnitts-CMI

Tabelle 24: Entgeltverantwortlichen-Vergütung mit Berücksichtigung der Abteilungsstruktur

Abteilung	jährliche Fallzahl	CMI	gewichtete Fallzahl	gewichtete Vergütung/ Monat
Abteilung 1	1.000	1,0	1.000	169 €
Abteilung 2	2.000	0,6	1.200	203 €
Abteilung 3	500	1,8	900	153 €
Abteilung 4	1.250	1,6	2.000	339 €
Abteilung 5	1.750	1,3	2.275	386 €
gewichtete Fälle gesamt			7.375	
Entgeltverantwortlichen-Vergütung pro gewichtetem Fall: 1.250 €/7.375 Fälle: ca. 17 Cent				
Gesamtkosten				1.250 €

Obwohl die Gesamtkosten für die Entgeltverantwortlichen-Vergütung konstant bleiben (1.250 Euro pro Monat), ergibt sich für den Einzelnen eine zum Teil erhebliche Mehrvergütung (im Beispiel bis zu 1.632 Euro pro Jahr).

Auf diesem Wege werden auch Casemix-Index-Verschiebungen berücksichtigt. Steigt beispielsweise in Abteilung 1 der CMI um 0,2 Punkte auf 1,2, steigt die zusätzliche Vergütung für den zuständigen Entgeltverantwortlichen.

Dieser vereinfachte Anreiz lässt allerdings zahlreiche Aspekte der Kodierund Aktenqualität außer Acht, was den Beteiligten klar sein muss.

Für die Bearbeitung von Kostenträger- und MDK-Anfragen bietet sich eine andere Variante an. Hier kann z. B. interessierten Ärzten das Angebot gemacht werden, pro formulierter Stellungnahme für eine Anfrage einen fixen Betrag zu erhalten. In diesen Fällen ist ein Anfragenreporting allerdings unerlässlich, um den medizinischen Fachabteilungen eine Rückmeldung bzw. auch Schulungen geben zu können.

1.3.5 Nachweis von Weiterbildungsinhalten

Eine einfache Variante für ein Anreizsystem stellt die Verbindung der Kodierung mit der Dokumentation der Pflichtleistungen im Rahmen der ärztlichen Facharztweiterbildung dar. In den jeweiligen Weiterbildungsordnungen für Ärzte sind Richtzahlen und Inhalte definiert, die im Rahmen ihres Erwerbs nachzuweisen sind.

Am Beispiel der Inneren Medizin lässt sich das Prinzip gut erläutern.[47] In den MWBO-Richtlinien für Innere Medizin sind beispielsweise 45 Einzelleistungen aufgeführt. Ein Großteil hiervon (ca. 75 %) kann über OPS-Ziffern erfasst werden.

Lediglich für wenige Positionen finden sich keine entsprechenden Korrelate in der internationalen Klassifikation für Prozeduren in der Medizin (OPS).

Bislang stehen die Assistenzärzte in der Verpflichtung, den Nachweis über diese Leistungen selbst zu führen. Häufige Praxis ist es, dass von den relevanten Untersuchungsbefunden Kopien angefertigt werden, die dann mühselig addiert und vom jeweiligen ärztlichen Leiter der Abteilung in der Summe quittiert werden müssen.

Mit immer differenzierteren OPS-Ziffern haben Krankenhäuser die Chance, ihren Ärzten als Serviceangebot eine Übersicht über die von ihnen erbrachten Prozeduren bereitzustellen. Dies kann zum Beispiel über aus dem EDV-System generierte Leistungsübersichten erfolgen, die den Ärzten in regelmäßigen Abständen, bei einem Arbeitgeberwechsel oder vielleicht sogar Intranet-gestützt im Rahmen eigener Abfragen, zur Verfügung gestellt werden. In diesen Listen könnten die OPS-Ziffern gemäß der jeweiligen Weiterbildungsinhalte aufgeführt sein. Die Mediziner werden ein besonderes Interesse entwickeln, alle Leistungen zusätzlich mit OPS-Ziffern und ihrem Namen als Leistungserbringer zu kodieren. Damit würde gleichzeitig ein weiteres häufiges Problem gelöst, nämlich dass Leistungen unter falschem Anmeldenamen erfasst werden, da Programme schon geöffnet sind und ein Arzt ohne Neuanmeldung unter fremden Benutzernamen daran weiterarbeitet.

Das exemplarisch für die Innere Medizin aufgestellte Beispiel ist beliebig auf andere Fachrichtungen auszuweiten. Die technische Umsetzung wird allerdings nicht für alle Krankenhäuser leicht zu realisieren sein, da spezifische Abfragen im Krankenhaus-Informations-System gewährleistet werden müssen.

Auch sollte EDV-technisch sichergestellt sein, dass zu jeder Prozedur immer eine dazugehörige Diagnose eingegeben werden muss, damit auch die Diagnosen vollständig dokumentiert sind. Aber auch die Relevanz der Prozeduren wird immer größer, betrachtet man nur die ab 2005 eingeführte Funktion der „komplizierenden Prozeduren" (heute: „komplizierende Konstellation"), die zum Teil scheinbar nicht relevante Eingriffe gruppierungsrelevant werden lässt.

---

[47] Rapp (2005c)

1.3.6 Informationstransparenz

Ein kostengünstiges, aber vielfach sehr wirksames Instrument ist die Schaffung einer unternehmensweiten Transparenz über das Kodiergeschehen. Dies kann beispielsweise über Positiv- und Negativlisten erfolgen. In monatlichem Abstand können an zentraler Stelle (z. B. Schwarzes Brett, Intranet, Mitarbeiterzeitung) Top-Listen über die Qualität der Kodierung oder Dokumentation veröffentlicht werden. Hierbei können die jeweils fünf besten oder die fünf schlechtesten Abteilungen benannt werden. Zwei Beispiele für solche Listen sind:

• Dauer der Entlassung des Patienten bis zum Abschluss der Entlassungskodierung (Durchschnittswert über alle behandelten Fälle),
• Zahl berechtigter negativer MDK-Gutachten (als Indexwert pro Fall).

Wichtig bei solchen oder ähnlichen Auswertungen ist es allerdings, dass Parameter ausgewählt werden, die relativ unabhängig vom Leistungsspektrum der Abteilungen sind. So macht zum Beispiel die Zahl der kodierten Diagnosen als Auswertung wenig Sinn, da hier manche Abteilungen (z. B. Augenheilkunde, plastische Chirurgie) nur geringe Chancen haben, einen der höheren Plätze einzunehmen.

Der gewinnenden Fachabteilung kann ein kleiner Preis verliehen werden, z. B. eine Bestellung bei einem Pizza-Service oder ein Buchgutschein für die Abteilungsbibliothek.

2 Prozessoptimierung unter DRG-Bedingungen

Die Einführung des DRG-Systems lässt sich in zwei grundsätzliche Phasen unterscheiden. Unmittelbar nach Umsetzung des neuen Abrechnungssystems stand die Optimierung der Kodierqualität im Vordergrund. Die deutschen Krankenhäuser machten sich intensive Gedanken, wie eine bestmögliche Abrechnung der stationären Fälle und Abwehr von Kostenträgeranfragen zu erreichen ist. Mit „Scharfschaltung" des Systems und Umsetzung der Konvergenzphase wurden dann zunehmend auch die wirtschaftlichen Auswirkungen des Systems spürbar. Vor allem bei den Konvergenz-Verlierern wurde durch den wirtschaftlichen Druck die Frage lauter, wie Ineffizienzen in den Ablaufprozessen aufgedeckt und behoben werden können.

„Prozessoptimierungen sind ein wirksames Mittel zur Erhöhung der Kunden- und Mitarbeiterorientierung sowie zur Reduktion von Durchlaufzeiten und Prozesskosten und damit zur Verbesserung der Wettbewerbsfähigkeit eines Krankenhauses", fasst auch das Krankenhausbarometer 2008 zusammen.[48]

Die Rückmeldung von knapp 350 der im Rahmen des Krankenhausbarometers befragten Einrichtungen ergab, dass ein hoher Anteil der Häuser derzeit „große Veränderungen" an den Kernprozessen der stationären Behandlung vornimmt, was Abbildung 7 verdeutlicht.[49]

In den folgenden Kapiteln wird auf die Notwendigkeit und die Möglichkeiten der Prozessoptimierung unter DRG-Bedingungen eingegangen.

---

[48] vgl. Blum et al. (2008)
[49] modifiziert nach Blum et al. (2008), Krankenhausbarometer 2008

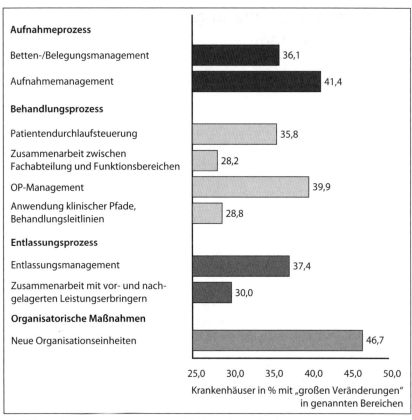

Abbildung 7: Umsetzung prozessoptimierender Maßnahmen

2.1 Ökonomische Auswirkungen der DRG

Zunächst muss die Frage beantwortet werden, welcher Zusammenhang zwischen notwendiger Prozessoptimierung und der Einführung der Diagnosis Related Groups (DRGs) überhaupt besteht. Hierzu sollen zunächst beispielhaft die wesentlichen Gestaltungsmerkmale des DRG-Systems aufgeführt werden:

• Zwischen unterer und oberer Grenzverweildauer (UGVD bzw. OGVD) wird mittels Pauschalen abgerechnet, eine Verkürzung der Verweildauer führt zu gleichem Erlös

- Ein Unterschreiten der UGVD führt zu z. T. erheblichen Abschlägen; vor-stationäre Tage zählen i. d. R. nicht bei der Verweildauerberechnung[50]
- Ein Überschreiten der OGVD führt zwar zu tagesbezogenen Zuschlägen, die aber i. d. R. nicht kostendeckend kalkuliert sind, zudem bei vielen DRGs noch pauschal ermittelt werden.
- Die „Dauer der stationären Behandlung" stellt mit über 50 % den mit Abstand häufigsten Prüfanlass für verdachtsabhängige Einzelfallprüfungen des MDK dar[51]
- Die bestehende Wiederaufnahmeregelung führt zu Fallzusammenführung bei ähnlichen DRGs in beiden Aufenthalten[52]
- Die bestehende Wiederaufnahmeregelung führt zu einer Fallzusammen-führung bei Komplikationen, die in den Verantwortungsbereich des Kran-kenhauses fallen
- Gemäß § 11 Abs. 4 SGB V besteht Anspruch für gesetzlich Versicherte auf ein Versorgungsmanagement, insbesondere zur Lösung von Problemen beim Übergang in die verschiedenen Versorgungsbereiche

Zusammenfassend lässt sich aus den genannten Punkten feststellen, dass der Verweildaueroptimierung unter DRG-Gesichtspunkten eine zentrale und ent-scheidende Rolle zukommt. Einer zu extremen Verkürzung der Verweildauer wird von Seiten des Systems aber ebenfalls entgegengewirkt.

Dass eine Verweildaueroptimierung an sich zu einer erheblichen Kostenreduk-tion führen kann, wird von den Klinikern häufig bestritten. Argumentativ werden „Sowieso"-Kosten in die Diskussion eingebracht: Ärzte und Pflege

---

[50] mit Ausnahme der Patienten, die mit vor- und nachstationären sowie den Bele-gungstagen in Summe die obere Grenzverweildauer überschreiten

[51] Quelle: Krankenhausbarometer 2008

[52] vgl. hierzu: Vereinbarung zum Fallpauschalensystem für Krankenhäuser für das Jahr 2009;
§ 2, Abs. 1: (1) Das Krankenhaus hat eine Zusammenfassung der Falldaten zu einem Fall und eine Neueinstufung in eine Fallpauschale vorzunehmen, wenn
1. ein Patient oder eine Patientin innerhalb der oberen Grenzverweildauer, be-messen nach der Zahl der Kalendertage ab dem Aufnahmedatum des ersten unter diese Vorschrift zur Zusammenfassung fallenden Krankenhausaufenthalts, wieder aufgenommen wird und
2. für die Wiederaufnahme eine Einstufung in dieselbe Basis-DRG vorgenommen wird. [...]
§ 2, Abs. 2: (2) Eine Zusammenfassung der Falldaten zu einem Fall und eine Neu-einstufung in eine Fallpauschale ist auch dann vorzunehmen, wenn
1. ein Patient oder eine Patientin innerhalb von 30 Kalendertagen ab dem Auf-nahmedatum des ersten unter diese Vorschrift zur Zusammenfassung fallenden Krankenhausaufenthalts wieder aufgenommen wird und
2. innerhalb der gleichen Hauptdiagnosegruppe (MDC) die zuvor abrechenbare Fallpauschale in die „medizinische Partition" oder die „andere Partition" und die anschließende Fallpauschale in die „operative Partition" einzugruppieren ist.

seien ohnehin vorhanden (und knapp besetzt), sodass sich keine weiteren Einsparungen durch Verweildauerreduzierungen erreichen ließen. In Tabelle 25 findet sich eine Beispielrechnung, die einer solchen Argumentation widerspricht.

Allerdings darf nicht der Fehler gemacht werden, Prozessoptimierung im Krankenhaus allein mit Verweildauerverkürzung gleichzusetzen, auch wenn viele Krankenhäuser dies bei der Reaktion auf das fallpauschalierte Vergütungssystem in den Vordergrund gestellt haben.

2.2   Von der Abteilungs- zur Prozessorientierung

Historisch gewachsen sind Krankenhäuser häufig sehr stark abteilungsorientiert organisiert, was Abbildung 8 verdeutlichen soll.

In vielen Einrichtungen wird von jeder medizinischen Abteilung der Behandlungsprozess eigenständig koordiniert. Es beginnt damit, dass das Sekretariat des jeweiligen Chefarztes die komplette Einbestellung der Patienten vornimmt, meist ohne Abgleich mit den vorhandenen Ressourcen.

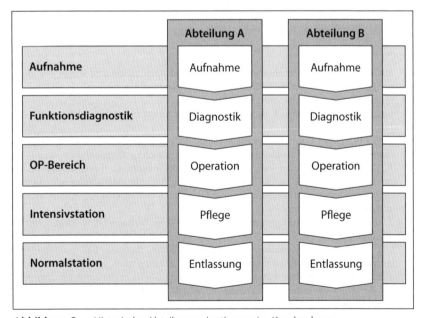

Abbildung 8:   Historische Abteilungsorientierung im Krankenhaus

Tabelle 25: Beispielrechnung Verweildaueroptimierung

Annahmen:		
500-Betten-Klinik	85% Aus-lastung	Durchschnitt-liche Verweil-dauer 7,2 Tage
Maximal mögliche Belegungstage:		
365 Tage × 500 Betten	182.500	Tage
Auslastung derzeit 85%	155.125	Tage
Anzahl Patienten bei derzeitiger Verweildauer (7,2 Tage)	21.545	Fälle
Annahme: Prozessoptimierung führt zu einer Verweildauerreduktion um durchschnittlich 1,0 Tag		
Szenario 1: Leistungssteigerung/Höhere Erlöse ohne Personalmehrung		
Anzahl Patienten bei optimierter Verweildauer (6,2 Tage)	25.020	Fälle
Anzahl Mehrfälle gegenüber „alter" Verweildauer	3.475	Fälle
Theoretische Mehrerlöse durch Verweildaueroptimierung (Annahme: CMI 1,0; BFW 2.900 Euro)	10.077.565	Euro
Fazit: Durch die Verweildauerreduktion von 1,0 Tag wird es u. U. möglich, 10 Mio Euro höhere Umsätze zu generieren.		
Szenario 2: Kosteneinsparung durch Kapazitätsreduktion		
Mögliche Belegungstage einer 30-Betten-Station 365 Tage × 30 Betten	10.950	Tage
Einsparung Belegungstage bei o. g. Patientenzahl 21.545 Patienten × 1,0 eingespartem Tag	21.545	Tage
Fazit: Durch die Verweildauerreduktion von 1,0 Tag wird es möglich, zwei 30-Betten-Stationen komplett zu schließen!		

Vorhandene Stationen werden als fest zugeordnete Bereiche einer Abteilung interpretiert, was dazu führt, dass bei nebeneinander liegenden Stationen die eine überbelegt, die andere nur zu 50% ausgelastet sein kann, nur weil die Stationen unterschiedlichen Abteilungen zugeordnet sind. Auch im OP-Bereich findet in abteilungsorientierten Häusern eine meist starre Trennung der OP-Säle statt, eine gemeinsame OP-Planung wird meist nur kurzfristig (d. h. am Tag vor OP) durchgeführt, eine abteilungsübergreifende langfristige Planung findet in der Regel nicht statt.

Dieses Organisationsmodell führt dazu, dass in vielen Fällen Ressourcen nicht optimal genutzt werden und im Rahmen der Patientenbehandlung Zeit vergeudet und Mitarbeiter mit unnötigen und aufwändigen Tätigkeiten belastet werden. Folge ist, dass die Patienten-, aber auch die Mitarbeiterzufriedenheit sinkt.

Erst die Prozessorientierung schafft eine effiziente Ressourcennutzung. Bei diesem Ansatz werden sämtliche Prozesse auf den Patienten hin ausgerichtet. Die historischen „Königreiche" einzelner Abteilungen werden aufgelöst, die Gesamtplanung findet entlang des Behandlungsprozesses des Patienten und ressourcenorientiert statt.

In Bezug auf die DRGs stellen vor allem der Aufnahme- und Entlassungsprozess eine besondere Herausforderung dar, da hier wesentliche Weichen für eine DRG-konforme Verweildauersteuerung gestellt werden.

2.3 Aufnahmeprozess

Im Rahmen des Aufnahmeprozesses eines Patienten kann es zu zahlreichen Problemen kommen, die zum einen zu erheblichen Ablaufstörungen, zum anderen auch zu einer Unzufriedenheit bei den Patienten führen.

Klassisches Bild in vielen Einrichtungen ist das „9-Uhr-Phänomen" am Montag. In der Patientenaufnahme bilden sich Montagmorgens lange Warteschlangen von Patienten. Dies ist meist Folge von völlig unkoordinierten Einbestellungen. Allen elektiven Patienten wird – der Einfachheit halber – gesagt, dass Sie zur Aufnahme am besten zwischen 8:00 und 9:00 Uhr in die Klinik kommen sollen. Zunächst melden die Patienten sich dann auf der jeweiligen Station, die diese wiederum zur administrativen Patientenaufnahme schickt. Erst einmal administrativ aufgenommen, erwartet den Patienten am Aufnahmetag in der Regel nicht mehr viel. Häufig findet der erste Arztkontakt erst am Nachmittag statt, der dann die notwendige Diagnostik für den Bereitschaftsdienst oder den Folgetag initiiert.

Auch die Vorbereitung der Patienten leidet häufig. Hat der Patient alle Vorbefunde mitgebracht? Sind Blut verdünnende oder andere OP-relevante Medikamente rechtzeitig abgesetzt worden?

2.3.1 Belegungsmanagement

Unter dem Begriff Belegungsmanagement versteht man „[die Steuerung aller] geplanten und ungeplanten Aufnahmen, die Bettenbelegung, Verlegungen und Entlassungen mit dem Ziel, allen Patienten zur richtigen Zeit einen adäquaten stationären Behandlungsplatz zur Verfügung zu stellen und dabei die vorhandenen Kapazitäten optimal zu nutzen".[53]

Das Konzept des Belegungsmanagements ist in vielen Kliniken noch nicht etabliert bzw. befindet sich in der Aufbauphase.[54] Zentrales Element des Konzeptes ist es, von einer abteilungsbezogenen Bettenbelegung hin zu einer zentralen Steuerung der stationären Ressourcen zu kommen.

Vor Beschreibung des Konzeptes müssen zunächst Patientengruppen voneinander unterschieden werden:

- Notfallpatienten: Diese Patienten müssen sofort bzw. binnen weniger Stunden aufgenommen werden
- Dringende Patienten: Bei diesen Patienten besteht eine dringende Aufnahmeindikation, die Aufnahme muss innerhalb der nächsten 24 bis 72 Stunden erfolgen
- Elektivpatienten: Bei diesen Patienten ist eine stationäre Krankenhausbehandlung erforderlich, die aber – in Abhängigkeit vom Beschwerdebild – frei terminiert werden kann
- VIP-Patienten: Diese Patienten benötigen aufgrund Ihres Status eine besondere Behandlung (z. B. Patienten mit Wahlleistungsvereinbarungen)

In vielen Einrichtungen erfolgt die Belegungsplanung derzeit noch sehr heterogen. Notfallpatienten kommen in der Regel in der Notaufnahme an und werden von dort direkt in den OP oder auf die Station geleitet. Ohne zentrales Belegungsmanagement sucht die Notaufnahme ein freies Bett. Gleiches gilt für dringende Patienten, die oft – obwohl medizinisch nicht unbedingt erforderlich – unmittelbar aus der Notaufnahme heraus aufgenommen werden.

Elektivpatienten werden in vielen Fällen direkt über die Sekretariate der einzelnen Abteilungschefärzte koordiniert. Entscheidungsrelevant für diese Pla-

---

53 Vettel (2005), S. 108
54 vgl. Güße et al. (2009)

nungen sind meist die Betten-„Kontingente" des eigenen Bereiches, eine krankenhausübergreifende „Gesamtschau" findet in der Regel nicht statt.

In vielen Einrichtungen findet sich daher folgendes Bild der Betten- und Belegungssteuerung:

- tägliche, zeitaufwändige Suche nach freien Bettenkapazitäten
- Patienten sind bei hoher Auslastung unkoordiniert im ganzen Haus verteilt
- Belegung einzelner Abteilungen wird unübersichtlich
- durch das „Rückholen" ausgelagerter Patienten entsteht ein „Patiententourismus"
- fehlende Kapazitäten für Privatpatienten erhöhen den Aufwand und fördern die Unzufriedenheit bei dieser Patientengruppe
- tägliches Chaos, schlechte Stimmung, berufsgruppenübergreifende Spannungen

Das Konzept des Belegungsmanagements verfolgt das Ziel, alle Patienten über eine zentrale Stelle im Krankenhaus zu steuern. Die medizinischen Abteilungen selbst führen mit Einführung der koordinierten Belegungssteuerung (KBS) keine Terminkalender mehr. Sämtliche Termine für Elektivpatienten werden ausschließlich von der KBS festgelegt. Eine enge Zusammenarbeit mit dem OP-Koordinator sorgt für eine maximale Auslastung von OP und Bett. Die Terminkalender sind für alle berechtigten Personen einsehbar, aber nur für die Mitarbeiter der KBS auch beschreibbar. Dadurch werden vor allem Schnittstellenverluste (Doppelanfragen, nicht kommunizierte Streichungen etc.) verhindert. Voraussetzung für ein funktionierendes Terminmanagement sind elektronische Terminkalender mit entsprechenden Lese- und Schreibrechten, die im Optimalfall direkt in das Krankenhausinformationssystem integriert sind.

Vor Einführung einer KBS müssen Abteilungskontingente festgelegt werden. Es muss daher zunächst eine ausführliche Ist-Analyse durchgeführt werden, die u. a. folgende Daten umfassen sollte:

- Stationskonfiguration (Ist-Verteilung der Betten je medizinischer Fachabteilung/je Station)
- Lage der Stationen/Gebäudearchitektur
- Fallzahlen je medizinischer Fachabteilung (aufgeteilt nach elektiv, dringend, Notfall, Privatpatienten)
- Verweildauer je Abteilung
- Präoperative Verweildauer der operativen Fachabteilungen
- Stationäre Elektivaufnahmen einer Woche in den relevanten Kliniken
- häufigste DRGs, häufigste OP-Prozeduren

Hieraus werden für jede medizinische Fachabteilung sogenannte Kernbereiche abgeleitet, die zunächst von der KBR belegt werden. Für den Fall, dass diese

Kapazitäten nicht ausreichen, werden die Patienten in angrenzenden Zimmern verteilt. Das bedeutet, dass gewisse Bereiche (sog. Floatingareas) von mehreren medizinischen Fachabteilungen „geteilt" werden. In Zeiten voller Ressourcenauslastung ist es auch möglich, dass Patienten außerhalb der Floatingarea untergebracht werden müssen.

Die Umstellung auf die KBS stellt in vielen Einrichtungen eine Herausforderung im Sinne des Change Managements dar. Vor allem Chefärzte fürchten einen gewissen Machtverlust. Es bestehen Befürchtungen, keinen Einfluss mehr auf die Terminvorgaben zu haben bzw. in den Entscheidungen eingeschränkt zu werden. Auch die Bevorzugung anderer Abteilungen – mit damit verbundenem Bettenmangel der eigenen – ist am Anfang eine häufig geäußerte Angst. Auch inhaltlich-medizinische Kritik wird geäußert. Die Mitarbeiter der KBS seien keine Ärzte und könnten die komplexe Entscheidung der Aufnahme nicht durchführen.

Diesen Befürchtungen kann durch intensive Kommunikation entgegengewirkt werden.

Zunächst einmal ist wichtig, dass die KBS nur auf Grundlage der Verfahrens- und Arbeitsanweisungen funktioniert, die zwischen Chefarzt und KBS erarbeitet werden. Hierin sind alle Grundregeln für die Belegung in jeder medizinischen Fachabteilung individuell und klar geregelt. Die Aufnahmeentscheidung selbst verbleibt immer bei den Ärzten der jeweiligen Abteilung. Die KBS kann erst nach dieser Entscheidung für einen Patienten tätig werden.
Die Verfahrensanweisungen (oder auch „Organisationshandbücher") stellen einen zentralen und sehr wichtigen Baustein des Konzeptes dar. Nur was hier geregelt ist, kann von der KBS auch eingehalten werden.

Mindestinhalte eines Organisationshandbuches sollten sein:

* Vorgehensweise Terminvergabe und Stationszuweisung
* Einbestellungspfade (u. a. welche Entscheidungsträger)
* Aufgabenverteilung (KBR, Station, aufnehmender Arzt, Stationsarzt)
* Stationszuweisung und -belegung, inklusive Zimmerbelegung
* Notwendige Abfragen bei den Patienten (z. B. Vorbefunde, Medikation o. Ä.)
* Sonstige Regeln zur Terminvereinbarung
* Form/Umfang der Einträge im Terminkalender
* Regeln zur OP-Planung, OP-Ressourcenverteilung (mögliche Operateure, Einbestellungstage und -zeiten, maximale Aufnahmekapazitäten)
* Regelungen zu OP-relevanten Medikamenten (Blutverdünnung o. Ä.)
* Entlassungsplanung

In Bezug auf die Bettenkapazitäten einzelner Fachabteilungen ist zu beachten, dass die Kontingentierung anhand von früheren sowie aktuell geplanten Leistungsentwicklungen berechnet werden sollte. Dann entsteht – bei entsprechend kurzen Verweildauern – für die Abteilungen kein Bettenmangel. Letztlich hängt die verfügbare Bettenkapazität aber auch entscheidend von der ärztlichen Entscheidung der Entlassung ab. Mit der Zielsetzung, den größten Teil der Patienten innerhalb der gegebenen DRG-Katalog-Verweildauern qualitativ hochwertig zu behandeln, bleibt allerdings ausreichender Freiraum für eine unter Umständen notwendige Verweildauerverlängerung von einzelnen Patienten. Ein Bettenmangel entsteht daher nur, wenn das ärztlich verantwortete Verweildauermanagement nicht optimal funktioniert.

Ein weiterer wichtiger Aspekt ist, dass die KBS nicht den Kontakt des Krankenhausarztes zum niedergelassenen Arzt ersetzt. In der KBS finden keine medizinisch/fachlichen Gespräche statt, sie ist einzig für die Terminkoordination zuständig und kann auf die Wünsche des Zuweisers direkt reagieren, sodass dieser schneller und professioneller behandelt werden kann. Für fachliche Rückfragen vermittelt die KBS direkt zu einem Arzt der Abteilung.
Die niedergelassenen Ärzte begrüßen eine solche Koordination, da auch dort die administrativen Tätigkeiten soweit wie möglich auf Arzthelferinnen verlagert werden. Die Zuweiser schätzen verbindliche und zuverlässige Terminaussagen der KBS. Für die Krankenhausärzte entsteht auch eine Erleichterung, da sich die Telefongespräche mit Niedergelassenen nur noch auf die medizinischen Inhalte konzentrieren.

Zusammenfassend lassen sich für die Einrichtung einer KBS folgende Vorteile darstellen:

• Durch zentrale Steuerung aller elektiven, dringenden und Notaufnahmen sowie internen Verlegungen entsteht eine deutliche zeitliche Entlastung in den medizinischen Kernbereichen
• Optimierte Einhaltung der DRG-Leistungsplanung einzelner Fachabteilungen und der Gesamtklinik
• Die dezentrale Suche nach freien Betten entfällt
• Die fachübergreifende Belegung nach untereinander abgestimmten Vorgaben ermöglicht eine optimale Auslastung der Gesamtbetten, der Funktionsdiagnostik und der OP-Kontingente
• Die Zahl interner Verlegungen sinkt, damit auch die Arbeitsbelastung von Pflegenden und Ärzten
• Eine zentrale Kontakthotline für Zuweiser (KBS) für Terminanfragen sorgt für größere Erreichbarkeit des Krankenhauses und erhöht Zufriedenheit niedergelassener Ärzte; Wartezeiten am Telefon werden minimiert

2.3.2 Aufnahmemanagement

Neben dem Belegungs- spielt vor allem das Aufnahmemanagement eine zentrale Rolle bei der Patientensteuerung.

Bei der Aufnahme von Elektivpatienten zeigt sich heute häufig noch das bereits o. g. 9-Uhr-Phänomen, d. h. alle einbestellten Patienten kommen morgens gegen 9 Uhr in die Klinik, weil sie keinen fest abgestimmten Aufnahmetermin erhalten haben. Dies führt zu erheblichen Arbeitsspitzen und Ablaufstörungen in der Folge:

- Lange Wartezeiten/-schlangen in der administrativen Patientenaufnahme mit hohen Belastungsspitzen für die Mitarbeiter
- Überlastung weiterer Funktionsbereiche (EKG, Labor, Röntgen, Ultraschall, Hol- und Bringedienst) durch mangelnde Terminierung
- Patienten kommen in „Stoßzeiten" auf die Station (Pflegevisite, Essensausgabe); keiner kümmert sich
- Es „kreuzen" sich zu entlassende und neu aufgenommene Patienten, es entstehen Wartezeiten für neue Patienten auf ein freies Bett
- Erheblicher zeitlicher Verzug der ärztlichen Aufnahme, die in den operativen Abteilungen häufig erst nach dem regulären OP-Programm am späten Nachmittag stattfindet
- Elektivpatienten werden zum Teil auch in der Notaufnahme zwischen Notfällen aufgenommen, was zum Teil mit erheblichen Wartezeiten und „Unruhe" verbunden ist
- Späte Prämedikation durch die Anästhesie
- Unter Umständen notwendige Untersuchungen der Patienten fallen in die Bereitschaftsdienstzeiten der Funktionsbereiche oder können erst am Folgetag der Aufnahme durchgeführt werden

Ziel der Aufnahmeplanung muss es daher sein, zum einen eine Trennung zwischen Notfall- und Elektivpatienten, zum anderen bei Elektivpatienten eine koordinierte, zeitversetzte Einbestellung und optimierte medizinische Aufnahme zu erreichen.

Hierzu bietet sich an, einen neuen Aufnahmebereich für Elektivpatienten zu schaffen, in dem Patienten – analog der Terminierung in einer Arztpraxis – zu festen Zeiten einbestellt werden. In dieser neuen zentralen Organisationseinheit verschmelzen die administrative und die ärztliche Patientenaufnahme. Die administrative Aufnahme für elektive Patienten erfolgt in einem Arbeitsschritt mit der medizinischen Aufnahme.

Folgende Ziele sollen hierdurch erreicht werden:

- Effizienter Personaleinsatz durch zentrale Organisationseinheit zur Aufnahme elektiver Patienten (administrative Patientenaufnahme geht in der neuen Organisationseinheit auf)
- Ruhige und sichere Stationsabläufe sowie Verkürzung der präoperativen Verweildauer durch medizinische und administrative Aufnahme in einem Arbeitsgang
- Verbesserung der OP-Planung durch Prämedikation bei Aufnahme
- Verringerung der Wartezeiten durch kurze Wege und Terminierung

In der zentralen Patientenaufnahme teilen sich jeweils ein Arzt und eine Arzthelferin den Prozess der Patientenaufnahme. Hierbei gibt es eine klare Aufgabenteilung, die in folgender Tabelle dargestellt ist:

Tabelle 26: Elektive Aufnahme: Aufgabenteilung Arzt und Arzthelferin

Arzt	Arzthelferin
• Abdeckung festgelegter Zeiten (Zeitkorridore) in den Räumen der Aufnahme • Medizinische Anamnese • Aufnahmeuntersuchung der Patienten • Festlegung/ u. U. Durchführung der Erstdiagnostik (u. a. EKG, Labor, Röntgen, Ultraschall) • Bestimmung der Aufnahmediagnose • Festlegung eines Behandlungspfades • Definition weiterer Anordnungen für die Station • Bei Operationen: Aufklärung der Patienten • u. U. Konsiliartätigkeiten für andere Aufnahmeärzte • Telefonischer Kontakt zu Niedergelassenen (für Rückfragen o. Ä.)	• Vollständige administrative Aufnahme (inklusive Stammdaten) • Unterstützung bei Erstdiagnostik • Anmelden/Terminierung von notwendiger Funktionsdiagnostik (z. B. MR, CT, Echo, Langzeit-EKG o. Ä.) • Screening für Entlassungsmanagement • Schnittstelle zur KBS und zu den Stationen • Falls erforderlich: Anforderung von Vor-/Fremdbefunden • Kontakt mit Kostenträgern • Information des Patienten über Wahlleistungsangebote

Im Optimalfall findet auch die anästhesiologische Aufklärung und Prämedikation in den Räumen der Aufnahme statt.

Der Patient kommt durch eine solche Struktur gut vorbereitet auf die jeweilige Station, die dann – auch ohne ärztliche Anwesenheit – die wesentlichen Aufgaben und Anordnungen abarbeiten kann. Der Patient fühlt sich von der ersten Minute an gut aufgehoben, empfindet keine unnötigen Wartezeiten oder Zeitverlust. Ein in dieser Form aufgenommener Patient kann unmittelbar am nächsten Tag operiert werden. Viele Kliniken mit zentraler Aufnahmestruktur sind inzwischen soweit organisiert, dass – wenn medizinisch möglich – die Aufnahme des Patienten prästationär erfolgt, der Patient im Anschluss wieder nach Hause geht und erst am Operationstag wieder in die Klinik kommt. Dieses Vorgehen führt zu einer erheblichen Verkürzung der präoperativen und damit der gesamten stationären Verweildauer.

In der Regel erfordert ein solches Aufnahmekonzept Umbaumaßnahmen, da die Räumlichkeiten der Notaufnahme für eine Erweiterung um alle Elektivpatienten nicht ausreichend sind. Die Anforderungen an eine elektive Patientenaufnahme lassen sich zusammenfassend formulieren:

- Nähe zur Notaufnahme, optimal gemeinsamer, offener Empfang von Not- und Elektivaufnahme (Personalsharing)
- Untersuchungszimmer für jede Fachabteilung mit mindestens folgender Ausstattung: Computer mit Anbindung an das Krankenhaus-Informations-System (KIS), Liege, EKG-Gerät, Ultraschall; für die Gynäkologie: Untersuchungsstuhl, Umkleide
- Raum für die Anästhesie zur Prämedikation
- Enge Anbindung an die koordinierte Bettensteuerung (KBS)
- Nähe zur Funktionsdiagnostik
- Ausreichender, freundlich gestalteter Wartebereich

Während des Projektdesigns entsteht häufig die Frage, ob die Investitionen und die Personalaufstockung für eine koordinierte Bettensteuerung und ein elektives Aufnahmezentrum betriebswirtschaftlich sinnvoll sind. Diese Frage ist eindeutig zu bejahen, da die monetären Effekte aus den neuen Strukturen deutlich aufzuzeigen und messbar sind:

- Verweildauerreduktion: Durch die optimierte Ressourcenausnutzung und die Absenkung der präoperativen Verweildauer stehen nach Einführung der Maßnahmen mehr Bettenressourcen zur Verfügung. Die sich daraus ergebenden möglichen ökonomischen Folgen wurden bereits in Kapitel 2.1 dargestellt.
- Reduktion von Kapazitäten in Chefarztsekretariaten und Schreibdienst aufgrund der Einführung der KBS und der Nutzung elektronischer Möglichkeiten der Patientenaufnahme (digitaler Aufnahmebefund)
- Wenn baulich möglich: Ressourceneinsparung durch Zusammenlegung der Pforte mit der Rezeption der zentralen Patientenaufnahme (z. B. in den Nachtstunden)
- Umwandlung von Verwaltungsangestellten (administrative Patientenaufnahme) in Arzthelferinnen
- Umsatzsteigerung im Bereich der Wahlleistungen durch gezielte und koordinierte Ansprache im Rahmen der elektiven Aufnahme
- Je nach Fallspektrum kann auch u. U. eine vorhandene Aufnahmestation geschlossen werden. Aufnahmestationen verlängern die Verweildauer und verbrauchen erhebliche Ressourcen in der Pflege und im ärztlichen Bereich.

Vor allem aber in den Prozessabläufen des Krankenhauses kommt es zu einer deutlichen Verbesserung. Beispielhaft seien an dieser Stelle genannt:

- Optimierte, an den vorhandenen Ressourcen orientierte Auslastung des OP-Bereiches, der Intensivstation, der Normalstationen und der Funktionsdiagnostik
- Verbesserung der Abläufe im OP-Bereich durch standardisierte Vorplanung
- Ruhiger, koordiniert geplanter Ablauf auf den Stationen
- Entlastung der Notaufnahme
- Reduktion der Einsätze des Hol- und Bringdienstes aufgrund besserer Organisation
- Vermeiden von unnötiger Diagnostik („viel hilft viel", häufig anzutreffen bei unerfahrenen Stationsärzten)
- Reduktion von Doppeluntersuchungen aufgrund der Aufnahme auf Facharztniveau
- Verbesserung des Patientenmanagements durch Prognose der Verweildauer direkt zu Beginn der Behandlung

2.3.3 OP-Ressourcen-Management

Das OP-Ressourcen-Management stellt eine besondere Herausforderung bei einer adäquaten Prozessreaktion auf das DRG-System dar. Hier zeigen sich in vielen Fällen Ineffizienzen, die Einfluss auf das gesamte Patientenmanagement bei einem Patienten haben.

„In deutschen OPs gelten noch immer eherne, wenn auch ungeschriebene Regeln. In den vergangenen Jahrzehnten lautete die wichtigste zumeist: Jeder Operateur hat „seinen" OP-Saal, in dem er allein operiert – und auch nur dann, wenn er selbst dies für richtig und angemessen hält. Nur der Operateur setzt den OP-Termin an, zu dem die Anästhesisten dann die Narkosephase einleiten."[55]

Eine solche Einstellung und Vorgehensweise führt in der Regel zu einer völligen Entkopplung von Aufnahmen und Entlassungen, was die folgende Abbildung 9 verdeutlichen kann.

Eine solche Verteilung ist unter Umständen für eine isolierte Abteilung optimiert, für das Gesamtklinikum führt sie aber regelhaft zu Kapazitätsengpässen und unnötigen Verweildauerverlängerungen durch OP-Wartezeiten.

Die Einführung einer koordinierten Belegungssteuerung und einer elektiven Patientenaufnahme kann einer solchen ineffizienten Allokation entgegensteuern. Daher ist die Anbindung des OP-Managements an die Belegungssteuerung ein zentraler Erfolgsfaktor. Mit der Aufnahme- und Bettenbelegung müssen gleichzeitig die OP-Kontingente geplant werden.

---

55 vgl. Salfeld et al. (2009)

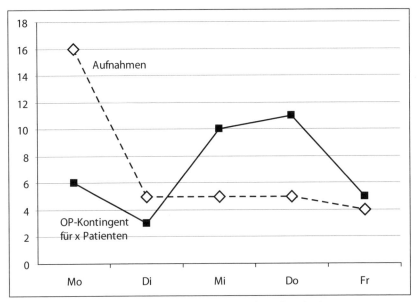

Abbildung 9: Ineffiziente Aufnahme- und OP-Saal-Synchronisation

Daher ist es von essentieller Bedeutung, dass in den Organisationshandbüchern der KBS auch relevante Informationen zu den OP-Abläufen enthalten sind, zu denen u. a. die in Tabelle 27 genannten zählen:

Tabelle 27: OP-relevante Informationen für die koordinierte Belegungssteuerung

Regelungsrelevante Aspekte
• Welcher Operateur kann welche Eingriffe durchführen?
• Wie viele „gleiche" Eingriffe können pro Tag geplant werden (Verfügbarkeit von OP-Sieben)?
• Welche durchschnittliche Wechselzeit muss vorgesehen werden?

Bei jedem Patienten sollte im Rahmen der Aufnahmesituation ein „OP-Antrag" ausgefüllt werden, bei dem für die jeweilige Operation weitere Details für die KBS zur Verfügung gestellt werden, u. a. voraussichtliche OP-Dauer und notwendige Befunde/Voruntersuchungen.

Aus einer erfolgreichen Einführung von KBS und elektiven Patientenaufnahme resultiert eine gleichlaufende OP-Auslastung, wie sie in der Abbildung 10 dargestellt ist.

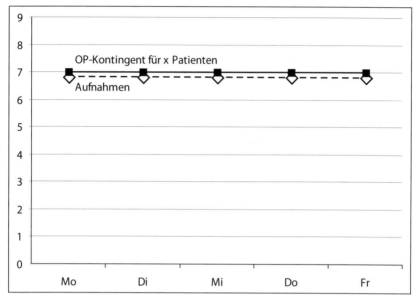

Abbildung 10: Effiziente Aufnahme- und OP-Saal-Synchronisation

Hierfür sind auf Seiten der einzelnen Abteilungen auch Anpassungen erforderlich:

- Umstellung der Ermächtigungs-/Privatsprechstunden, Anpassung an die OP-Kontingente (OP hat Priorität!)
- Meldung von Abwesenheitszeiten der Operateure (Urlaub, Überstundenabbau, Kongresse) an die koordinierte Belegungssteuerung

2.4 Entlassungsprozess

Ein weiteres Nadelöhr beim Verweildauermanagement stellt der Entlassungsprozess des Patienten dar. Für eine DRG-optimierte Verweildauer spielt eine medizinisch-vertretbare rechtzeitige Entlassung eine zentrale Rolle.

2.4.1 Entlassungsmanagement

Eine unnötige Verweildauerverlängerung entsteht in vielen Fällen am Ende der stationären Behandlung. Hierfür gibt es vielfältige Gründe:

112

- Für den Patienten ist eine nachfolgende Behandlung erforderlich (z. B. Anschlussheilbehandlung), dort ist aber noch kein Platz verfügbar
- Der Patient muss in eine betreuende Einrichtung (z. B. Pflegeheim, Hospiz), eine Verlegung kann aufgrund von Kapazitätsproblemen nicht erfolgen
- Der Patient ist auf Hilfe angewiesen, die Betreuung zu Hause ist aber nicht gewährleistet
- Es stehen noch Befunde aus, die behandelnden Ärzte wollen zunächst das Ergebnis abwarten

Aber auch am Tag der Entlassung kann es zu Verzögerungen kommen, die den Ablauf stören und die Verfügbarkeit der Betten für neue Patienten einschränken:

- Der Arztbrief ist zwar diktiert, aber noch nicht geschrieben
- Es ist ein Patiententransport erforderlich, der Transportdienst hat jedoch keine Kapazitäten
- Laborbefunde des aktuellen Tages sollen abgewartet werden

Hinzu kommt die Tatsache, dass eine Verweildauerverkürzung für Ärzte eine deutliche Mehrbelastung mit sich bringt (siehe hierzu Kapitel: 1.3.2 Konfliktpotential Arzt und DRG-System).

Bereits in der Aufnahmesituation sollten aus diesen Gründen die Weichen für eine DRG-konforme Entlassung gelegt werden. Hierzu zählt zum einen die Festlegung einer Verweildauerprognose durch den aufnehmenden Arzt, mit der während der gesamten Verweildauer ein Soll-/Ist-Abgleich durchgeführt werden kann. Bei der Aufnahme ist es zum anderen auch wichtig, ein „Screening" der Patienten durchzuführen, ob ein postoperativer Versorgungsbedarf besteht (Reha-Indikation, Pflegebedarf o. Ä.). Je nach Screeningergebnis können bereits bei Aufnahme die notwendigen Schritte, wie z. B. Antrag auf Anschlussheilbehandlung, Organisation einer Kurzzeitpflege oder eines Heimplatzes, eingeleitet werden.

Anhand der Verweildauerprognose muss die weitere Steuerung des Patienten erfolgen. Es funktioniert in der Regel nicht, dass diese Steuerung allein durch die ärztliche Koordination des Stationsarztes erfolgt, da hier häufig ein nur geringes Interesse an einer Verweildaueroptimierung vorhanden ist. Je nach Krankenhaus muss ein Organisationsmodell gefunden werden, das den Arzt in dieser Frage täglich berät und Hilfestellung anbietet. Erfahrungswerte zeigen, dass hierbei eine direkte Interaktion mit den behandelnden Ärzten erforderlich ist. Unterstützend können auch Listen bereit gestellt werden, die die Patienten in Bezug auf ihre voraussichtliche DRG bzw. die Verweildauerprognose aufführen.

Im Fallbegleiter-Modell (siehe hierzu Kapitel 1.2.5) kann die Kodierung und Steuerung „aus einer Hand" erledigt werden. Aber auch andere Organisationsformen sind denkbar, z. B. die Einrichtung eines Bereiches für Entlassungsmanagement/Überleitungspflege oder die Organisation über die Pflege.

Zunehmend wirken auf Krankenhausträger auch externe Leistungserbringer ein, die eine enge Zusammenarbeit mit den einzelnen Kliniken suchen. Hierzu zählen zum einen Anbieter der Heil- und Hilfsmittelversorgung/Sanitätshäuser, zum anderen aber auch Betreiber von ambulanten Pflegediensten und Pflegeheimen. Die Zielsetzung ist klar: Durch die enge Zusammenarbeit mit einem Klinikum erhofft man sich Umsatzsteigerungen. Grundsätzlich ist es denkbar, auch mit externer Unterstützung das Entlassungsmanagement zu organisieren. Hier sind vor allem Fragen der Weisungsbefugnis und Akzeptanz zu beantworten, die bei externen Mitarbeitern mitunter schwer zu erreichen sind. Gerade auch die Integration in die medizinischen Abläufe stellt einen Erfolgsfaktor für ein funktionierendes Entlassungsmanagement dar.

3 Maßnahmen zur Steigerung der Kodierqualität

3.1 DRG-Hotline

Eine effektive Möglichkeit, bei den Kodierenden auftretende Fragen möglichst zeitnah zu beantworten, ist die Einrichtung einer telefonischen DRG-Hotline. Über eine unternehmensweit eingerichtete Rufnummer können unmittelbar Kodierfragen an Mitarbeiter der Abrechnung und/oder den DRG-Manager gestellt werden. Die entsprechende Telefonnummer kann per Aufkleber auf jedem Bildschirm im Unternehmen vermerkt werden. Die Rufnummer ist leicht zu merken und wird – bei nicht persönlicher Erreichbarkeit – durch einen Anrufbeantworter bedient.

Gerade bei kleinen Einrichtungen ohne zentrale Strukturen ist es auch denkbar, die DRG-Hotline extern auszugliedern.[56] Auf diesem Weg ist gewährleistet, dass Fragen zeitnah beantwortet werden können und nur variable Kosten entstehen.

3.2 DRG-Newsletter

Die Erkenntnisse aus sämtlichen Fragen, die an den DRG-Manager im Unternehmen oder die Abrechnungsabteilung adressiert werden, sollten in regelmäßigen Abständen in einem Newsletter zusammengefasst werden. Dieser kann per E-Mail versendet und auch ins Intranet eingestellt werden. Ebenfalls bietet sich eine Platzierung im Schwarzen Brett der Cafeteria bzw. Aufenthaltsräumen an. Grundsätzlich sollten hier nicht nur die kodierenden Ärzte bzw. Koder oder Fallbegleiter in den Verteiler eingebunden werden, sondern ein möglichst großer Kreis von Führungskräften inklusive des Betriebsrates. Häufig bestehen in Bezug auf das DRG-System zum Teil deutliche Informationsdefizite, die auf diesem Wege sukzessive abgebaut werden können. Eine inhaltliche Aufteilung des Newsletters in einen allgemeinen Teil, der schwerpunktmäßig eher organisatorische/systemrelevante Fragen beantwortet, und einen speziellen Teil, in dem konkrete Kodierhinweise gegeben werden, ist sinnvoll.

---

56 an ein spezielles Beratungsunternehmen oder in Kooperation mit anderen Krankenhäusern

3.3 DRG-Schulungen

Schulungen bilden das zentrale Element für die Verbesserung der Kodierqualität. Leider werden bei der Organisation der Schulungen in vielen Fällen zentrale Aspekte nicht beachtet, sodass sich nicht der gewünschte Erfolg einstellt. Dies kann dazu führen, dass man nicht das Konzept der Schulungen überdenkt, sondern die ganze Schulung als solche infrage stellt. Die kodierenden Ärzte werden sich in der Regel nicht selbst im Bereich der DRG fortbilden. Die Folgen mangelnder oder fehlender Schulungen lassen sich allerdings erst nach einiger Zeit erkennen. Meist sind dann schon ökonomische Auswirkungen eingetreten. Bei DRG-Schulungen sollten deshalb die folgenden Punkte beachtet werden:

- Hausinterne DRG-Schulungen sollten grundsätzlich in fachspezifischen Gruppen stattfinden, dafür zeitlich gestrafft sein (z. B. nur alle Chirurgen, nur alle Internisten, nur die Pflege, nur die Koder usw.). Nur so ist ein hoher spezifischer Wissenstransfer in kurzer Zeit möglich.
- Die leitenden Mitarbeiter (insbesondere der Chefarzt) einer Abteilung sollten – auch wenn sie selbst nicht kodieren – an der Schulung teilnehmen. Zum einen erhalten sie tiefere Einblicke in das System, zum anderen signalisieren sie ihren Mitarbeitern die hohe Relevanz der Thematik. Gerade der erst genannte Punkt ist nicht unerheblich. Manche Chefärzte haben immer noch Wissenslücken im Bereich der DRG, was zu völlig falschen Schlussfolgerungen für die Ablauforganisation führen kann.
- Externe Schulungen sind besser als interne. Dies gilt insbesondere für die jährlichen Schulungen der Katalogwechsel. Wird hiermit der DRG-Manager beauftragt, blockiert man ihn unnötig mit der Erstellung von Folien. Einfacher ist die Beauftragung einer In-House-Schulung durch einen externen Dienstleister. Solche Angebote lassen sich relativ kostengünstig organisieren und gewährleisten, dass zum einen die Vollständigkeit gegeben ist, zum anderen, dass die interne Bedeutung der Schulungsveranstaltung aufgrund von externen Referenten ansteigt.
- Schulungen sollten nicht in den Räumlichkeiten des Krankenhauses stattfinden. Irgendjemand hat immer seinen Funk eingeschaltet (auch wenn er keinen Dienst hat), sodass es ständig Störungen gibt. Gut funktionieren Schulungen in zum Krankenhaus nahe gelegenen Hotels oder Gaststätten, in denen ein „Entkommen" erschwert wird. Auch sollten die Rahmenbedingungen stimmen. Schulungen am Spätnachmittag ohne Getränke oder einen kleinen Snack für die Teilnehmer werden häufig ihre Wirkung verfehlen.

3.4 Dokumentationsaudits

Eine weitere Möglichkeit zur Verbesserung der Dokumentations- und Kodierqualität ist die Organisation von Kodieraudits. Hiermit sind Prüfungen gemeint, die von Ärzten außerhalb der betroffenen Abteilungen durchgeführt
werden. Solche Audits lassen sich mithilfe von externen Unternehmen durch-
führen. Eine andere Möglichkeit ist die Kooperation mit einem anderen
Krankenhaus ähnlicher Struktur. Bei einer solchen Lösung können sich die
Krankenhäuser gegenseitig „prüfen" und relevante Fragen austauschen.
In der Vorbereitung einer solchen Veranstaltung müssen gezielt abgerechnete
Fälle für die Prüfung identifiziert werden. Der Zeitraum sollte so gewählt
werden, dass im Falle der Unterkodierung noch ein Rechnungsstorno und die
Neuberechnung des Falles durchgeführt werden können.[57]
Die jeweiligen Prüfungen sollten einem vorher definierten Motto bzw. Ziel fol-
gen, nachdem auch die Vorab-Fallauswahl durchgeführt wird. Beispielsweise
können die einzelnen Prüftermine einen der folgenden Schwerpunkte haben:

* Unterkodierung: Fälle mit leichten Schweregraden (steigerbare DRG) trotz
  relativ hoher Verweildauer und/oder fortgeschrittenem Patientenalter
* falsche Hauptdiagnose: Patienten mit Verweildauer im OGVD-Bereich
* stationäre Notwendigkeit: Fälle an der Grenze zur unteren Verweildauer,
  junge Patienten
* Überkodierung: Fälle mit hohen Schweregraden, aber mit geringer Verweildauer oder niedrigem Alter

Das jeweilige Audit sollte vor Ort im Krankenhaus stattfinden, um eventu-
ell notwendige Rücksprachen zu ermöglichen. Zu jeder Prüfung gehört ein
kurzes Protokoll. Hierbei sollten vor allem systematische Fehler und Defizite
dargestellt werden, z. B. immer oder häufig falscher ICD-Schlüssel bei einer
bestimmten Diagnose. Falsch kodierte oder unterkodierte Fälle sollten mit
entsprechendem Begleitbrief an die Krankenkasse storniert und neu berechnet werden.

3.5 Kodierung im Team

Eine in vielen Krankenhäusern gängige Praxis bei der Kodierung ist, dass – zumindest die Diagnosen – ausschließlich von dem behandelnden Stationsarzt
kodiert werden.

---

57 Einzelheiten hierzu regeln die auf Landesebene nach § 112 Abs. 2 Nr. 1 SGB V
geschlossenen Verträge

Nur bei Prozedurenschlüsseln wird häufig entweder direkt im OP oder im Funktionsbereich kodiert. Letztere „verursachungsorientierte" Kodierung, also das Prinzip, dass eine Diagnose oder Prozedur kodiert wird, wo sie behandelt bzw. durchgeführt wird, hat viele Vorteile. Der Stationsarzt hat meist seinen Teil der Behandlung im Hauptfokus, die Beteiligung anderer Berufsgruppen bei der Kodezusammenstellung leistet einen großen Beitrag zur Vollständigkeit. Da die Gesamtkodierung in der ärztlichen Verantwortung liegt, können die Beiträge anderer Berufsgruppen prinzipiell nur Vorschlagscharakter für den kodierenden Arzt haben. Wenn ein solches Kodierungs-Vorschlagsverfahren durch EDV implementiert wird, muss dieser Notwendigkeit unbedingt Rechnung getragen werden. Möglich ist ohne Schwierigkeiten auch eine Dokumentation auf entsprechend gestalteten Bögen, auf denen mittels Ankreuzverfahren Kodes durch andere Berufsgruppen notiert werden können. Dies hat allerdings für den kodierenden Arzt den Nachteil, dass er die Schlüssel von Papier in das System übertragen muss.

3.5.1 Pflege

Die Pflegenden haben traditionell einen hohen Bezug zu einer umfassenden Dokumentation. Hier bestand von Beginn der DRG-Einführung an das Problem, dass man pflegerelevante Aspekte nur sehr eingeschränkt in erlösrelevante Kodierung umsetzen konnte.

Eine bereits 2001 durchgeführte Untersuchung des Höhenrieder Kreises (HK) im Auftrag des Deutschen Pflegerates (DPR) hat eine umfassende Liste von pflegerelevanten Diagnosen zu Tage gebrachtdie über 600 ICD-Schlüssel umfasste.

Bei der Veröffentlichung wies der Deutsche Pflegerat allerdings schon auf Folgendes hin:

- „Pflegerische Phänomene können nur zu einem kleinen Teil mit ICD-Kodes abgebildet werden, denn ICD 10-Diagnosen haben eine andere Optik als Aussagen der Pflege [...]
- Die Kodierung nach ICD 10 ist sehr anspruchsvoll und setzt gute Kenntnisse des Aufbaus der ICD 10 sowie der Kodierrichtlinien voraus.
- Pflegende sollten nicht mit ICD-Kodes arbeiten müssen, sondern vielmehr eine geeignete Patientendokumentation aufbauen, aus der dann bei Bedarf die nötigen Informationen in einem zweiten Schritt extrahiert werden.

Dennoch wurde in den meisten Kliniken eine sog. Pflege-ICD-Liste eingeführt. So war es zumindest eingeschränkt möglich, die Pflege über die DRG-Kodierung zu dokumentieren.

Im Klinikum Lüdenscheid wurde ein Katalog von 54 pflegerelevanten Diagnoseschlüsseln erarbeitet und diese in ein dort eigens entwickeltes Pflege-ICD-Tool eingearbeitet, das die Verschlüsselung der Diagnosen unter Einhaltung der Kodierrichtlinien ermöglicht. In einem über zwei Monate andauerndem Projekt wurden die Patienten von zwei chirurgischen Stationen doppelt kodiert: einerseits wie üblich von den Ärzten, andererseits parallel von den Pflegenden durch die Dokumentation der Pflege-Diagnosen. Eine spätere Auswertung ergab, dass sich bei 116 Patienten das durchschnittliche effektive Relativgewicht von 2,53 auf 3,4 erhöhte, wenn die Pflege-ICDs bei der Gruppierung berücksichtigt wurden.[58]

Eine weitere Liste wird von Thorsten Müller (Schulung und Beratung im Gesundheitswesen) im Internet frei zur Verfügung gestellt.[59]

Im Rahmen der DRG-Weiterentwicklung hat sich das InEK vor allem auch mit den pflegerelevanten Diagnosen beschäftigt. In vielen Fällen haben durch die „Überkodierung" die Kodes an ökonomischer Trennschärfe verloren.

Dies hat zu massiven Veränderungen an der sog. CC-Matrix geführt, die die Relevanz von Nebendiagnosen ausdrückt. Viele pflegerelevante Aspekte im ICD-Katalog[60] wurden abgewertet oder ihre Erlösrelevanz komplett gestrichen. Beispielhaft sei erwähnt:

- R32 Harninkontinenz n. n. bez.
  (Abwertung 2007, Streichung 2008)
- N39.48 Sonstige n. n. bez. Harninkontinenz (Abwertung 2008)
- N30.8/N30.9 Zystitis (Streichung 2009)
- R15 Stuhlinkontinenz (Abwertung 2007)
- R64 Kachexie (Abwertung 2007)
- F03 Demenz n. n. bez. (Streichung 2007)
- F17.- Psychische und Verhaltensstörungen durch Tabak (Streichungen 2006, 2008)

Aufgrund der oben geschilderten Problematik, dass der ICD-Katalog sich nur bedingt für die Abbildung pflegerischer Phänomene eignet, hat der Deutsche Pflegerat in den letzten Jahren intensiv an der Entwicklung verbesserter Dokumentationsmöglichkeiten für die Pflege gearbeitet.

In der DRG-Version 2010 wurden schließlich neue und sehr differenzierte Instrumente zur Dokumentation von pflegerelevanten Aspekten eingeführt, die

---

58 Peer et al. (2002)
59 http://www.thorsten-karin-mueller.de/pflegeicds.htm, zuletzt abgefragt am 25.09.2009
60 Der ICD-Katalog wird aber auch weiterentwickelt, z. B. wurde im Jahr 2010 ein neuer ICD-Schlüssel R26.3 Immobilität (Angewiesensein auf (Kranken-) Stuhl, Bettlägerigkeit) eingeführt.

Pflegekomplexmaßnahmen-Scores für Erwachsene (PKMS-E), Kinder und Jugendliche (PKMS-J) und Kleinkinder (PKMS-K).

Der PKMS ist ein von der Expertengruppe des Deutschen Pflegerates entwickeltes Instrument zur Abbildung der Pflege von hochaufwändigen Patienten im Krankenhaus auf „Normalstationen".[61] In mindestens einem der vier Leistungsbereiche Körperpflege, Ernährung, Ausscheidung, Bewegen/Lagern/Mobilisation/Sicherheit geht diese hochaufwändige Pflege deutlich über die normale volle Übernahme von Pflegetätigkeiten hinaus und/oder im Bereich Kommunizieren/Beschäftigen besteht ein wesentlich höherer Bedarf als beim durchschnittlichen Patienten mit besonderen Leistungen (vergleiche hierzu PPR (Pflege-Personalregelung) Stufe A3 der entsprechenden Altersstufe).

Es wurden drei unterschiedliche PKMS entwickelt, da die hochaufwändige Pflege in den verschiedenen Altersstufen unterschiedlich operationalisiert ist:

- für Erwachsene (PKMS-E): ab dem Beginn des 19. Lebensjahres
- für Kinder und Jugendliche (PKMS-J): ab dem Beginn des 7. Lebensjahres bis zum Ende des 18. Lebensjahres
- für Kleinkinder (PKMS-K): ab dem Beginn des 2. Lebensjahres bis zum Ende des 6. Lebensjahres

Treffen auf den Patienten ein oder mehrere Leistungsmerkmale des PKMS zu, so werden die Punkte für den jeweiligen Kalendertag über die Verweildauer addiert. Auch entstandene Aufwandspunkte am Aufnahme- und Entlassungstag werden berücksichtigt. Pro Leistungsbereich kann die angegebene Punktzahl nur einmal pro Kalendertag vergeben werden. Die Gesamtpunktzahl der Aufwandspunkte führt zu einer im OPS-Katalog 2010 neu eingeführten OPS-Prozedur „9-20 ... - Hochaufwändige Pflege", wenn die entsprechende Punktzahl der jeweiligen Prozedur in den Altersgruppen (Kleinkinder, Kinder und Jugendliche, Erwachsene) erreicht ist.

Es ist zu erwarten, dass die neu eingeführten OPS-Schlüssel in den nächsten Jahren erlösrelevant werden. Insofern sollte die Dokumentation der PKMS-Scores trotz erhöhtem Dokumentationsaufwand unmittelbar begonnen werden.

---

61 Für Patienten auf Intensivstationen wurde bereits vor einigen Jahren die „Intensivmedizinische Komplexbehandlung" (OPS 8-980) mit einer Dokumentation über TISS/SAPS II-Scoring-Systeme eingeführt, die in den meisten Kliniken bereits fest etabliert ist. Die Anzahl der Aufwandspunkte für die Intensivmedizinische Komplexbehandlung errechnet sich aus der Summe der täglichen SAPS II (ohne Glasgow-Coma-Scale) über die Verweildauer auf der Intensivstation (total SAPS II) und der Summe von 10 täglich ermittelten aufwändigen Leistungen aus dem TISS-Katalog über die Verweildauer auf der Intensivstation.

Bereits in den letzten Jahren wurden pflegerelevante Prozeduren in das DRG-System integriert; exemplarisch zu nennen sind:[62]

- 8-987 Komplexbehandlung bei Besiedelung oder Infektion mit multiresistenten Erregern [MRE]: Hier muss ein dokumentierter durchschnittlicher Mehraufwand von mindestens zwei Stunden täglich während der Behandlungstage mit strikter Isolierung entstehen.[63]
- 8-390 Lagerungsbehandlung: Mit diesen Kodes sind nur Lage-rungen mit einem deutlich erhöhten personellen, zeitlichen oder materiellen Aufwand zu kodieren. Dies ist z. B. bei speziellen Lagerungen (z. B. bei Schienen und Extensionen, Wirbelsäuleninstabilität, Hemi- und Tetraplegie oder nach großen Schädel-Hirn-Operationen) oder Lagerungen mit speziellen Hilfsmitteln (z. B. Rotations- oder Sandwichbett) der Fall.
- 9-500 Patientenschulung

Auch bei vielen der über die letzten Jahre neu eingeführten „Komplexbehandlungen" spielen pflegerische Aspekte eine große Rolle, wie z. B.[64]

- die Intensivpflege bei den OPS-Ziffern 8-980 Intensivmedizinische Komplexbehandlung, 8-98c Intensivmedizinische Komplexbehandlung im Kindesalter, 8-978 Aufrechterhaltung der Homöostase für die postmortale Organspende,
- die aktivierend-therapeutische Pflege durch besonders geschultes Pflegepersonal bei den OPS-Ziffern 8-550 Geriatrische frührehabilitative Komplexbehandlung, 8-552 Neurologisch-neurochirurgische Frührehabilitation, 8-559 Fachübergreifende und andere Frührehabilitation, 8-982 Palliativmedizinische Komplexbehandlung, 8-98a Teilstationäre geriatrische Komplexbehandlung,
- die begleitend-therapeutische Pflege bei den OPS-Ziffern 8-982 Palliativmedizinische Komplexbehandlung, 8-552 Neurologisch-neurochirurgische Frührehabilitation,
- der Einsatz von fachkundigem Pflegepersonal bei den OPS-Ziffern 8-971 Multimodale dermatologische Komplexbehandlung, 8-975 Naturheilkundliche und anthroposophisch-medizinische Komplexbehandlung.

Die Relevanz der Pflege im DRG-System hat sich also seit der Einführung der DRGs deutlich erhöht. Die Einbeziehung der Pflegenden in die abrechnungsrelevante Dokumentation stellt daher eine zentrale Herausforderung für moderne DRG-Strukturen im Krankenhaus dar.

---

62 genannt wird nur der 4-stellige Kode ohne Unterkategorien
63 weitere Mindestvoraussetzungen: siehe OPS-Katalog (www.dimdi.de → Klassifikationen)
64 Aufzählung nur beispielhaft,; es gibt noch weitere OPS-Schlüssel, vor allem bei den Komplexbehandlungen (siehe OPS-Kapitel 8-97...8-98), in denen die Pflege eine wichtige Rolle im Gesamtbehandlungsprozess darstellt

3.5.2 Labor

Die Wichtigkeit des klinischen Labors und der Mikrobiologie im DRG-System wurde lange deutlich unterschätzt. Hoffmann et al. konnten aber bereits 2004 deutlich machen, dass 62 % aller vergütungsrelevanten Nebendiagnosen ausschließlich oder vorwiegend durch Laborwerte diagnostiziert bzw. bestätigt werden.

Der Kodieralltag zeigt allerdings, dass häufig laborrelevante Diagnosen bei der DRG-Dokumentation vergessen werden. Dies liegt unter anderem an dem definierten Zusammenspiel zwischen behandelnden Ärzten und dem Labor. Der behandelnde Arzt bestimmt Art und Umfang der Laboruntersuchung, das Labor führt die Untersuchungen durch und teilt die Ergebnisse mit. Die Bewertung und die Diagnose muss jedoch der Arzt und nicht das Labor stellen. An dieser Informationsschnittstelle muss die DRG-Kommunikation zwischen den Beteiligten verbessert werden.

Dies kann erreicht werden, indem neben den Laborergebnissen Hinweise auf mögliche Kodierungen gegeben werden. Aufgrund der oben geschilderten Notwendigkeit der klinischen Ergebnisbewertung durch den behandelnden Arzt können die Kode-Vorschläge nur Informations- bzw. Empfehlungscharakter haben. Eine direkte Kodierung der Kodes durch das Labor im Abrechnungssystem ist nicht möglich.

Zur Ermittlung der für die Kodierung gegebenenfalls relevanten Informationen wird seit Jahren ein kostenloses Programm im Internet bereitgestellt und jährlich aktualisiert. Der von der Firma Trillium entwickelte „DRG Watchdog" ist eine frei zugängliche Datenbank mit Suchmaske für vergütungsrelevante Diagnosen im deutschen G-DRG-System. Er unterstützt die Nutzer u. a. bei

- der Suche nach DRG-Ziffern auf Basis von Hauptdiagnosen (ICD) und Prozeduren (OPS),
- der Suche nach vergütungsrelevanten Nebendiagnosen zu einer bestimmten DRG und
- der Suche nach Labortests zur Verifizierung einer bestimmten Nebendiagnose.

Die Software DRG-Watchdog ist im Internet unter www.watchdog-online.de frei verfügbar. Das Projekt wird vom Verband der Diagnostica-Industrie e. V. (VDGH, www.vdgh.de) gefördert.

3.5.3 Verstorbene Patienten

Eine besondere Situation im Krankenhaus stellen verstorbene Patienten dar. Aufgrund der Vielzahl der damit verbundenen Abläufe, angefangen von der

Leichenschau, der Angehörigeninformation bis hin zum Ausfüllen des Totenscheins werden diese Fälle häufig nur unzureichend kodiert. Dies wird verstärkt durch die Tatsache, dass viele Notfälle im Rahmen des Bereitschaftsdienstes auftreten. Die Dienst habenden Ärzte kennen den Patienten zum Teil nur wenige Minuten bis Stunden, was die korrekte Datenerfassung erschwert.

Eine mögliche Lösung für dieses Problem ist die hausinterne Ergänzung der Totenschein-Unterlagen um einen DRG-Dokumentationsbogen. Hier sind vor allem die wesentlichen, im Rahmen der Todesursache relevanten Diagnosen (z. B. Kammerflimmern, Organversagen o. Ä.) und die damit verbundenen Maßnahmen (z. B. kardiale Reanimation, Atemspende bei Reanimation) zum Beispiel in Form eines Ankreuzverfahrens aufzulisten. Ein Beispielbogen befindet sich in der Anlage.

Der den Totenschein ausfüllende Arzt hat über den standardisierten Bogen relativ leicht die Möglichkeit, die relevanten Diagnosen und Prozeduren zu markieren. Aufgrund einer Zwischendokumentation auf Papier ist auch nicht zwingend ein PC-Arbeitsplatz erforderlich, was vor allem im Bereitschaftsdienst und in der Nacht einen Vorteil darstellt.

Viele der Diagnosen und Prozeduren haben über den Mechanismus eines CCL-Wertes (Diagnosen) oder die Berücksichtigung bei der Funktion „Komplizierende Konstellation" (z. B. Reanimationsmaßnah-men) eine Erlös steigernde Wirkung.

Um eine solche Erfassung flächendeckend umzusetzen, bedarf es mehrerer Voraussetzungen:

- Ergänzung der Totenschein-Unterlagen um den internen DRG-Dokumentationsbogen
- Prozessdefinition, was mit dem ausgefüllten Bogen geschehen soll (z. B. dem Umschlag beifügen, der dann z. B. in der Verwaltung weiter verarbeitet wird)
- Benennung von verantwortlichen Personen, die die handschriftlich dokumentierten Kodes in das EDV-System übertragen.

3.5.4 Obduktionen

Obduktionen von verstorbenen Patienten dienen unter anderem der Qualitätssicherung im Gesundheitswesen. Sie helfen den behandelnden Ärzten, ihre Interpretationen des Krankheitsgeschehens eines Patienten retrospektiv zu validieren und letztlich die Behandlungsqualität zu erhöhen.
Vielfach wird übersehen, dass neben der Qualitätsverbesserung durch die Obduktionen auch eine Verbesserung der Kodierqualität erreicht werden

kann. Dies betrifft insbesondere bislang falsch interpretierte oder unzureichend dokumentierte Diagnosen.

Ein gut strukturiertes Obduktionsprotokoll erfüllt die folgenden zwei Qualitätsdimensionen:

Tabelle 28: Qualitätsdimensionen des Obduktionsprotokolls

Erhöhung der Behandlungsqualität	Erhöhung der Dokumentationsqualität
• Qualitätssicherung durch Vergleich klinischer und autoptischer Diagnosen • Synopsis durch Längsschnittbetrachtung (Justierung der Interventionsquelle) • Integration der klinischen Fachdisziplinen • Informationen von Angehörigen und Hausarzt	• Überprüfung der definierten Hauptdiagnose • Möglichkeit der Überprüfung der bislang kodierten Diagnosen auf Vollständigkeit und Präzision • Aufdeckung von bisher unbekannten, aber für den Krankheitsverlauf relevanten und Aufwand verursachenden Nebendiagnosen • Identifikation der aus autoptischer Sicht unbedeutenden Nebenbefunde

Organisatorisch ist insbesondere der Aspekt der Dokumentationsqualität in vielen Kliniken nicht umgesetzt. Obduktionsprotokolle werden nach Fertigstellung zwar an die behandelnden Ärzte übermittelt, zu diesem Zeitpunkt sind aber in den meisten Fällen die Patienten bereits abgerechnet. Nachträgliche Änderungen an der Kodierung bzw. eine korrigierte Abrechnung finden in den wenigsten Fällen statt. In der Klinik muss also organisatorisch gewährleistet sein, dass die Fakturierung obduzierter Fälle so lange zurückgehalten wird, bis das Obduktionsprotokoll vom zuständigen Stations- oder Abteilungsoberarzt gesichtet und mit dem Stand der Kodierung abgeglichen wurde. Darüber hinaus sollte die obduzierende Pathologie über die bislang kodierten Informationen informiert sein.

3.5.5 Pathologie

Die Pathologie stellt aus mehreren Gründen eine besondere Herausforderung bei der Kodierung dar. Gerade im Bereich der histologischen Untersuchung münden die entsprechenden Befunde in vielen Fällen nicht in die Kodierung der Fälle. Dies hat mehrere Ursachen:

- Aufgrund der u. U. zeitaufwändigen histologischen Maßnahmen liegt der schriftliche Befund der Untersuchung häufig erst nach der Entlassung des Patienten vor. Falls zu diesem Zeitpunkt die Kodierung schon abgeschlossen ist, findet zwar eine Berücksichtigung des Befundes bei der Arztbriefschreibung statt, die kodierten Daten im System werden allerdings oft nicht korrigiert.
- Die hauseigene bzw. kooperierende Pathologie versieht Befunde in der Regel nicht mit möglichen ICD-Diagnose-Schlüsseln, sodass dem Kodierenden die zum Teil komplizierte Auflage obliegt, unter Berücksichtigung des klinischen Bildes des Patienten einen adäquaten Kode zu finden. Auch wenn die Thesaurus-Funktionen der meisten Grouper in den letzten Jahren deutlich besser geworden sind, werden vielfach nicht die korrekten ICD-Kodes ausgewählt, was im Extremfall zu einer völlig anderen DRG-Eingruppierung führt.

Die Lösung dieses Problems kann nur sein, die Pathologie eng in die DRG-Prozesse einzubinden. Gerade die Problematik verspätet eintreffender Befunde muss durch eine Prozessoptimierung gelöst werden.

3.5.6 Sonstige Bereiche

Auch weitere Bereiche sollten bei der Dokumentation nicht vernachlässigt werden. Hierzu zählen unter anderem die Ernährungs-/Stoma-Therapie, die sich gut über eigene Dokumentationsbögen abbilden lässt.

Gleiches gilt für die Physiotherapie und physikalische Medizin, die das eigene Leistungsspektrum über Kodierung darstellen können:

- Physiotherapie Zusatz-Diagnosekode (Z50.1)
- Frühmobilisation und funktionsorientierte physikalische Therapie (OPS: 8-561 ff.)
- Physikalische Komplexbehandlung (8.563 ff.)

Ebenso kann die Logopädie in der Erfassung möglicher Schlüssel unterstützt werden. Zum einen sind zahlreiche kodierbare Diagnosen für Sprech-, Sprach- und Stimmstörungen vorhanden, nicht zu vergessen der Zusatzkode Z50.5! (Logopädische Behandlung). Darüber hinaus spielt die Logopädie bei verschiedenen Komplexbehandlungen eine relevante Rolle (z. B. 9-312 Integrierte Pädaudiologische Komplexbehandlung).

Zudem ist es möglich, Schulungsmaßnahmen zu verschlüsseln (9-500), sowohl was Basisschulungen als auch was grundlegende und umfassende Patientenschulungen betrifft.

Gerade kleine Bereiche haben häufig eine hohe Motivation, die erbrachten Leistungen zu dokumentieren, insbesondere dann, wenn dadurch der extern zu erwirtschaftende Erlös erhöht werden kann.

3.5.7 Konsile

Völlig verkannt wird in einigen Häusern die Chance aus der Nutzung von Informationen aus Konsilen anderer Fachabteilungen. Das Konsilsystem ist in der Regel sehr aufwändig und bindet einen hohen Anteil ärztlicher Ressourcen. Die Formulare für die Konsildokumentation sind aber vielfach so ausgelegt, dass eine korrekte Kodierung der identifizierten Diagnosen nicht möglich wird. Krankenhäuser sollten die Konsilunterlagen dahingehend überprüfen, dass neben einer Klartextdiagnose auf jeden Fall auch eine Dokumentation von ICD- und ggf. auch OPS-Schlüsseln möglich ist. Optimalerweise sollte der Konsiliarius seine Diagnosen direkt im System erfassen.

3.6 Klinische Leistungsgruppen und Ludwigshafener Basis-DRG

Ein besonders interessanter Ansatz ist das von Roeder et al. (2006) vorgestellte Konzept zu klinischen Leistungsgruppen. Bei Betrachtung der DRG-Kataloge ist auffällig, dass zum Teil sehr ähnliche Leistungen nicht nacheinander innerhalb einer MDC aufgeführt werden, sondern an unterschiedlichen Stellen im Katalog. Bei der Hüftendoprothetik wurden im Katalog 2006 beispielsweise sieben unterschiedliche DRG angesteuert (I01Z, I03Z, I05Z, I08A, I46Z, I47Z und I48Z). Für den Kliniker ist eine sinnvolle Planung der zu implantierenden Hüftgelenke allein auf der DRG-Basis nahezu unmöglich. Idee von Roeder ist nun, die DRG innerhalb einer Indikation in logische Obergruppen zusammenzufassen. Beispielhaft sei dies an der Orthopädie dargestellt (Tabelle 29).

Einen ähnlichen Ansatz verfolgen die unter Herrn Markus Stein, Vorsitzender der Arbeitsgruppe „Klinische Dokumentation" im Deutschen Verband Medizinischer Dokumentare e.V, entwickelten Ludwigshafener Basis-DRG, ab 2007 umbenannt zu „Heidelberger-Basis-DRG".[65] Hierbei werden DRG zu-

---

65 Download unter http://atos.de/de/Medizin-Controlling.htm; zuletzt abgefragt am 25.09.2009

Tabelle 29: DRG-Obergruppen in der Orthopädie (Roeder et al. 2006)

• Endoprothetik
• Wirbelsäuleneingriffe
• Frakturversorgung/ Knochenchirurgie
• Arthroskopische Eingriffe
• Metallentfernungen
• Restgruppe mit operativem Eingriff
• Biopsien
• Restgruppe (nicht operativ)

• Prothesenwechsel/Revision Knie
• Prothesenwechsel/Revision Hüfte
• Prothesen Knie
• Prothesen Hüfte
• Sonstige Prothetik

sammengefasst, die medizinisch-thematisch zusammengehören, was die Abbildung 11 verdeutlicht.[66]

Eine solche inhaltliche Gruppierung der DRG ermöglicht eine anschauliche Darstellung der DRG-Zusammenhänge für die Abteilungsärzte und ggf. nicht-ärztliches Kodierpersonal. Durch Hinzunahme der DRG-Definitionshandbücher wird es möglich, für jede der „virtuellen" Ludwigshafener Basis-DRG zu zeigen, ob ökonomische Verbesserungen durch andere oder ergänzende Kodierung möglich sind. Vor allem beim Einsatz von Kodierpersonal erleichtert die thematische Sortierung das Erkennen medizinischer Zusammenhänge der DRG untereinander.

In Bezug auf die „Ludwigshafener Liste" gab es eine interessante Schiedsstellenentscheidung, bei der es um die Berücksichtigung von Kodiereffekten ging. Der im Bereich Krankenhausrecht sehr umtriebige Rechtsanwalt Mohr, Kanzlei für Medizinrecht, fasst in seinem Newsletter 2008 diesbezüglich zusammen: „In einer bundesweit ersten Entscheidung hat sich die Schiedsstelle für die Festsetzung der Krankenhauspflegesätze für Rheinland-Pfalz am 25.02.2008 (Az.: 11/07 S) mit der Berücksichtigung von Kodiereffekten befasst.

Nach der Regelung in § 4 Abs. 4 Satz 3 KHEntgG werden zusätzliche Leistungen pauschaliert mit der entsprechenden Veränderung der Summe der effektiven Bewertungsrelationen bewertet, soweit diese u. a. nicht auf eine bereits eingetretene, veränderte Kodierung von Diagnosen und Prozeduren zurückzuführen sind. Häufig unterstellen die Krankenkassen allgemeine Kodiereffekte, die auf ein Jahr für Jahr sich besserndes Kodierverhalten der Krankenhausärzte zurückzuführen sei. Dabei stützen sie sich auf die sogenannte ‚Ludwigshafener-Liste', die inhaltlich zueinander gehörende DRGs zu

---

[66] DRG-Katalog 2008; Quelle: http://atos.de/ media/ Portrait_Aerzte/ verwaltung/ HeidelbergerListe_BasisDRG2008.pdf, zuletzt abgefragt am 03.10.2009

"Basis-DRG": <u>Perkutane Koronarangioplastie und Invasive kardiologische Diagnostik</u>

F15Z - Perkutane Koronarangioplastie mit komplizierenden Prozeduren oder invasive kardiologische Diagnostik, mehr als 2 Belegungstage, mit komplizierenden Prozeduren oder Endokarditis

F24Ab - Implantation eines Herzschrittmachers, Zwei-Kammersystem oder perkutane Koronarangioplastie mit komplexer Diagnose und hochkomplexer Intervention oder mit perkutaner Angioplastie, Alter < 16 Jahre

F24Bb - Implantation eines Herzschrittmachers, Zwei-Kammersystem mit komplexem Eingriff oder perkutane Koronarangioplastie mit komplexer Diagnose und hochkomplexer Intervention oder mit perkutaner Angioplastie, mit äußerst schweren CC, Alter > 15 Jahre

F49A - Invasive kardiologische Diagnostik außer bei akutem Myokardinfarkt, mehr als 2 Belegungstage, mit komplexem Eingriff, mit äußerst schweren CC

F41A - Invasive kardiologische Diagnostik bei akutem Myokardinfarkt mit äußerst schweren CC

F52A - Perkutane Koronarangioplastie mit komplexer Diagnose, mit äußerst schweren CC

F56A - Perkutane Koronarangioplastie mit hochkomplexer Intervention, mit äußerst schweren CC

F24Cb - Impl. Herzschrittm., 2-Kammersyst. ohne kompl. Eingr. oder PTCA mit kompl. Diagn. und hochkompl. Intervent. od. mit PTA, ohne äußerst schw. CC, Alter > 15 J. oder Revision Herzschrittm. od. Kardioverter/Defibr. (AICD) ohne Aggregatwechsel, Alter < 16 J.

F49B - Invasive kardiologische Diagnostik außer bei akutem Myokardinfarkt, mehr als 2 Belegungstage, ohne komplexen Eingriff, mit äußerst schweren CC

F57A - Perkutane Koronarangioplastie mit komplexer Intervention mit äußerst schweren CC

F52B - Perkutane Koronarangioplastie mit komplexer Diagnose, ohne äußerst schwere CC oder mit intrakoronarer Brachytherapie

F46A - Invasive kardiologische Diagnostik außer bei akutem Myokardinfarkt, mehr als 2 Belegungstage, mit komplexer Diagnose, Alter < 14 Jahre

F41B - Invasive kardiologische Diagnostik bei akutem Myokardinfarkt ohne äußerst schwere CC

F49C - Invasive kardiologische Diagnostik außer bei akutem Myokardinfarkt, weniger als 3 Belegungstage oder mehr als 2 Belegungstage ohne äußerst schwere CC, Alter < 15 Jahre

F56B - Perkutane Koronarangioplastie mit hochkomplexer Intervention, ohne äußerst schwere CC

F46B - Invasive kardiologische Diagnostik außer bei akutem Myokardinfarkt, mehr als 2 Belegungstage, mit komplexer Diagnose, Alter > 13 Jahre

F58A - Andere perkutane Koronarangioplastie mit äußerst schweren CC

F49D - Invasive kardiologische Diagnostik außer bei akutem Myokardinfarkt, mehr als 2 Belegungstage, Alter > 14 Jahre, mit komplexem Eingriff, ohne äußerst schwere CC

F57B - Perkutane Koronarangioplastie mit komplexer Intervention ohne äußerst schwere CC

F58B - Andere perkutane Koronarangioplastie ohne äußerst schwere CC

F49E - Invasive kardiologische Diagnostik außer bei akutem Myokardinfarkt, mehr als 2 Belegungstage, Alter > 14 Jahre, ohne komplexen Eingriff, ohne äußerst schwere CC

F49F - Invasive kardiologische Diagnostik außer bei akutem Myokardinfarkt, weniger als 3 Belegungstage, Alter > 14 Jahre

---

Abbildung 11: Beispiel Heidelberger Basis-DRG „Perkutane Koronarangioplastie"

virtuellen Basisgruppen zusammenfasst. Die sich daraus ergebenden Bewertungsrelationen werden dann von den Krankenkassen als Kodier-Potential unterstellt und von den geltend gemachten Mehrleistungen in Abzug gebracht.

Mit Beschluss vom 25.02.2008 (Az.: 11/07 S) erteilte die Schiedsstelle der pauschalen Methode der Krankenkassen eine Absage. Zunächst geht die Schiedsstelle davon aus, dass die Krankenkassen den Nachweis einer bereits eingetretenen veränderten Kodierung führen muss.

Es müssen konkret eingetretene Veränderungen im Bereich der Kodierung festgestellt werden. ‚Vermutungen oder angenommene Potentiale nach der ‚Ludwigshafener Liste' reichen hierfür nicht aus.'

Da das Krankenhaus eine Leistungsverlagerung von einer Belegabteilung hin zu einer Hauptabteilung mit höher bewerteten DRGs festgestellt hatte, läge kein Kodiereffekt vor, wie die Krankenkassen unterstellten. Es handelte sich im vorliegenden Fall dann tatsächlich um eine Leistungsveränderung.

Die Schiedsstelle setzte daher die von dem Krankenhaus geltend gemachte Leistungsveränderung in voller Höhe an.

Die Entscheidung ist bemerkenswert. Zum einen geht sie richtig davon aus, dass die Beweis- und Darlegungslast für eine eingetretene, veränderte Kodierung bei den Krankenkassen liegt. Dies folgt bereits daraus, dass dies ein Einwand ist, der sich zu Gunsten der Krankenkassen auswirkt. Können die Krankenkassen den Nachweis führen, dass eine veränderte Kodierung bereits eingetreten ist, würde sich die Anzahl der zusätzlich geltend gemachten Bewertungsrelationen (Leistungen) verringern, so dass im Abschnitt B2 lfd. Nr. 12 AEB ein geringerer Betrag einzustellen wäre.

Zum zweiten setzt sich die Schiedsstelle mit der sogenannten ‚Ludwigshafener Liste' auseinander. Aus der Anwendung der ‚Ludwigshafener Liste' kann höchstens auf ein gewisses Potential von Kodiereffekten geschlossen werden. Eine virtuelle Zusammenfassung von Basisgruppen und der Schluss auf ein Upcoding-Potential reicht nach Auffassung der Schiedsstelle nicht aus, da § 4 Abs. 4 Satz 3 KHEntgG bereits dem Wortlaut nach auf eine eingetretene, veränderte Kodierung abstellt. Auch dies ist richtig. Des Weiteren haben die Krankenkassen im konkreten Fall keine detaillierte Analyse der Zusammenführung von Basisgruppen nach der ‚Ludwigshafener Liste' vorgenommen. In dieser Liste waren somit auch DRGs abgebildet, die abhängig sind von Beatmungszeiten, dem Geburtsgewicht oder anderen nicht von der Kodierung abhängigen Parametern."[67]

_____

[67] Quelle: http://www.medizinrecht-ra-mohr.de/newsletter.php?gruppe=6, Datum: 25.03.2008 13:53:37, zuletzt abgefragt am 15.09.2009

3.7 Informationsabgleich mit dem Einkauf

Oft vernachlässigt wird die Tatsache, dass in der Einkaufsabteilung des Krankenhauses sehr detaillierte Informationen über teure Produkte vorhanden sind. Vielfach wird hier aber kein Bezug zum Patienten hergestellt, was bei Prothesen oder Implantaten jedoch sehr leicht möglich wäre. Insbesondere für die Bereiche der Orthopädie und Kardiologie (Herzkatheterlabor) sowie für spezielle Zusatzentgelte könnte hier eine organisatorische Ablaufänderung sinnvoll sein. Schwierig hierbei ist, dass meist ein „Lager" an Prothesen oder Implantaten vorgehalten wird, sodass nicht mit jeder Bestellung ein Patientenname genannt werden kann. Es ist allerdings durchaus möglich, an den Bestellprozess die Nennung des Patienten zu koppeln, der das letzte Produkt dieser Art erhalten hat. In einem nächsten Schritt müsste ein Abgleich erfolgen, ob die Kodierung entsprechend durchgeführt wurde. Falls hier keine direkte Beziehung möglich ist, müssten gemeinsam mit den Fachabteilungen OPS-Referenzlisten erstellt werden, die den Mitarbeitern der Verwaltung[68] einen Anhaltspunkt geben, welches Produkt in der Regel mit welchem OPS-Schlüssel (bzw. Schlüssel-Korridor) dokumentiert werden müsste.

Gerade bei der Komplexität im Herzkatheterlabor (Herzschrittmacher und Defibrillatoren mit jeweils 1-, 2- oder Mehr-Kammersystemen) kann aufgrund der hohen Fehleranfälligkeit bei der Kodierung ein Abgleich mit dem Einkauf Erlösverluste in Grenzen halten.

---

[68] bzw. je nach Modell den Kodern oder Fallbegleitern

4 Arbeitshilfen und Werkzeuge

4.1 Kodierempfehlungen (MDK und Fachausschuss Kodierung der Deutsche Gesellschaft für Medizincontrolling, DGfM)

Aufgrund der Komplexität der Regelwerke im DRG-System treten an vielen Stellen Interpretationsspielräume und Klärungsbedarf auf. Der Medizinische Dienst der Krankenversicherung (MDK)hat aufgrund der Vielzahl der Prüfaufträge diese Situation erkannt und eine sozialmedizinische Expertengruppe mit Namen „Vergütung und Abrechnung" (SEG 4) gegründet. Seit 2005 werden regelmäßig auf der Homepage der Medizinischen Dienste (http://www.mdk.de) Kodierempfehlungen der SEG 4 veröffentlicht.

Ihren Empfehlungen hat die Gruppe folgende einleitenden Ausführungen vorangestellt: „Im G-DRG-Entgeltsystem werden Krankenhausfälle einer DRG zugeordnet. Es muss daher sichergestellt sein, dass Krankenhausfälle mit gleichem Leistungsinhalt im Hinblick auf ihr Krankheits- und Leistungsspektrum auch bei komplexem Sachverhalt einheitlich verschlüsselt werden. Eine einheitliche Kodierqualität muss sichergestellt sein. Verbindliches Regelwerk für diese Zielvorgabe sind die Deutschen Kodierrichtlinien. Die MDK-Gutachter sind neben den Kranken-hausärzten die am meisten betroffenen Anwender und daher auch entsprechend mit Unklarheiten und Interpretationsspielräumen bei der Kodierung konfrontiert. Die Erfahrungen der MDK-Ärzte werden kontinuierlich in eine länderübergreifende Datenbank mit Kodierempfehlungen eingebracht [...] Die vorliegenden Kodierempfehlungen stellen keine rechtsverbindlichen Vorgaben dar. Ziel dieser Kodierempfehlungen ist eine bundesweit einheitliche Kodierung. Die Veröffentlichung soll die Transparenz bezüglich der MDK-Begutachtungen fördern und damit mehr Verfahrenssicherheit für Krankenhäuser und Krankenkassen schaffen."

Neben der genannten Gruppe des MDK hat auch die Deutsche Gesellschaft für Medizincontrolling (DGfM) einen eigenen Fachausschuss für Kodierfragen ins Leben gerufen. Der Fachausschuss für ordnungsgemäße Kodierung und Abrechnung, kurz FoKA, ist ein Ausschuss von Mitgliedern der DGfM. Er umfasst zurzeit ca. 40 Mitglieder und ist bundesweit organisiert. Mit der Installation des Fachausschusses nutzt die DGfM die Kompetenz ihrer mittlerweile weit über 300 Mitglieder, um Kodierempfehlungen für die „klassischen Kodierprobleme" zu erstellen.

Im Internet wurde von der DGfM ein FoKa-„WIKI" eingerichtet, in dem sämtliche Kodierempfehlungen der SEG 4 und des FoKa mit jeweils der Kommentierung der anderen Gruppe und der Darstellung von Konsens- bzw. Dissens-Empfehlungen abgerufen werden können.[69]

Die Krankenhäuser sollten beachten, dass sowohl die SEG 4 als auch der FoKa lediglich Empfehlungen abgeben können. Eine Verbindlichkeit, wie sie beispielsweise für die jährlich überarbeiteten Deutschen Kodierrichtlinien gilt, besteht nicht.

4.2 DRG-Definitionshandbücher

Obwohl die Definitionshandbücher die Basis für den gesamten Grouping-Prozess bilden und zudem noch kostenlos im Internet verfügbar sind[70], sind sie heute noch vielen Kodierenden unbekannt oder werden in der DRG-Arbeit nicht genutzt. Dies liegt mitunter an dem großen Umfang von mehreren tausend Seiten, verteilt auf fünf bzw. drei Bände in der Kompaktversion.
Durch die Nutzung der Handbücher können systematische Kodierfehler vermieden werden. Die Auflistung der Grouper-relevanten Kodes pro DRG lässt erkennen, ob bereits die korrekten Schlüssel verwendet werden.

Warum dies sinnvoll sein kann, soll ein Beispiel der Kardiologie aus dem Katalog 2009 verdeutlichen. Die DRG F49A und F49B unterscheiden sich durch das Vorliegen „eines komplexen Eingriffes" (Tabelle 30). Die Relativgewichtdifferenz dieser beiden Fallgruppen liegt bei 0,43, was bei einem angenommenen Basisfallwert von 2.900 Euro einem Betrag von ca. 1.247 Euro entspricht.[71]

Die Liste dieser komplexen Eingriffe ist im Definitionshandbuch Band 1 (2009) auf S. 896 f. in Tabellen Prozedur TAB-F49-3. Zu diesen Schlüsseln zählen u. a. kathetergestützte elektrophysiologische Untersuchungen am Herzen (siehe Tabelle 31).

Auch die „Sonstige kathetergestützte elektrophysiologische Untersuchung am Herzen" (OPS 1-265.x) zählt hier als komplexer Eingriff.
Ergänzend zu den in Tabelle 31 genannten Kodes existiert für die elektrophysiologische Untersuchung auch noch ein weiterer unspezifischer Kode:

1-265.y‡ Kathetergestützte elektrophysiologische Untersuchung Herz, nicht näher bezeichnet

---

69 siehe: http://www.medizincontroller.de/wiki/index.php/Hauptseite
70 auf den Seiten der InEK gGmbH auf www.g-drg.de (Bereich Downloads)
71 In 2006 hat der Unterschied bei demselben Sachverhalt aufgrund eines geringen Unterschiedes bei den Relativgewichten lediglich 370 Euro (Basisfallwert: 2.600 Euro) betragen.

Tabelle 30: Vergleich der DRGs F49A und F49B im Katalog 2009

DRG	DRG-Text	Relativgewicht
F49A	Invasive kardiologische Diagnostik außer bei akutem Myokardinfarkt, mehr als 2 Belegungstage, mit äußerst schweren CC, mit komplexem Eingriff	2,261
F49B	Invasive kardiologische Diagnostik außer bei akutem Myokardinfarkt, mehr als 2 Belegungstage, mit äußerst schweren CC, ohne komplexen Eingriff	1,831

Tabelle 31: Auszug komplexe Eingriffe bei der F49A

1-265.0‡	Kathetergestützte elektrophysiologische Untersuchung Herz, Störung Sinusknotenfunktion
1-265.1‡	Kathetergestützte elektrophysiologische Untersuchung Herz, Störung AV-Überleitung
1-265.2‡	Kathetergestützte elektrophysiologische Untersuchung Herz, inter- und intraatriale Leitungsstörung
1-265.3‡	Kathetergestützte elektrophysiologische Untersuchung Herz, intraventrikuläre Leitungsstörung
1-265.6‡	Kathetergestützte elektrophysiologische Untersuchung Herz, Tachykardie mit breitem QRS-Komplex
1-265.7‡	Kathetergestützte elektrophysiologische Untersuchung Herz, nach anhaltender Kammertachykardie und ventrikulären Extrasystolen
1-265.9‡	Kathetergestützte elektrophysiologische Untersuchung Herz, Zustand nach Herzkreislaufstillstand
1-265.a‡	Kathetergestützte elektrophysiologische Untersuchung Herz, nach kurativer Therapie eines angeborenen Herzfehlers
1-265.b‡	Kathetergestützte elektrophysiologische Untersuchung Herz, nach palliativer Therapie eines angeborenen Herzfehlers
1-265.c‡	Kathetergestützte elektrophysiologische Untersuchung Herz, funktionell/morphologisch univentrikuläres Herz
1-265.d‡	Kathetergestützte elektrophysiologische Untersuchung Herz, Zustand nach Herztransplantation
1-265.x‡	Sonstige kathetergestützte elektrophysiologische Untersuchung Herz

Dieser ist allerdings nicht in der einen komplexen Eingriff definierenden Tabelle TAB-F49-3 enthalten. Aufgrund dieser unspezifischen Kodierung kann es zu einem geringeren Erlös von ca. 1.200 Euro kommen.

Dieses Beispiel – ähnliche Sachverhalte sind über den gesamten DRG-Katalog anzutreffen – soll verdeutlichen, dass die abteilungsspezifische Nutzung der Definitionshandbücher helfen kann, die für die Abrechnung wichtigen ICD- und OPS-Schlüssel zu identifizieren.

Da eine permanente Nutzung der Definitionshandbücher im Stationsalltag allein schon aus Zeitgründen schwierig umzusetzen ist, sollte vor allem zu Beginn des Jahres bei Katalogwechseln eine Auswertung je Abteilung und Funktionsbereich erfolgen. Die wichtigsten Erkenntnisse können übersichtlich zusammengefasst dargestellt werden.

Darüber hinaus lohnt für DRG-Einsteiger ein Blick in die Definitionshandbücher. Insbesondere in Band 1 werden in jedem Jahr grundsätzliche Prinzipien des DRG-Systems erläutert, was der folgende Auszug aus dem Inhaltsverzeichnis verdeutlicht[72]:

- DRG-Notation
- Umgang mit Schweregraden
- Variablen für die Gruppierung
- Überprüfung demographischer und klinischer Merkmale
- MDC-Zuordnung
- Prä-MDC-Verarbeitung
- MDC-Partitionierung
- Zuordnung zu Basis-DRG
- Zuordnung von CCL und PCCL
- DRG-Zuordnung
- Verschiedene Funktionen mit Einfluss auf die Gruppierung von Behandlungsepisoden
- Fehler-DRG und sonstige DRG.

Im 5. Band wird zudem noch Bezug auf die CCL-Systematik und die PCCL-Berechnung genommen[73]. Die DRG-Definitionshandbücher enthalten daher nicht nur ICD- und OPS-Listen, sondern durchaus lesenswerte Erläuterungen des Systems, die zum Gesamtverständnis beitragen können.

---

[72] DRG-Definitionshandbuch 2010, www.g-drg.de
[73] Anhang C: CC, CC-Ausschlüsse, CCL und PCCL-Berechnung (Stand: 2010, Quelle: www.g-drg.de)

4.3 Kodierleitfäden

Es sind zahlreiche Kodierleitfäden verfügbar, die allerdings zum Teil nicht in jedem Jahr aktualisiert werden. Eine Vorreiterrolle hatte bei der Einführung von fachspezifischen Empfehlungen die DRG-Research Group an der Universität Münster. Inzwischen veröffentlichen auch viele Fachgesellschaften und Einzelautoren Kodierhinweise. Es folgt eine kurze Übersicht über die bisher veröffentlichten Leitfäden mit einer Quellenangabe. Häufig sind diese ausschließlich als gedruckte Version verfügbar, teilweise aber auch nur im Internet zum Download:

Als Buch können im Handel erworben werden:

- Kodierleitfaden für die Pneumologie von Helge Bischoff, Hans-Peter Kemmer und Nicolas Schönfeld, Medizificon-Verlag
- Kodierleitfaden Hämatologie, Onkologie und Stammzelltransplantation von der Deutschen Gesellschaft für Hämatologie und Onkologie (DGHO), der Deutschen Arbeitsgemeinschaft für Knochenmark- und Blutstammzelltransplantation (DAG-KBT) und der DRG-Research-Group, Schüling-Verlag
- Kodierleitfaden Nephrologie von der Deutschen Gesellschaft für Nephrologie (DGfN), der Deutschen Arbeitsgemeinschaft für Klinische Nephrologie (DAGKN) und der Gesellschaft für Nephrologie (GfN), Schüling-Verlag
- Kodierleitfaden Schlaganfall der Deutschen Schlaganfall-Gesellschaft (DSG) und der Deutschen Gesellschaft für Neurologie (DGN) von Matthias Schilling, Reinhard Kiefer, Otto Busse und Andreas Ferbert, Schüling-Verlag
- Kodierleitfaden für die Intensivmedizin von F. Joachim Meyer, Jannis Radeleff und Markus Thalheimer, Medizificon-Verlag
- Kodierleitfaden für die Kardiologie von Jannis Radeleff, Medizificon-Verlag
- Kodierleitfaden Kardiovaskularchirurgie der Deutschen Gesellschaft für Thorax-, Herz- und Gefäßchirurgie und der DRG-Research-Group, Schüling-Verlag
- Kodierleitfaden Hals-, Nasen-, Ohrenheilkunde, Kopf- und Halschirurgie von der Deutschen Gesellschaft für Hals-, Nasen-, Ohrenheilkunde, Kopf- und Halschirurgie und der DRG-Research-Group, Schüling-Verlag
- Kodierleitfaden Dermatologie von Peter Hensen, Marcel L. Müller, Rainer Rompel und Norbert Roeder, Schüling-Verlag
- Kodierleitfaden Rheumatologie vom Verband Rheumatologischer Akutkliniken e.V. und Universitätsklinikum Münster DRG-Research-Group, Schüling-Verlag
- Kodierleitfaden HIV von Dr. med. P. Lütkes, M. Tabeling, M. Miller, Dr. S. Esser et al., Schüling-Verlag

- Kodierleitfaden Orthopädie/Unfallchirurgie von der Deutschen Gesellschaft für Unfallchirurgie, der Deutschen Gesellschaft für Orthopädie und orthopädische Chirurgie, dem Verband der Leitenden Unfallchirurgen und dem Verband der Leitenden Orthopäden, Schüling-Verlag
- Kodierleitfaden Gynäkologie und Geburtshilfe von K. Wohlfarth und Serban D. Costa, Schüling-Verlag
- Kodierleitfaden Kinder- und Jugendmedizin der Gesellschaft der Kinderkrankenhäuser und Kinderabteilungen in Deutschland (GKinD) e.V., kann unter www.gkind.de bestellt werden

Im Internet sind als weitere Leitfäden verfügbar:
- Kodierleitfaden Geriatrie der Deutschen Gesellschaft für Geriatrie e.V. der Bundesarbeitsgemeinschaft der Klinisch-Geriatrischen Einrichtungen e.V. und der Deutschen Gesellschaft für Gerontologie und Geriatrie e.V.: http://www.geriatrie-drg.de/
- Leitfaden zum OPS Psychosoziale Leistungen von der Bundesarbeitsgemeinschaft Psychosoziale Versorgung im Akutkrankenhaus: http://www.dapo-ev.de/drgs.html
- Kodierleitfaden Wirbelsäulenchirurgie des Fachbereiches Wirbelsäulenchirurgie (Spine Surgery) im Bundesverband Medizintechnologie e. V.: http://www.bvmed.de/publikationen/Gesundheitsversorgung/
- Kodierleitfaden Gastroenterologie der Deutschen Gesellschaft für Verdauungs- und Stoffwechselkrankheiten e. V. (www.dgvs.de): www.dgvs.de/media/DRG_2008.pdf
- Kodierempfehlungen Mikrobiologie der Deutschen Gesellschaft für Hygiene und Mikrobiologie e. V. (www.dghm.de): www.dghm.org/texte/DRG-prakt-2004-012.pdf
- Kodierleitfaden Kardiologie der Arbeitsgemeinschaft Herzinsuffizienz: http://www.herz-nrw.de/index.php?kodierleitfaden
- Kodierleitfaden der DRG-Research-Group: http://drg.uni-muenster.de/de/kodierung/kodierleitfaden/kodierleitfaden2006/klf_mkg_2006.pdf

4.4   Internetquellen

Im Internet sind zahlreiche Quellen verfügbar, die bei der täglichen Kodierarbeit behilflich sein können. Eine Übersicht gibt die Tabelle 32:

Tabelle 32: Internetquellen zum Thema „DRG" (zuletzt abgefragt am 01.02.2010)

Internetadresse	Inhalt
www.mydrg.de	größtes deutsches DRG-Forum: Downloadbereich mit zahlreichen Tools, Fachbeiträgen, Urteilen; Diskussions- und Fragenforum; Newsletter
www.g-drg.de	Homepage des Instituts für das Entgeltsystem im Krankenhaus (InEK gGmbH). Im Downloadbereich: Fallpauschalenkatalog, Kodierrichtlinien, Definitionshandbücher
www.aok-gesundheitspartner.de/bundesverband/krankenhaus/drg_system/	Seite des AOK-Bundesverbandes. Downloadmöglichkeit von zahlreichen Vereinbarungen, Abrechnungshinweisen, Material zur Budgetvorbereitung
http://drg.uni-muenster.de/	Homepage der DRG-Research Group an der Uni Münster (Prof. Dr. Roeder). Artikelsammlung zum Thema DRG, Download von Kodierleitfäden/-empfehlungen, Online-Grouper
www.dimdi.de	Homepage des Deutschen Instituts für Medizinische Dokumentation und Information, das insbesondere die deutschen Versionen der ICD- und OPS-Klassifikationen betreut und weiterentwickelt. Beim DIMDI kann auch die Broschüre „Basiswissen Kodieren" bestellt werden*
www.medinfoweb.de/	allgemeines Informationsforum zu Themen aus dem Gesundheitswesen. DRG bildet einen von mehreren Schwerpunkten
www.fischer-zim.ch/	Überblick über Patientenklassifikationssysteme international
www.mdk.de	Veröffentlichung in der MDK-Gemeinschaft konsentierter Kodierempfehlungen (Rubrik: → Beratung → Krankenversicherung)
www.aerzteblatt.de	kostenlose Artikel zum Thema DRG (Suchwort: „drg")
www.krankenhaus-umschau.de	umfassendes Archiv der Zeitschrift „Krankenhaus Umschau" mit Downloadmöglichkeit für Artikel

137

Internetadresse	Inhalt
www.bwkg.de	Baden-Württembergische Krankenhausgesellschaft e. V., im Bereich DRG: Datenbank zu Kodierfragen
www.medizincontroller.de	Homepage der Deutschen Gesellschaft für Medizincontrolling
www.ecqmed.de	Informationsseite für Medizin-Controller
www.sozialgerichtsbarkeit.de	kostenlose Urteilstexte der Sozialgerichte, Landessozialgerichte und des Bundessozialgerichts
www.bundessozialgericht.de	kostenlose Datenbank (Entscheidungen), günstige Bestellmöglichkeit von älteren Entscheidungstexten des BSG
www.rote-liste.de	Online-Arzneimittelverzeichnis (kostenpflichtig), alternativ: www.ifap.de (kostenpflichtige CD, kostenlose Demo)
www.swissdrg.org/	offizielle nationale DRG-Seite der Schweiz
www.mydrg.ch	Pendant aus der Schweiz zum deutschen Original

* http://epay.dimdi.de/product_info.php?products_id=81, zuletzt abgefragt am 01.10.2009

Im Internet sind auch einige kostenlose Web-Grouper verfügbar:[74]

Tabelle 33: Kostenlose Web-DRG-Grouper

http://drg.uni-muenster.de/de/webgroup/m.webgroup.php?menu=6	DRG Research Group – Uni Münster
http://gti.onlinegrouper.de/	GTI AG
http://drg-scout.de/	3M-Kodip DRG-Scout Grouper

---

[74] zuletzt abgefragt am 01.02.2010

4.5 Software zur Kodierplausibilisierung

Eine besondere Funktionalität von Grouper-Software ist eine Kodierplausibilisierung. Da solche Module meist optional hinzu erworben werden können, finden sie in vielen Einrichtungen noch keinen Einsatz. Auch nach dem Erwerb einer Kodierplausibilisierung ist nicht immer gewährleistet, dass sämtliche Programmoptionen genutzt werden. Vielfach können eigene, hausspezifische Regeln hinterlegt werden, was aber häufig nur unzureichend genutzt wird. Die heute verfügbaren Tools zur Kodierplausibilisierung sind zum Teil sehr umfangreich. So enthält zum Beispiel das Modul ID KR CHECK® nach Auskunft des Herstellers[75] mehr als 800 Plausibilitäts-Regeln, die in insgesamt weit mehr als 6.000 Einzelprüfungen umgesetzt werden. Eine solche Prüfleistung lässt sich ohne technische Unterstützung kaum realisieren.

Auch vom Grouper-Hersteller 3M gibt es ein Prüftool, das 3M KODIP „DRG-Proof", mit dem kodierte Daten auf Vollständigkeit, Qualität und Plausibilität überprüft werden können.

Bei der Auswahl des optimalen Produktes gibt es eine Reihe von möglichen Funktionalitäten, die beim Hersteller vorab abgefragt werden sollten (Tabelle 34):

Tabelle 34: Mögliche Programmfunktionalitäten einer Kodierregel-Software

Einhaltung der Deutschen Kodierrichtlinien (DKR)	✓
Regeln der G-DRG (inklusive Grouper-Fehler, z. B. unzulässige Hauptdiagnosen, unzulässige geburtshilfliche Kombinationen, Prüfung gegen Geschlecht unter Alter, Prüfung auf Verwendung spezieller Diagnosekodes für Neugeborene)	✓
Abrechnungsregeln und -bestimmungen	✓
Darstellung eines Fehlerstatus (z. B. Fehler abrechenbar, Fehler nicht abrechenbar, Hinweis, Tipp o. Ä.)	✓
Bei direkter Integration in einen Grouper: Sperrung weiterer Kodierung im Falle von eindeutigen Fehlern	✓
In- und Exklusiva bzw. Hinweise von ICD- und OPS-Katalogen	✓
Identifikation von ambulantem Potenzial	✓

---

[75] http://www.id-berlin.de/deu/_2produkte/krcheck.php?sid=, zuletzt abgefragt am 25.09.2009

Erfassung der G-AEP-Kriterien ✓

Erstellung eines Prüfprotokolls je Fall und in Listenform mit Korrekturvorschlägen ✓

Modulare Anwendbarkeit, d. h. Anbindung an unterschiedliche Systeme bzw. Stand alone-Betrieb ✓

Plausibilitätsprüfungen (z. B. Beatmungsstunden gegen die Verweildauer, Plausibilität von Diagnosen durch andere Diagnosen oder Prozeduren (Beispiel Anämie/Blutkonserven), Plausibilität von Nebendiagnosen durch passende Verweildauer oder Patientenalter, Prüfung auf Plausibilität von Prozeduren durch passende Diagnosen (Beispiel Blutkonserven/Anämie) ✓

Prüfungen auf Basis von Beiträgen in DRG-Internet-Foren ✓

Prüfungen gegen fachspezifische Kodierleitfäden ✓

Prüfungen gegen MDK-Kodierempfehlungen ✓

Möglichkeit der Anlage benutzerdefinierter Prüfregeln ✓

Prüfung auf BQS-Dokumentationspflicht begründende Diagnosen und Prozeduren ✓

Hinweise auf gemäß Infektionsschutz-Gesetz meldepflichtige Erkrankungen ✓

Festlegung einer Gewichtung für eine einzelne Prüfung (optimal: in Abhängigkeit vom Prüfprofil) ✓

Rollenspezifische Prüfprofile (angewandte Plausibilitätsprüfungen in Abhängigkeit vom definierten Arbeitsprofil) ✓

„Stummschaltung" vorhandener Regeln (in Abhängigkeit vom definierten Arbeitsprofil) ✓

Integration weiterer Falldaten zur Plausibilisierung (z. B. über eine Schnittstelle) ✓

Übernahme der benutzerdefinierten Regeln bei Jahres- bzw. Katalogwechsel ✓

Exportfunktion für die benutzerdefinierten Regeln ✓

Zentrale und dezentrale Pflegemöglichkeiten der Kodierregeln (in Abhängigkeit von Rollen und Rechten) ✓

Nicht alle Hersteller von zertifizierter Grouper-Software haben eine eigene Kodierregel-Software im Angebot. Bei der Wahl des Groupers sollte dies daher berücksichtigt werden. Manche Hersteller bieten modulare Prüfsoftware an, die mit unterschiedlichen Grouper-Systemen kombinierbar ist.

Auch wichtig ist die Möglichkeit zum Hinterlegen benutzerdefinierter Regeln. Dies erlaubt die Abbildung hausspezifischer Besonderheiten, aber nicht jede auf dem Markt verfügbare Kodierregel-Software gibt dem Nutzer diese Möglichkeit.

5   Kostenträger- und MDK-Anfragen

5.1   Rechtliche Grundlagen

5.1.1   Prüfauftrag der Krankenhäuser

Bereits die Krankenhäuser bzw. die dort tätigen Ärzte haben den Auftrag, zu Beginn des Aufenthaltes eines Patienten zu prüfen, ob die stationäre Behandlung die richtige Versorgungsform darstellt. Gesetzlich Krankenversicherte haben nach § 39 Abs. 1 S. 2 SGB V Anspruch auf vollstationäre Behandlung in einem zugelassenen Krankenhaus, wenn die Aufnahme nach Prüfung durch den Krankenhausarzt erforderlich ist, weil das Behandlungsziel nicht durch teil-, vor-, nachstationäre oder ambulante Behandlung erreicht werden kann. Laut § 12 Abs. 1 SGB V müssen die Leistungen ausreichend, zweckmäßig und wirtschaftlich erbracht werden und dürfen das Maß des Notwendigen nicht überschreiten. Leistungen, die nicht notwendig oder unwirtschaftlich sind, können Versicherte nicht beanspruchen, dürfen die Leistungserbringer nicht bewirken und die Krankenkassen nicht bewilligen.

Doch die rechtlichen Bedingungen für die stationäre Krankenhausbehandlung gehen noch weiter. In § 17c Abs. 1 KHG ist geregelt, dass der Krankenhausträger „durch geeignete Maßnahmen" darauf hinwirken muss, dass

1. keine Patienten in das Krankenhaus aufgenommen werden, die nicht der stationären Krankenhausbehandlung bedürfen (auch als „primäre Fehlbelegung" bezeichnet), und bei Abrechnung von tagesbezogenen Pflegesätzen keine Patienten im Krankenhaus verbleiben, die nicht mehr der stationären Krankenhausbehandlung bedürfen (entspricht der „sekundären Fehlbelegung"),
2. eine vorzeitige Verlegung oder Entlassung aus wirtschaftlichen Gründen unterbleibt und
3. die Abrechnung ordnungsgemäß erfolgt.

Den Krankenhäusern und insbesondere den Krankenhausärzten obliegt demnach eine wichtige Aufgabe. Bereits zum Zeitpunkt der Aufnahme muss die Entscheidung gefällt werden, ob die stationäre Versorgung für den jeweils vorliegenden Fall die geeignete ist. Gerade junge Ärzte ohne umfangreiche Berufserfahrung tun sich mit dieser Beurteilung sehr schwer. Dies kann dazu führen, dass Patienten zunächst aufgenommen werden und der später am Tag eine Visite durchführende Facharzt feststellt, dass eine stationäre Notwendigkeit nicht gegeben ist. Daraus resultieren unter Umständen schwer auflösbare Konflikte zwischen den Patientenerwartungen und den oben genannten rechtlichen Notwendigkeiten.

Als Begründung für eine stationäre Notwendigkeit wird mitunter angeführt, dass der Patient eine Einweisung vom niedergelassenen (Fach-)Arzt habe. Hieraus könne abgeleitet werden, dass deshalb eine Aufnahme in das Krankenhaus erfolgen muss. Die rechtlichen Grundlagen stützen diese Meinung nicht, da das Krankenhaus selbst entscheiden muss, ob die Notwendigkeit gegeben ist. Diese Abwägung ist unabhängig von der Beurteilung des einweisenden Arztes. In der Praxis zeigt sich allerdings, dass das Verhältnis zwischen den Krankenhausärzten und ihren niedergelassenen Kollegen leidet, wenn eingewiesene Patienten nach Prüfung und Berücksichtigung der rechtlichen Grundlagen nicht aufgenommen werden können. Wie noch in Kapitel 5.5 erläutert wird, hat man versucht, mit der Entwicklung von G-AEP[76]-Kriterien den Krankenhäusern die Entscheidung zu erleichtern. Allerdings hat sich in der Anwendung gezeigt, dass in manchen Fachgebieten erheblicher Bedarf der Nachbesserung besteht, da derzeit nicht sämtliche stationären Behandlungsnotwendigkeiten über den bestehenden Katalog abgebildet sind.

Krankenhausträgern ist zu empfehlen, den aufnehmenden Ärzten durch Schulungen die in vielen Fällen unbekannte rechtliche Situation zu erläutern und klare Handlungshinweise zu geben, in welcher Form die Prüfung der stationären Notwendigkeit mit welchen Konsequenzen durchzuführen ist.

5.1.2 Prüfauftrag der Kostenträger

Abgesehen von Ausnahmefällen kann zwischen zwei Prüfarten unterschieden werden, die sich grundsätzlich unterscheiden und im Folgenden kurz dargestellt werden.

5.1.2.1 Einzelfallprüfung

Die derzeit häufigste Form der Prüfung ist die sogenannte Einzelfallprüfung nach § 275 ff. SGB V. Hiernach sind die Krankenkassen u. a. verpflichtet, eine gutachterliche Stellungnahme des Medizinischen Dienstes der Krankenversicherung (MDK, siehe hierzu auch Kapitel 5.1.3) einzuholen, „wenn es nach Art, Schwere, Dauer oder Häufigkeit der Erkrankung oder nach dem Krankheitsverlauf erforderlich ist". Dies betrifft insbesondere die

---

[76] German Appropriateness Evaluation Protocol

Voraussetzung, die Art und den Umfang von erbrachten Leistungen sowie ihre ordnungsgemäße Abrechnung.

Häufiger Streitpunkt ist, ob der Kostenträger selbst auch ein Einsichtsrecht in die Krankenunterlagen hat. Die hier geltende Rechtslage ist eindeutig: Die Krankenkasse selbst darf keine medizinischen Unterlagen einsehen. Nach § 275 Abs. 1 SGB V muss sie in konkreten Einzelfällen den Medizinischen Dienstes der Krankenkassen (MDK) mit einer Prüfung beauftragen. Gemäß § 276 Abs. 2 SGB V sind die Krankenhäuser dann verpflichtet, Sozialdaten auf Anforderung des Medizinischen Dienstes unmittelbar an diesen zu übermitteln, falls es für das Gutachten notwendig ist.

Was die Unterlagenübermittlung direkt an den Kostenträger angeht, sieht § 301 Abs. 1 Satz 1 Nr. 3 SGB V lediglich vor, dass auf Verlangen der Krankenkassen die medizinische Begründung für die Überschreitung der Dauer der Krankenhausbehandlung direkt an diese zu übermitteln ist. Die Vorschrift eröffnet dem Kostenträger aber nicht die Befugnis zur Erhebung von Krankenhausentlassungsberichten, Arztbriefen, Befundberichten, ärztlichen Gutachten, Röntgenaufnahmen o. Ä., sondern vielmehr zur Übermittlung von Antworten auf bestimmte Fragen im erforderlichen Umfang. Die umfassende Prüfung sämtlicher Krankenunterlagen obliegt ausschließlich dem MDK.

Auf zwei Arten versuchen Kostenträger, die bestehenden Regelungen zu umgehen. Zum einen erfolgt in manchen Fällen die Einholung einer Einwilligungserklärung des Versicherten zur Übermittlung von Krankenunterlagen direkt an die Krankenkasse. Zum anderen stellen Krankenkassen immer häufiger eigene Ärzte ein, die bei abzurechnenden Fällen Plausibilitätsprüfungen durchführen und gegebenenfalls direkt mit dem Krankenhaus Kontakt aufnehmen, um Fragen zu klären. Beide Vorgehensweisen sind grundsätzlich umstritten. Hier sollten Krankenhäuser im Einzelfall prüfen lassen, ob die Praxis der Krankenkasse einer medizinischen Fallprüfung unter Umgehung des MDK rechtlich gedeckt und zulässig ist.

Grundsätzlich muss vom MDK der Prüfanlass angegeben werden, d. h. die Begründung, warum der entsprechende Fall geprüft wird (z. B. korrekte Hauptdiagnosen, Aufwandsbezogenheit bestimmter Nebendiagnosen, Dauer des stationären Aufenthaltes).

Darüber hinaus muss angegeben werden, welche Unterlagen der MDK zur Prüfung erhalten möchte. In manchen Bundesländern gehen die Medizinischen Dienste dazu über, diese Entscheidung auf die Krankenhäuser abzuwälzen, indem sie „um zeitnahe Übersendung aller rechnungsbegründenden bzw. aller verweildauerbegründenden Unterlagen"[77] bitten. Formal ist gegen diese

---

[77] Originalzitat aus einer Befundanforderung des MDK Sachsen-Anhalt aus 10/2006

Vorgehensweise nichts einzuwenden, bei den Krankenhäusern entsteht hierdurch aber ein immenser Mehraufwand. Unter Umständen lässt sich durch ein prinzipielles klärendes Gespräch mit dem MDK eine dauerhafte Lösung erreichen.

Die Verteilung der Anfragearten hängt sehr von der jeweiligen Krankenhausstruktur ab. Bei den Teilnehmern des Krankenhaus-Barometers 2008 stand bei den verdachtsabhängigen Einzelfallprüfungen mit MDK-Beauftragung mit 56,4 % die Dauer der stationären Behandlung im Vordergrund, 23 % der Prüfungen entfielen auf die Richtigkeit der abgerechneten Leistungen und 16,4 % auf die generelle Notwendigkeit der stationären Behandlung. Nur zwei Jahre vorher zeigte sich ein völlig anderes Bild: Mit 44,6 % bildete damals die Prüfung der Richtigkeit der abgerechneten Leistungen den Schwerpunkt, gefolgt von der generellen Notwendigkeit der stationären Behandlung (28,4 %) und der Dauer der stationären Behandlung (22,1 %) als Prüfgründe.[78] Auffallend war 2006, dass vor allem bei Einrichtungen mit weniger als 100 Betten die Überprüfung der stationären Notwendigkeit überproportional häufig bei den MDK-Verfahren vertreten war.

In 2008 kommt das Krankenhaus-Barometer zu folgendem Umfrageergebnis: „Das Vorgehen und der Ablauf im Rahmen der Einzelfallprüfungen wird seitens der Krankenhäuser sehr kritisch gesehen. 70 % der Krankenhäuser problematisieren, dass die Prüfungen nicht mehr den Charakter von Einzelfallprüfungen aufweisen, da diese bei manchen Diagnosen oder Prozeduren standardmäßig durchgeführt werden. Knapp die Hälfte der Häuser kritisiert, dass ein konkreter Prüfauftrag (Prüfgrund) der Krankenkasse nicht eindeutig ersichtlich ist und über ein Drittel der Kliniken ist der Ansicht, dass eine über den Prüfauftrag hinausgehende Übermittlung von Daten gefordert wird. Zudem wir von einem Fünftel der Häuser bemängelt, dass der Prüfauftrag im Nachhinein abgeändert oder ergänzt wird."[79]

Anders als bei der Stichprobenprüfung (siehe nächstes Kapitel) ist eine „Hochrechnung" von Ergebnissen der Einzelfallprüfungen auf das Gesamtbudget nicht zulässig. Zu dieser Erkenntnis kommt zumindest ein Beschluss der Schiedsstelle Rheinland-Pfalz vom 16.02.2009 - 05/08 S:
„Im Übrigen teilt die Schiedsstelle die Auffassung der Antragsgegnerin (Krankenhaus); die von den Antragstellern (Krankenkassen) durchgeführte Hochrechnung wird nicht für zulässig erachtet. Die vom MDK gewonnenen Prüfungsergebnisse hätten für eine Hochrechnung nur geeignet sein können, wenn sie auf Stichproben im eigentlichen Sinne beruht hätten, wenn also der Zufall das bestimmende Auswahlkriterium gewesen wäre. Die bewusste Auswahl, etwa die Auswahl extremer oder typischer Fälle, lässt eine Aussage über die Fallverteilung in der Grundgesamtheit nicht zu. Vorliegend sind aber

---

[78] Blum et al. (2006), Blum et al. (2008)
[79] Blum et al. (2008)

für die Hochrechnung gerade bewusst ausgewählte, nämlich vom MDK beanstandete Fälle verwendet worden."

5.1.2.2 Stichprobenprüfung

Im Gegensatz zur verdachtsabhängigen Einzelfallprüfung nach §§ 275 ff. SGB V, die im Auftrag einer einzelnen Krankenkasse erfolgt, wird die Stichprobenprüfung nach § 17c KHG von den Krankenkassen-Vertragspartnern der Pflegesatzvereinbarungen des betroffenen Krankenhauses gemäß § 18 Abs. 2 KHG beim Medizinischen Dienst der Krankenkassen (MDK) des jeweiligen Bundeslandes schriftlich beauftragt. Insbesondere soll geprüft werden, ob primäre oder sekundäre Fehlbelegungen, vorzeitige Entlassungen aus wirtschaftlichen Gründen oder nicht ordnungsgemäße Abrechnungen aufgetreten sind. Diese Stichprobenprüfungen nehmen eine größere Dimension als die Einzellfallprüfung ein, da sie grundsätzlich mehrere Fälle eines zu definierenden Prüfzeitraums umfassen. Sie können sich auf bestimmte Organisationseinheiten, Diagnosen, Prozeduren oder Entgelte beziehen. Geprüft werden sollen 5 bis 12 % einer Grundgesamtheit, jedoch mindestens 30 Fälle. Bei weniger als 50 Gesamtfällen erfolgt eine Vollerhebung.

In einem Zeitraum von 6 bis 8 Wochen nach Erteilung des Prüfauftrages wird das Krankenhaus vom MDK informiert und hat die zugehörigen Daten und Akten bereitzustellen. Die Stichprobe betrifft nur Patienten der gesetzlichen Krankenkassen. Die Prüfung darf nur anhand der Daten und Akten von entlassenen Patienten, bei denen das Ende der vollstationären Behandlung nicht länger als 180 Tage zurückliegt, erfolgen. Fälle, die bereits im Rahmen einer Einzelfallprüfung nach §§ 275 ff. kontrolliert wurden oder werden, sind gesondert zu kennzeichnen.

Die mit der Prüfung beauftragten Ärzte des MDK sind der Klinik namentlich mitzuteilen. Während der Prüfung vor Ort muss dem Prüfärzteteam ein geeigneter Raum durch das Krankenhaus gestellt werden. Die Prüfung erfolgt werktags von 08:00 bis 18:00 Uhr. Ein ärztlicher Vertreter der zu prüfenden Fachabteilung muss den MDK-Ärzten auf Anfrage zur Verfügung stehen. Sämtliche Dokumente, Krankenakten und sonstigen patientenbezogenen Aufzeichnungen (Papierform und elektronisch) müssen bereitgestellt werden.

Die Begutachtung erfolgt ausschließlich durch den Prüfarzt, unter Umständen im Dialog mit dem ärztlichen Vertreter der Fachabteilung. Sowohl das Krankenhaus als auch die Auftrag gebenden Krankenkassen können externen Sachverstand hinzuziehen. Unstreitige Fälle sind von der weiteren Prüfung auszuschließen und im Prüfbericht festzuhalten.

Beanstandete Fälle sind zwischen Prüfarzt und Krankenhausarzt zu erörtern und zu bewerten. Ist hierbei kein Konsens zu erzielen, werden die unterschiedlichen Auffassungen protokolliert. Nur diese Fälle können zum Gegenstand eines anschließenden Verfahrens vor dem – eigens für die Stichprobenprüfungen auf Landesebene von Vertretern der Krankenkassen und Krankenhäuser zu gründenden – Schlichtungsausschuss gemacht werden. Der Prüfzeitraum vor Ort soll 8 Wochen nicht überschreiten.

Besonders erwähnenswert sind die Prüfgrundlagen für eine primäre oder sekundäre Fehlbelegung. Als Konsens zwischen der Deutschen Krankenhausgesellschaft und den Spitzenverbänden der Krankenkassen wurde für die Fehlbelegungsprüfung das G-AEP-Verfahren (siehe auch Kapitel 5.5) als Maßstab akzeptiert. Das bedeutet, wenn ein oder mehrere Kriterien des G-AEP-Kataloges erfüllt sind, die Notwendigkeit der stationären Krankenhausbehandlung in der Regel als erwiesen gilt. Neben dem offiziellen Katalog hat man eine „Override Option" eingeführt, die eine Aufnahme ohne Vorliegen von G-AEP-Kriterien begründet. Eine entsprechende Dokumentation der Gründe für den stationären Aufenthalt wird in diesen Fällen aber erwartet. Grund und Häufigkeit der Inanspruchnahme der Override-Option sind im Prüfbericht zu vermerken und sollen dazu beitragen, die G-AEP-Kriterien weiterzuentwickeln. Die Relevanz dieses Kataloges wird hier offenkundig: Krankenhäuser, die derzeit keine flächendeckende Erfassung durchführen, werden im Falle einer Stichprobenprüfung erheblichen Aufwand in der Vorbereitung haben.

Eine Besonderheit ist die Kopplung der Stichprobenprüfungen mit dem Qualitätsmanagement. Krankenhäuser, die ihrer Verpflichtung zur fristgerechten Veröffentlichung des Qualitätsberichtes nach § 137 Abs. 1 Satz 3 Nr. 6 SGB V nicht nachkommen, werden jährlich geprüft. Ansonsten soll vor Ablauf eines Zeitraumes von 3 Jahren ein Krankenhaus nicht bezüglich desselben Prüfgegenstandes erneut geprüft werden.

Nicht unerheblich können die Folgen sein, die für ein Krankenhaus aus einer Stichprobenprüfung resultieren. Nach § 17c Abs. 3 KHG sollen – für den Fall, dass bezahlte Krankenhausleistungen fehlerhaft abgerechnet wurden – die Vertragsparteien ein pauschaliertes Abzugsverfahren vereinbaren, um eine Erstattung oder Nachzahlung in jedem Einzelfall zu vermeiden. Hierbei kann auch die Verrechnung über das Erlösbudget oder die Fallpauschalen des Folgejahres vereinbart werden. Eine negative Prüfung kann mitunter erhebliche Konsequenzen auch für Folgejahre haben. Insofern sollten Krankenhäuser dieses Thema sehr ernst nehmen und sich entsprechend auf die Durchführung von Stichprobenprüfungen vorbereiten.

Bei dem pauschalierten Verfahren stellen sich zwei Probleme. Zum einen ist fraglich, ob eine Hochrechnung der Stichprobe auf die relevante oder eine beliebige Grundgesamtheit überhaupt zulässig bzw. zutreffend ist. Zum anderen ist bei einer Verrechnung über die Fallpauschalen unklar, wie die Summe des Abzugs überprüft bzw. nachgewiesen werden kann.

Die Stichprobenprüfung spielt in der Praxis eher noch eine untergeordnete, aber zunehmende Rolle. „Im Frühjahr 2006 wurde noch bei 3 % der Krankenhäuser dieses Prüfungsinstrument von den Krankenkassen angewendet. Zwei Jahre später gaben [...] 7,6 % der Häuser an, schon einmal in eine Stichprobenprüfung nach § 17c KHG einbezogen worden zu sein [...]. Nur in Ausnahmefällen wurden bereits mehrere Stichprobenprüfungen durchgeführt. Die Einbeziehung in eine Stichprobenprüfung nimmt mit steigender Bettengröße der Krankenhäuser zu.

Bei den Krankenhäusern, die in eine Stichprobenprüfung nach § 17c KHG einbezogen waren und die Angaben zum Umfang machen konnten, wurden vorrangig einzelne Abteilungen begutachtet. Einige Krankenhäuser gaben auch an, dass das gesamte Krankenhaus, einzelne DRGs oder einzelne Prozeduren in die Stichprobe einbezogen wurden. Seltener wurden einzelne Diagnosen oder MDCs mit Hilfe dieses Prüfungsinstrumentariums fokussiert."[80]

Die häufigsten Prüfaufträge der Stichprobenprüfung nach § 17c KHG sind die Überprüfung der Notwendigkeit der stationären Aufnahme (primäre Fehlbelegung). „Die sekundäre Fehlbelegung (Notwendigkeit eines jeden weiteren Behandlungstages) und die ordnungsgemäße Abrechnung (Kodierung) wurden häufiger überprüft als die vorzeitige Entlassung oder Verlegung."[81]

5.1.3 Der Medizinische Dienst (MDK)

Der Medizinische Dienst der Krankenversicherung (MDK) ist der sozialmedizinische Beratungs- und Begutachtungsdienst der gesetzlichen Kranken- und Pflegeversicherung. Der MDK ist eine Gemeinschaftseinrichtung der gesetzlichen Krankenkassen.

Das Aufgabenspektrum des MDK für die gesetzlichen Kranken- und Pflegekassen ist breit gefächert. Es umfasst die patientenorientierte Einzelfallbegutachtung, die Durchführung von Stichprobenprüfungen wie auch die Beratung in Grundsatzfragen der medizinischen und pflegerischen Versorgung. Hierzu stehen dem MDK – nach eigenen Angaben[82] – bundesweit insgesamt circa 2.100 Ärzte und rund 1.200 Pflegefachkräfte zur Verfügung. In § 275 SGB V ist geregelt, dass die Ärzte des Medizinischen Dienstes bei der Wahrnehmung ihrer medizinischen Aufgaben nur ihrem ärztlichen Gewissen

---

[80] Blum et al. (2008), S. 30
[81] ebenda
[82] www.mdk.de (Stand: 10/2005)

unterworfen sind. Sie sind nicht berechtigt, in die ärztliche Behandlung einzugreifen.

Die Finanzierung der Leistungen des Medizinischen Dienstes erfolgt durch eine Umlage, die von ihren Trägern aufgebracht wird. Da der MDK sowohl für die Krankenversicherung als auch für die Pflegeversicherung Aufgaben übernimmt, teilen sich Kranken- und Pflegekassen die Umlage zu jeweils 50 %.

Häufiger Streitpunkt im Rahmen von MDK-Prüfverfahren ist die notwendige Qualifikation des prüfenden Arztes, also unter anderem die Frage, ob ein fachfremder Arzt Fälle prüfen darf. Zumindest hinsichtlich der Stichprobenprüfungen lässt sich diese Frage teilweise beantworten. In der gemeinsamen Empfehlung der Spitzenverbände der Krankenkassen und der Deutschen Krankenhausgesellschaft auf Bundesebene zum Prüfverfahren für Fehlbelegungs- und Abrechnungsprüfungen im Krankenhaus nach § 17c vom 15.04.2005 heißt es in § 3 eindeutig: „Eine richtige Bewertung der zu überprüfenden Behandlungsfälle setzt eine entsprechende fachliche Qualifikation der Prüfer voraus" und dann weiter einschränkend: „Das Prüfteam hat während der gesamten Prüfdauer Rückgriffsmöglichkeit auf einen zu der geprüften Abteilung passenden Facharzt". Da diese gemeinsame Empfehlung durch Bundesland-spezifische Vereinbarungen ersetzt wird, muss auf Landesebene überprüft werden, was dort jeweils gilt. Für Baden-Württemberg gibt es bereits eine entsprechende Vereinbarung zum MDK-Prüfverfahren, in der es zur Qualifikation nur noch heißt: „Die zur Prüfung eingesetzten Ärzte des MDK sind Fachärzte".[83] Letztlich ist durch die bestehenden Regelungen also nicht gewährleistet, dass immer ein Facharzt desselben Fachgebietes prüft.

Das gilt auch für die Einzelfallprüfungen, bei denen es keine derartigen Empfehlungen gibt. Hinzuweisen ist an dieser Stelle nur auf die bereits 1990 verfassten Richtlinien über die Zusammenarbeit der Krankenkassen mit den Medizinischen Diensten der Krankenversicherung, laut denen – zumindest im Falle von Widersprüchen zu einem Erstgutachten – „für das Zweitgutachten ein Arzt desselben Gebiets tätig werden" soll.[84]

Häufiger strittig ist es, ob der MDK den jeweiligen Prüfauftrag der Krankenkasse eigenmächtig ausweiten und dadurch ermittelte Ergebnisse verwerten darf. Hierzu hat die Deutsche Krankenhausgesellschaft eine Stellungnahme abgegeben: „Eine eigenständige Ausweitung oder Abänderung des Prüfauftrages durch den MDK ist generell als unzulässig zu bewerten. Schon § 275

---

[83] § 4 der Vereinbarung zum Prüfverfahren des Medizinischen Dienstes nach § 17c Abs. 4 KHG in Baden-Württemberg, vom Schlichtungsausschuss am 15.12.2003 beschlossen

[84] Richtlinien über die Zusammenarbeit der Krankenkassen mit den Medizinischen Diensten der Krankenversicherung (MDK) nach § 282 Satz 3 am 27.08.1990

Abs. 1 SGB V macht deutlich, dass die Grundlage für das Tätigwerden des MDK seine Beauftragung durch die gesetzliche Krankenkasse ist. Das Bundessozialgericht sieht die gesetzliche Krankenkasse in seinem Urteil vom 28. Februar 2007 [...] demnach als „Herrin des Begutachtungsauftrages", da ausschließlich sie die konkreten zu begutachtenden Fragestellungen der Fallprüfung definieren und den Begutachtungsauftrag dementsprechend erweitern, einschränken oder zurücknehmen könne. [...] Hat der MDK dennoch über den Gutachtenauftrag hinausgehende Untersuchungen durchgeführt, dürfen die dadurch gewonnenen Ergebnisse nicht zu Lasten des Krankenhauses verwertet werden [...]."[85]

5.1.4 GKV-Wettbewerbsstärkungsgesetz

Die zum 01.04.2007 in Kraft getretene Gesundheitsreform (GKV-Wettbewerbsstärkungsgesetz) brachte auch für den Bereich der Kostenträger-Anfragen und MDK-Prüfungen einige wichtige Neuerungen.

Die Bundesregierung hatte im Rahmen der Planungen zur Gesundheitsreform erkannt, dass die Prüfungssituation einer grundlegenden Änderung bedarf: „Im Krankenhausbereich besteht Handlungsbedarf im Hinblick auf den Umfang der gutachterlichen Stellungnahmen des Medizinischen Dienstes der Krankenversicherung (MDK), die Krankenkassen im Rahmen der Einzelfallprüfung nach § 275 Abs. 1 Nr. 1 anfordern. Von einzelnen Krankenkassen wird die Prüfungsmöglichkeit in unverhältnismäßiger und nicht sachgerechter Weise zur Einzelfallsteuerung genutzt. Dies führt zu unnötiger Bürokratie. Für einzelne Kassenarten liegen Hinweise zu Prüfquoten im Rahmen der Einzelfallprüfung in Höhe von 45 % der Krankenhausfälle vor. Dies belastet die Abläufe in den Krankenhäusern teils erheblich, sorgt für zusätzlichen personellen und finanziellen Aufwand und führt in der Regel zu hohen und nicht gerechtfertigten Außenständen und Liquiditätsproblemen. Eine zeitnahe Prüfung ist nicht immer gewährleistet. Teilweise werden weit zurückliegende Fälle aus Vorjahren geprüft. Dies führt auch zu Unsicherheiten bei Erlösausgleichen und Jahresabschlüssen."[86]
Zu den Einzelfallprüfungen stellt die Bundesregierung fest: „... [Im Rahmen] der Neuregelung ist eine Einzelfallprüfung zeitnah durchzuführen. Dies gilt für sämtliche Schritte der Einleitung durch die Krankenkassen und der Durchführung der Prüfung durch den Medizinischen Dienst. Bereits das

---

85 Quelle: Anlage zum DKG-Rundschreiben Nr. 279/2007 vom 15. November 2007; Die häufigsten Fragen (FAQ) zur Einzelfallprüfung nach § 275 SGB V

86 Gesetzentwurf der Bundesregierung – Entwurf eines Gesetzes zur Stärkung des Wettbewerbs in der Gesetzlichen Krankenversicherung (GKV-Wettbewerbsstärkungsgesetz – GKV-WSG)

Bundessozialgericht (BSG vom 13.12.2001, B 3 KR 11/01 R) hat die für eine anschauliche Beurteilung erforderliche zeitnahe Überprüfung unterstrichen und auf die ansonsten bestehende Gefahr einer sich verschlechternden Beweislage und eines erhöhten Aufwands verwiesen. Das BSG hebt hervor, dass die Einleitung des Verfahrens unter Einschaltung des MDK spätestens dann notwendig ist, wenn die Krankenkasse nach Vorlage der Rechnung und dem Fälligwerden der geforderten Vergütung Zweifel an der Behandlungsnotwendigkeit hat. Dabei entsteht die Zahlungsverpflichtung der Krankenkasse gegenüber dem Krankenhaus – unabhängig von einer Kostenzusage – unmittelbar mit Inanspruchnahme der Leistung durch den Versicherten (BSG vom 17.05.2000, B 3 KR 33/99 R). Zugleich ist es einer Krankenkasse nicht gestattet, bei beanstandeten Rechnungen lediglich den unbestrittenen Teil der Forderung gleichsam als Vorschusszahlung unter Zurückbehaltung des bestrittenen Anteils bis zur abschließenden Klärung zu leisten" (BSG, 23.07.2002, B 3 KR 64/01 R).[87]

Auch im Verlauf der weiteren Verhandlungen und Korrekturen des ursprünglichen Gesetzesentwurfs wurden bei diesen Elementen keine relevanten Änderungen mehr vorgenommen. Aus der verabschiedeten Gesundheitsreform ergaben sich für die Krankenhäuser daher u. a. die folgenden Änderungen:

- § 275 wird wie folgt geändert: a) Nach Absatz 1b wird folgender Absatz 1c eingefügt: „(1c) Bei Krankenhausbehandlung nach § 39 ist eine Prüfung nach Absatz 1 Nr. 1 zeitnah durchzuführen. Die Prüfung nach Satz 1 ist spätestens sechs Wochen nach Eingang der Abrechnung bei der Krankenkasse einzuleiten und durch den Medizinischen Dienst dem Krankenhaus anzuzeigen. Falls die Prüfung nicht zu einer Minderung des Abrechnungsbetrags führt, hat die Krankenkasse dem Krankenhaus eine Aufwandspauschale in Höhe von 100 Euro zu entrichten."
- Auch der § 17c KHG (Stichprobenprüfung) wurde geändert, „[da] von dieser Möglichkeit bislang nur wenig Gebrauch gemacht [wurde].[88] Mit der Reform wurde die Einleitung einer Stichprobenprüfung nach § 17c KHG erleichtert, indem die bisher von den Krankenkassen gemeinsam zu beschließende Prüfung künftig durch Mehrheitsbeschluss veranlasst werden kann.

Nach wie vor müssen die Fallprüfungen vom MDK durchgeführt werden. Die Krankenkassen dürfen hiermit keine eigenen Gutachterdienste für die Prüfungen nach § 275 SGB V oder § 17c KHG beauftragen. Lediglich bei den sonstigen Aufgaben des Medizinischen Dienstes (allgemeine medizinische Fragen der gesundheitlichen Versorgung und Beratung der Versicherten, Fragen der Qualitätssicherung, Vertragsverhandlungen mit den Leistungserbringern, Beratungen der gemeinsamen Ausschüsse von Ärzten und Krankenkassen,

---

[87] ebenda
[88] ebenda

insbesondere Prüfungsausschüsse) ist es für die Krankenkassen durch die Gesundheitsreform möglich, auch andere Gutachterdienste als den MDK zu nutzen.

Bei der Finanzierung des MDK ist man beim Umlageverfahren geblieben. Das bedeutet, dass die Mittel für die Einzelfallprüfungen von den Krankenkassen durch eine Umlage aufgebracht werden, deren Mittel im Verhältnis der Zahl der Mitglieder der einzelnen Krankenkassen mit Wohnort im Einzugsbereich des Medizinischen Dienstes aufzuteilen sind. Die Anzahl der beauftragten Prüfungen spielt demnach nach wie vor keine Rolle. Gerade hier hat die Vergangenheit aber gezeigt, dass es krankenkassenspezifische Häufungen gibt und manche Kostenträger mehr als jeden zweiten Fall in die Prüfung geben.

Leider hat sich gezeigt, dass die Neuregelungen des GKV-Wettbewerbsstärkungsgesetzes zu keiner wesentlichen Entspannung bei den Kostenträgeranfragen und MDK-Prüfungen geführt haben.

„[Es] zeigt sich, dass die 100-Euro-Regelung nicht die erhoffte Wirkung erzielt hat. Über die Hälfte der Krankenhäuser gibt an, dass sich seit der Einführung dieser Regelung kaum etwas am Prüfverhalten geändert habe. Bei über einem Viertel der Häuser haben die Einzelfallprüfungen seitdem sogar zugenommen. Diese Wirkung ist ggf. auf die Strategie der Krankenkassen zurückzuführen, mehr Fälle zu prüfen, um die Zahlung der Aufwandspauschale wieder auszugleichen. Bei lediglich 12 % der Kliniken haben die Einzelfallprüfungen abgenommen und bei 23 % werden sie gezielter vorgenommen.

Rund 11 % der Krankenhäuser gaben an, dass es zu anderweitigen Veränderungen im Prüfverhalten seit Einführung der 100-Euro-Regelung gekommen ist. Die Nennungen der Häuser bezogen sich insbesondere darauf, dass einige Krankenkassen ohne MDK-Einschaltung die Einzelfälle zu klären versuchten.

Probleme mit der 100-Euro-Regelung (z. B. durch die Verweigerung der Kostenträger zur Zahlung dieser Aufwandspauschale) traten bei der überwiegenden Mehrzahl der Krankenhäuser (72,8 %) eher selten oder noch nie auf. Bei weniger als einem Fünftel der Häuser kam dies häufiger vor."[89] In manchen Einrichtungen ist ein Streit mit den Kostenträgern entbrannt, wann die Aufwandspauschale zu leisten ist.

Eine unklare Frage war, ob Krankenkassen eine Aufwandspauschale nach § 275 Abs. 1c Satz 3 SGB V zu entrichten haben, in denen es im Rahmen einer MDK-Einzelfallprüfung von Krankenhausbehandlung nach § 275 Abs. 1 Satz 1 Nr. 1 SGV V zu einer Änderung der Diagnosen- oder Prozedurenkodierung gekommen ist, aber die Änderung dieser Kodierung keine Minderung des Abrechnungsbetrages zur Folge hat. Hierzu hat Herr Tuschen vom Bundes-

---

[89] Blum et al. (2008), S. 26 f.

ministerium für Gesundheit eine Stellungnahme vorgelegt: „§ 275 Abs. 1c Satz 3 SGB V knüpft nach seinem eindeutigen Wortlaut die Verpflichtung der Krankenkasse, an das Krankenhaus eine Aufwandspauschale in Höhe von 100 Euro zu entrichten, allein an die Voraussetzung, dass die Prüfung nicht zu einer Minderung des Abrechnungsbetrages führt. Damit reicht die Feststellung von Fehlern der Abrechnung allein zur Vermeidung der Aufwandspauschale nicht aus; entscheidend ist allein, ob die Prüfung zu einer Minderung des Abrechnungsbetrages führt. Ist dies nicht der Fall, hat die Krankenkasse die Aufwandspauschlae nach § 275 Abs. 1c Satz 3 SGB V unabhängig davon zu entrichten, ob im Rahmen der Prüfung sonstige Fehler festgestellt werden."[90]

Als weiterer Streitpunkt hat sich die Frage herauskristallisiert, welche Voraussetzungen für die Abrechnung der Aufwandspauschale vorliegen müssen. Hierzu stellt die Deutsche Krankenhausgesellschaft fest: „Die GKV-Spitzenverbände sehen in ihrem Positionspapier vom 2. August 2007 zur Geltendmachung der Aufwandspauschale insbesondere zwei weitere Voraussetzungen als erforderlich an: das Vorliegen einer Schlussabrechnung sowie die Berechnung maximal einer Aufwandspauschale pro Behandlungsfall. Dazu ist Folgendes anzumerken:

Nicht nachvollziehbar ist, dass die 100,-Euro-Regelung nur dann anwendbar sein soll, wenn eine Schlussabrechnung im Zeitpunkt der MDK-Prüfung vorliegt. Dies würde bedeuten, dass erfolglose Fallprüfungen vor Erteilung einer Schlussrechnung oder erfolglose Prüfungen von Zwischenrechnungen keine Zahlungspflicht der Krankenkassen auslösen. Wortlaut und Begründung des § 275 Abs. 1c SGB V entbehren diesbezüglich jeglichen Anhaltspunktes. [...] Die Aufwandspauschale kann jedoch erst dann geltend gemacht werden, wenn die Rechnungsstellung ordnungsgemäß erfolgt ist und die Prüfung nach § 275 Abs. 1 SGB V nicht zu einer Minderung des Abrechungsbetrages geführt hat.

Die weitere aus Sicht der GKV-Spitzenverbände einzuhaltende Voraussetzung für die Zahlung der Aufwandspauschale ist, dass das Krankenhaus maximal eine Aufwandspauschale pro Behandlungsfall in Rechnung stellt. Von Bedeutung solle dies insbesondere bei Fallzusammenführungen sein. [...] Bis zur Klärung dieser Fragen, entweder durch die Sozialgerichtsbarkeit oder durch eine Klarstellung des BMG, sollten die Krankenhäuser nicht von sich aus auf die – gegebenenfalls mehrfache – Geltendmachung der Aufwandspauschale verzichten."[91]

---

[90] siehe hierzu: Anlage zum DKG-Rundschreiben Nr. 337/2007 vom 19.12.2007
[91] Quelle: Anlage zum DKG-Rundschreiben Nr. 279/2007 vom 15. November 2007; Die häufigsten Fragen (FAQ) zur Einzelfallprüfung nach § 275 SGB V

Nach wie vor wird von manchen Krankenkassen die Aufwandspauschale nicht gezahlt, wenn die Prüfung des MDK einen höheren Abrechnungsbetrag ergibt.

Das LSG Rheinland-Pfalz hat im Rahmen eines Beschwerdeverfahrens diesbezüglich die Auffassung des Krankenhauses geteilt. Es hat ausgeführt, dass nach dem Wortlaut des Gesetzes und nach der Gesetzesintention die Krankenkasse verpflichtet ist, die Aufwandspauschale auch dann zu zahlen, wenn die Prüfung des MDK zu einer Erhöhung des Abrechnungsbetrages führt.[92]

Mit Inkrafttreten des Krankenhausfinanzierungsreformgesetzes (KHRG) Ende März 2009 wurde die Aufwandspauschale von 100 Euro auf 300 Euro erhöht. Die erhöhte Pauschale kann für Fälle abgerechnet werden, die ab dem 01.04.2009 aufgenommen wurden.[93]

5.2 Beispiele aktueller Rechtsprechung

Die Konflikte zwischen Kostenträgern, Medizinischem Dienst und den Krankenkassen wurden schon häufig höchstrichterlich beurteilt. Die Tabelle 39 zeigt eine Übersicht über eine Reihe von für Krankenhäuser interessanten Gerichtsurteilen.

Zu einigen zentralen Themen wird im Folgenden eine detaillierte Darstellung gegeben. Die Aktenzeichen zu den genannten Urteilen finden sich in der genannten Tabelle. Auf den Internetseiten des Bundessozialgerichts[94] können die BSG-Urteilstexte direkt heruntergeladen oder bei älteren Urteilen gegen Kostenerstattung bestellt werden. LSG-Urteile finden sich auf der Internetseite www.sozialgerichtsbarkeit.de.

5.2.1 Zahlungsverpflichtung des Kostenträgers

Das Bundessozialgericht hat im Juli 2002 bestätigt, dass Rechnungen der Krankenhäuser in jedem Fall fristgerecht zu begleichen sind. Dies gilt auch für die Fälle, bei denen Einwendungen gegen die Richtigkeit bestehen. Das bedeutet, dass die durchaus gängige Praxis mancher Krankenkassen, die Rechnungen so lange nicht zu bezahlen, bis die Anfrage geklärt ist, auf keiner

---

92 Beschluss vom 09.07.2009 - L 5 KR 90/09 NZB
93 vgl. „Rahmenempfehlung zu Fragen der Umsetzung des KHRG" vom 25.03.2009 zwischen dem GKV-Spitzenverband und der Deutschen Krankenhausgesellschaft
94 www.bundessozialgericht.de

Tabelle 35: Auswahl DRG-relevanter Urteile

Datum des Urteils	Gericht/ Akten- zeichen	Stichwort	Inhalt (zusammengefasst)
21.08.96	BSG - 3 RK 2/96	Stationäre Notwen- digkeit	Stationäre Notwendigkeit darf nicht retrospektiv beur- teilt werden
13.05.04	BSG - B 3 KR 18/03 R	Stationäre Notwen- digkeit	Zweifel an der stationären Notwendigkeit müssen sich an konkreten alternativen Versorgungsmöglichkeiten orientieren
25.09.07	BSG - B GS 1/06	Stationäre Notwen- digkeit	Notwendigkeit vollstationärer Krankenhausbehandlung rich- tet sich nach (rein) medizi- nischen Erfordernissen
10.04.08	BSG - B 3 KR 19/05 R	Stationäre Notwen- digkeit	Konkretisierung der medizi- nischen Erfordernisse (siehe Urteil aus 09/2007)
24.07.03	BSG - B 3 KR 28/02 R	Versor- gungsauf- trag	Vom Kostenträger dürfen nicht einseitig einzelne Leis- tungen aus dem Versorgungs- auftrag des Krankenhauses ausgenommen werden
22.07.04	BSG - B 3 KR 20/03 R	Verzugs- zinsen	Krankenhaus ist befugt, Über- schreitung der Zahlungsfrist Verzugszinsen zu berechnen
17.03.05	BSG - B 3 KR 11/04 R	Vollsta- tionär	Definition der vollstationären Behandlung muss von der geplanten Verweildauer aus- gehen
04.03.04	BSG - B 3 KR 4/03 R	Vollsta- tionär	Vollstationär kann auch bei Tagesfällen vorliegen (Abgren- zung voll- und teilstationär)
23.07.02	BSG - B 3 KR 64/01 R	Zahlungs- pflicht	Kostenträger muss auch bei Zweifeln zunächst zahlen

Tabelle 35: Fortsetzung

Datum des Urteils	Gericht/ Akten- zeichen	Stichwort	Inhalt (zusammengefasst)
13.12.01	BSG - B 3 KR 11/01 R	Zahlungs- pflicht	Kostenträger muss MDK zeit- nah einschalten, Zahlungs- pflicht der Krankenkasse bei Nichteinhaltung der Vorgaben der Landesverträge nach § 112 Abs. 2 SGB V
12.05.05	BSG - B 3 KR 32/04 R	Zahlungs- pflicht	Verjährungsfrist von vier Jah- ren gilt auch für nach dem 01.01.2000 entstandene Ver- gütungsansprüche
28.02.07	BSG - B3 KR 12/06 R	Begutach- tungs- auftrag	Krankenkasse ist „Herrin des Begutachtungsauftrages", keine eigenmächtige Erweite- rung, Einschränkung oder Zurücknahme durch den MDK
10.10.07	LSG Schleswig- Holstein - L 5 KR 27/07	Änderung Rechnung	Krankenhaus darf ursprüng- liche Rechnung nachträglich zu seinen Gunsten abändern, wenn die interne Überprüfung ergeben hat, dass eine höhere DRG zur Abrechnung kom- men musste
08.09.09	BSG - B 1 KR 11/09 R	Änderung Rechnung	Krankenhaus darf nach Ab- rechnung weitere Forderungen für erbrachte Leistungen an- setzen, es gilt aber der Grund- satz „Treu und Glaube"
07.02.08	LSG Rheinland- Pfalz - L 5 KNK 1/07),	Untere Grenz- verweil- dauer	Bei der unteren Grenzver- weildauer kommt es auf die tatsächlich im Krankenhaus verbrachte Verweildauer und nicht auf die medizinische Notwendigkeit der statio- nären Behandlung an

157

rechtlichen Basis beruht. Hier sollten Krankenhausträger ihre Möglichkeiten ausschöpfen und aus Gründen der Liquiditätsverbesserung fällige Beträge aus Zahlungsverzug mahnen. Generell kann es auch Sinn machen, auf Basis der bestehenden Urteile Gespräche mit den säumigen Kassen zu führen und die rechtliche Position darzulegen. Im Juli 2004 entschied das BSG, dass bei Überschreitung der Zahlungsfrist auch Verzugszinsen berechnet werden können.

In Bezug auf eine nachträgliche Änderung der Rechnung wurde im Oktober 2007 vom Landessozialgericht Schleswig-Holstein festgestellt, dass ein Krankenhaus die ursprüngliche Rechnung im Nachhinein zu seinen Gunsten abändern darf, wenn die interne Überprüfung ergeben hat, dass eine höhere DRG zur Abrechnung kommen musste. Eine Nachkodierung ist zulässig.[95]

Diesbezüglich liegt allerdings auch ein Urteil des Bundessozialgerichts vor. Im September 2009 hat das BSG entschieden, dass Krankenhäuser nach einer vorbehaltlosen End- bzw. Schlussabrechnung nicht jederzeit Nachforderungen und Korrekturen zur Endabrechnung durchführen können. Es gilt der Grundsatz nach „Treu und Glaube". Änderungen bei offensichtlichem, ins Auge springendem Korrekturbedarf seien aber zulässig.

Der BKK Landesverband Niedersachsen-Bremen hatte für eine von ihm vertretene Betriebskrankenkasse Revision gegen ein anderslautendes Urteil des Landessozialgerichts Niedersachsen-Bremen eingelegt. Diese Revision war erfolgreich. Das klagende Krankenhaus hatte mehr als zwei Jahre nach der bereits bezahlten ersten „Endabrechnung" Nachforderungen für eine erbrachte Linksherzkatheteruntersuchung und eine Ballon-Dilatation geltend gemacht.

Das Bundessozialgericht urteilte, dass das Krankenhaus zwar nach der ersten Endabrechnung vom 15. Juni 2000 durchaus für die erbrachten Leistungen weitere Forderungen hätte ansetzen dürfen, allerdings nicht mehr als zwei Jahre nach einer Endabrechnung, die ohne Vorbehalt war (Aktenzeichen: B 1 KR 11/09 R).

5.2.2 Rechtzeitigkeit der Anfrage

Klargestellt wurde auch, dass die Krankenkasse nicht beliebig Zeit hat, eine Anfrage zu stellen, da sich mit zeitlicher Entfernung des Krankenhausaufenthaltes die Beweislage zu Ungunsten des Krankenhauses verschlechtert. Aufgrund der Tatsache, dass sich der behandelnde Arzt zum Teil nicht mehr

---

[95] Schleswig-Holsteinisches Landessozialgericht, Urteil vom 10.10.2007 – L 5 KR 27/07

an den Patienten erinnern kann, hat das Bundessozialgericht im Dezember 2001 festgestellt, dass eine Krankenkasse den MDK spätestens nach Vorlage der Rechnung und dem Fälligwerden der geforderten Vergütung einschalten muss, falls Zweifel an der Behandlungsnotwendigkeit bestehen. Ein Nachholen des Prüfverfahrens sei auch dann für Krankenhäuser unzumutbar, wenn zu diesem Zeitpunkt berechtigte Einwendungen im Einzelfall geltend gemacht würden. Dieses Urteil stärkt die Position der Krankenhäuser und bringt die Krankenkassen in die Notwendigkeit, ihre Anfragen rechtzeitig zu stellen. In den Häusern lässt sich die Bearbeitungszeit einer Anfrage dadurch verkürzen, dass die Patienten den meisten Beteiligten noch bekannt und „vor dem geistigen Auge" präsent sind.

Für Behandlungsfälle mit Aufnahmedatum ab dem 01. April 2007 hat das GKV-Wettbewerbsstärkungsgesetz (siehe Kapitel 5.1.4) eine Regelung getroffen. Hier gilt eine 6-wöchige Frist. Hierbei handelt es sich um eine Ausschlussfrist, deren Beginn das Gesetz auf den Tag des Eingangs des Rechnungsdatensatzes bei der Krankenkasse festlegt. Sollte die Sechs-Wochen-Frist verstreichen, ist das Krankenhaus berechtigt, die Prüfung wegen Verfristung als unzulässig abzulehnen. „Zur Wahrung der Sechs-Wochen-Frist müssen zunächst die Beauftragung des MDK durch die Krankenkasse und die Anzeige der Prüfung durch den MDK gegenüber dem Krankenhaus kumulativ innerhalb dieser Frist erfolgen. Dies ergibt sich aus dem klaren Wortlaut des Gesetzes sowie der Gesetzesbegründung zum GKV-WSG."[96]

In der Auslegung des Gesetzes geht die Deutsche Krankenhausgesellschaft aber noch zwei Schritte weiter: „Aus Sicht der DKG gilt diese Regelung vielmehr auch für Prüfungen derjenigen Behandlungsfälle, deren Aufnahmedatum vor dem 1. April 2007 lag, der Rechnungsdatensatz aber erst nach dem 31. März 2007 bei der Krankenkasse eingegangen ist. Dabei reicht es aus, dass die Rechnung den formalen Kriterien des Verfahrens nach § 301 SGB V genügt.

[...] Der Gesetzeszweck des GKV-WSG, die Eindämmung und zügige Durchführung von Prüfungen nach § 275 Abs. 1 SGB V, könnte außerdem dafür sprechen, auch Altfälle (Fälle, bei denen Aufnahme und Rechnungseingang bei der Krankenkasse vor dem 1. April 2007 erfolgt sind, die Prüfung jedoch noch nicht begonnen wurde) unter die Sechs-Wochen-Frist zu fassen. Für sie gilt darüber hinaus die Rechtsprechung des BSG zur zeitnahen Einleitung der Prüfung weiterhin, auf die auch in der Gesetzesbegründung zum GKV-WSG Bezug genommen wird. Auf die Altfälle ist jedenfalls der Grundsatz der zeitnahen Durchführung der Prüfung – und nicht lediglich der zeitnahen Anzeige der Prüfung, wie die GKV-Spitzenverbände in ihrem Positionspapier ausführen – nach § 275 Abs. 1c S. 1 SGB V anzuwenden."[97]

---

96 Anlage zum DKG-Rundschreiben Nr. 279/2007 vom 15. November 2007; Die häufigsten Fragen (FAQ) zur Einzelfallprüfung nach § 275 SGB V

97 ebenda

In der aktuellen Praxis erweist sich die 6-Wochen-Frist nicht als Problem: „Die Quartilswerte [der Befragung im Rahmen des Krankenhaus-Barometers 2008] zeigen, dass ein hoher Anteil an Fristüberschreitungen lediglich bei einzelnen Krankenhäusern auftritt. Der Median liegt bei 0,4 %. 25 % der Krankenhäuser weisen gar keine Fristüberschreitung auf (unterer Quartilswert liegt bei null). Über dem oberen Quartilswert in Höhe von 1,1 % liegt das Viertel der Krankenhäuser mit den höchsten Anteilswerten."[98]

5.2.3 Stationäre Krankenhausbehandlung: Definition und Notwendigkeit

5.2.3.1 Definition der vollstationären Leistung

Nach einem BSG-Urteil vom 04.03.2004 liegt eine vollstationäre Behandlung dann vor, wenn der Patient einen Tag und eine Nacht zusammenhängend im Krankenhaus verbringt. Dann könne von einer physischen und organisatorischen Eingliederung in das spezifische Versorgungssystem des Krankenhauses ausgegangen werden.

Aber auch Eintagesfälle können als vollstationär eingestuft werden, wenn der Patient am gleichen Tage ungeplant entlassen wird (Verdachtsfälle, Tod, eigenmächtiges Verlassen). Ebenso als Tagesfall (entweder über Ein-Belegungstags-DRG oder DRG mit Abschlag) stationär abzurechnen sind Fälle, die am gleichen Tag zur akutstationären Weiterbehandlung in ein anderes Krankenhaus verlegt werden.

Unter der Definition einer vollstationären Behandlung lässt sich eine teilstationäre Behandlung nicht zusammenfassen. Hierzu führt das Bundessozialgericht aus: „Bei teilstationärer Behandlung ist keine Rund-um-die-Uhr-Versorgung des Patienten notwendig, in der Regel erschöpft sich die teilstationäre Behandlung nicht im Rahmen eines Tagaufenthaltes, sondern erstreckt sich vielmehr aufgrund des Krankheitsbildes über einen längeren Zeitraum, wobei die medizinisch-organisatorische Infrastruktur des Krankenhauses benötigt wird, ohne dass eine ununterbrochene Anwesenheit des Patienten im Krankenhaus notwendig ist." Die Abgrenzung zu einer ambulanten Behandlung ist hier demnach im Erfordernis einer „medizinisch-organisatorischen Infrastruktur" des Krankenhauses. Ausnahme bilden hierbei die stationsersetzenden Eingriffe nach § 115b SGB V, die ausdrücklich als ambulant zu bewerten sind (Bundessozialgericht, Az. B 3 KR 4/03R).

---

[98] Blum et al. (2008), S. 25

5.2.3.2 Relevanz der geplanten Verweildauer

Die Anfragewahrscheinlichkeit steigt, wenn stationäre Verweildauern besonders kurz ausfallen, da hier der Anschein einer alternativ möglichen ambulanten Behandlung erweckt werden kann. Hierzu hat das Bundessozialgericht
mehrfach entschieden. Im BSG-Urteil vom 17.03.2005 wird klargestellt, dass
die Definition von einer vollstationären, teilstationären oder ambulanten
Krankenhausbehandlung nur vom Merkmal der geplanten Aufenthaltsdauer
ausgehen könne. Entscheidend sei damit zunächst der Behandlungsplan,
mit dem die Entscheidung zum Verbleib des Patienten über Nacht in der
Regel zu Beginn der Behandlung vom Krankenhausarzt getroffen werde.
Entscheidet dieser also am Anfang der Behandlung, dass ein Patient über
Nacht im Krankenhaus bleiben soll, so ändert ein vorzeitiger Abbruch nichts
an der Tatsache, dass eine stationäre Behandlung gegeben ist. Hierbei spielt
es prinzipiell keine Rolle, ob der Aufenthalt abgebrochen wurde, weil der
Patient gegen den ärztlichen Rat das Krankenhaus wieder verlässt oder weil
– wie im vorliegenden Fall des BSG-Urteils – nicht alle geplanten ärztlichen
Maßnahmen durchgeführt werden konnten und ein Verbleiben des Patienten
über Nacht deshalb nicht erforderlich war.

Das Bundessozialgericht ist noch weiter gegangen. Die diesbezügliche
Entscheidung sei im Einzelfall auch noch später möglich, beispielsweise
wenn eine Entlassung des Patienten nach Hause noch am gleichen Tage wider
Erwarten nicht möglich sei. In diesem Fall gehe die ambulante in eine vollstationäre Krankenhausbehandlung über. Abschließend bekräftigt das BSG,
dass damit unter bestimmten Voraussetzungen aus einer als ambulant oder
vorstationär geplanten Maßnahme eine stationäre Krankenhausbehandlung
werden könne, dass dies jedoch in umgekehrter Richtung nicht möglich sei.
Die so vorgenommene Abgrenzung kann aber nicht durch missbräuchliche
Umwandlung einer ambulanten Behandlung in eine stationäre Maßnahme
ausgenutzt werden, weil in diesem Falle dem Krankenhaus entgegengehalten
werden kann, dass die stationäre Versorgung zu keinem Zeitpunkt erforderlich gewesen ist.

Die Einstufung der Behandlung als ambulant oder stationär sagt allerdings
noch nichts darüber aus, ob eine stationäre Krankenhausbehandlung auch
notwendig im Sinne von § 39 Abs. 1 SGB V war. Den Vorwurf der Fehlbelegung hatte die Krankenkasse im vorliegenden Fall jedoch nicht erhoben,
sodass das Bundessozialgericht hierüber nicht zu entscheiden hatte.

5.2.3.3 Notwendigkeit stationärer Behandlung im Sinne von § 39 SGB V

Unabhängig von der Einschätzung, ob eine Behandlung als stationär zu bewerten ist, kann dennoch die stationäre Notwendigkeit gemäß § 39 SGB V infrage gestellt werden. Auch hier hat sich das Bundessozialgericht mit seinem Urteil vom 13.05.2004 festgelegt. Bei der Bewertung der Notwendigkeit einer stationären Behandlung reiche es nicht aus, von theoretisch vorstellbaren, besonders günstigen Sachverhaltskonstellationen auszugehen, die einen (weiteren) Krankenhausaufenthalt entbehrlich erscheinen lassen. Es ist zwingend zu prüfen, welche ambulanten (oder anderen) Behandlungsalternativen im konkreten Einzelfall zur Verfügung stehen, da nur so die kontinuierliche medizinische Versorgung eines Versicherten gewährleistet werden kann.

Das bedeutet, dass die bloße Behauptung des Kostenträgers, dass eine ambulante Behandlung ausreichend ist, nicht hinreichend ist, um die medizinische Erforderlichkeit des stationären Aufenthaltes infrage zu stellen. Vom Kostenträger müssen konkrete ambulante Behandlungsalternativen im Einzelnen benannt werden und auch tatsächlich vorhanden sein.

Diese Problematik werde laut Bundessozialgericht besonders deutlich, wenn ein Patient aufgrund seines körperlichen, geistigen oder seelischen Gesundheitszustandes einstweilen oder auf Dauer nicht mehr in die eigene Wohnung zurückkehren könne, in der er vor dem Krankenhausaufenthalt gelebt habe. Eine Entlassung aus dem Krankenhaus komme in solchen Fällen erst in Betracht, wenn geklärt sei, wo der weiterhin behandlungsbedürftige Patient nach der Entlassung – wenn auch möglicherweise zunächst nur vorübergehend – leben bzw. wohnen werde und ob dort die notwendige medizinische Versorgung sichergestellt sei. Solange dies nicht geklärt sei, sondern nur theoretische Möglichkeiten im Raum stünden, könne ein Patient nicht aus dem Krankenhaus entlassen werden. Die stationäre Behandlung sei dann weiterhin erforderlich im Sinne des § 39 Abs. 1 SGB V.

Aus Sicht der Krankenhäuser als etwas problematisch zu betrachten ist ein Urteil des Bundessozialgerichts aus September 2007[99]. Ob einem Versicherten vollstationäre Krankenhausbehandlung zu gewähren ist, richtet sich hiernach nach medizinischen Erfordernissen. Reicht nach den Krankheitsbefunden eine ambulante Therapie aus, so hat die Krankenkasse die Kosten eines Krankenhausaufenthalts auch dann nicht zu tragen, wenn der Versicherte aus anderen, nicht mit der Behandlung zusammenhängenden Gründen eine spezielle Unterbringung oder Betreuung benötigt und wegen des Fehlens einer geeigneten Einrichtung vorübergehend im Krankenhaus verbleiben muss.

---

[99] Bundessozialgericht, Urteil vom 25.09.2007 (GS 1/06)

Der Bundesverband Deutscher Privatkliniken (BDPK e. V.) kommt bei der Bewertung dieses Urteils zu folgender Einschätzung: „Durch die nun offenkundig werdende Versorgungslücke können die Krankenhäuser in eine missliche Lage geraten. Einerseits können sie bereits aus straf- und haftungsrechtlichen Gründen den Versicherten nicht ohne weiteres entlassen, andererseits setzen sie sich bei einem weiteren Verbleib des Patienten im Krankenhaus einem erheblichen Kostenrisiko aus. In diesem Zusammenhang wird auch das mit dem GKV-WSG eingeführte Entlassungsmanagement große Bedeutung erlangen."[100]

In einem Urteil vom April 2008 hat das Bundessozialgericht seine Rechtsprechung vom September 2007 weiter präzisiert. In diesem jüngeren Urteil werden Entscheidungshilfen gegeben und der Sachverhalt des „medizinischen Erfordernisses" konkretisiert.

Aus Sichtweise des BSG stellt die Krankenhausbehandlung eine komplexe Gesamtleistung dar, die eine „Vielzahl von Maßnahmen, die im Rahmen einer ambulanten Versorgung oder medizinischen Rehabilitation entweder überhaupt nicht oder nicht in dieser Weise, insbesondere dieser Kombination und Konzentration, ergriffen werden könnten", umfasst. Die Krankenkasse schuldet eine vollstationäre Krankenhausbehandlung allerdings nur, wenn der gesundheitliche Zustand eines Patienten sie aus medizinischen Gründen notwendig macht. Entscheidend sei dabei „immer die medizinische Erfordernisse im Einzelfall; Maßstab kann nicht ein objektiver Patient und dessen abstrakte Krankheitsgeschichte sein."

Ergänzend beschreibt das Bundessozialgericht, dass nicht nur „medizinische Erfordernisse" die Notwendigkeit der Krankenhausbehandlung begründen, vielmehr auch „außermedizinische Gesichtspunkte wie die Lebensumstände und die häusliche Situation des Versicherten zu berücksichtigen sind." Es gelte, „dass neben der Diagnose einer bestimmten Erkrankung auch noch andere, nicht rein medizinische Gründe dafür maßgeblich sein können, ob ein Patient stationär oder ambulant behandelt wird – etwa das Alter eines Versicherten oder sein Allgemeinzustand."

Diese Konkretisierung ist besonders herauszustellen, da Kostenträger in Sozialgerichtsverfahren in der Regel den Sachverhalt lediglich unter medizinischen Erfordernissen und die außermedizinischen Gesichtspunkte als nicht relevant beurteilen. Der Vollständigkeit halber ist aber auszuführen, dass laut Bundessozialgericht ausschließlich außermedizinische Gründe keine Krankenhausbehandlung begründen können. Müsse ein Patient aus medizinischen Gründen nicht mehr zwingend in einem Krankenhaus behandelt werden, gleichwohl aber eine Unterbringung des Versicherten aus anderen Gründen (Pflegebedürftigkeit, Verwahrlosung, Selbst- oder Fremdgefährdung)

---

[100] BDPK-Info Nr. 104 / 2007 vom 01.10.2007

notwendig werden, entstehe kein Vergütungsanspruch gegenüber der gesetzlichen Krankenkasse.[101]

5.2.3.4 Betrachtungshorizont: ex ante[102] oder ex post[103]?

Das Bundessozialgericht hat in einem Urteil von August 1996 klargestellt und in o. g. Urteil vom September 2007 nochmals bestätigt, dass eine rückwärts gerichtete ex post-Betrachtung der stationären Notwendigkeit nicht korrekt ist. Bei jeder Bewertung der ärztlichen Entscheidung muss auf ihren Zeitpunkt abgezielt werden. Sollte sich die Bewertung als unrichtig herausstellen, ist die Krankenkasse nur dann nicht daran gebunden, wenn der Krankenhausarzt ex ante, also zum Zeitpunkt der Entscheidung vorausschauend, hätte erkennen können, dass die Notwendigkeit einer Krankenhausbehandlung nicht begründet ist. Das Bundessozialgericht hat festgelegt, dass aufgrund des Sachleistungsprinzips das Krankenhaus und dessen Ärzte ermächtigt sind, mit Wirkung für die Krankenkasse über die Aufnahme und die erforderlichen Behandlungsmaßnahmen für einen Patienten zu entscheiden. Die Krankenkasse ist dann grundsätzlich an diese Entscheidung gebunden. Ob eine stationäre Krankenhausbehandlung aus medizinischen Gründen notwendig ist, hat das Gericht im Streitfall uneingeschränkt zu überprüfen. Es hat dabei von dem im Behandlungszeitpunkt verfügbaren Wissens- und Kenntnisstand des verantwortlichen Krankenhausarztes auszugehen. Eine „Einschätzungsprärogative" (Anscheinsbeweis) kommt dem Krankenhausarzt nicht zu, was das BSG nochmals in der Entscheidung vom September 2007 bestätigt hat.

Nicht zu verwechseln ist diese ex ante-Sicht mit der DRG-Kodierung, die stets ex post erfolgt. So ist die DRG-Hauptdiagnose eines Falles „die Diagnose, die nach Analyse als diejenige festgestellt wurde, die hauptsächlich für die Veranlassung des stationären Krankenhausaufenthaltes des Patienten verantwortlich ist."[104]

5.2.3.5 Dauer des stationären Aufenthaltes

Immer wieder großer Streitpunkt zwischen Kostenträgern und Krankenhäusern ist die Dauer des stationären Aufenthaltes. Vor allem in den Grenzbe-

---

[101] Bundessozialgericht, Urteil vom 10.04.2008 (B 3 KR 19/05 R)
[102] lat. Synonym für „zuvor" oder „aus früherer Sicht"
[103] lat. Synonym für „danach" oder „aus dem Nachhinein"
[104] Deutsche Kodierrichtlinien, Version 2006, InEK GmbH (www.g-drg.de)

reichen der oberen und unteren Grenzverweildauer finden gehäuft und selektiv Prüfungen statt.

Besonderer Trend der Anfragen ist die Behauptung der Kostenträger, ein Teil der diagnostischen Leistungen hätte auch vorstationär erbracht werden können, was regelhaft zu einer Streichung von DRG-relevanten Belegungstagen führt. Da diese Prüfungen häufig im Bereich der unteren Grenzverweildauer stattfinden, haben Krankenhäuser in solchen Fällen Abschläge in Kauf zu nehmen.

Zu der Problematik, welche Leistungen im Rahmen eines stationären Aufenthaltes vorstationär erbracht werden können oder müssen, gibt es aktuell noch keine Beispiele aus der Rechtsprechung. Vielmehr sind die Krankenhäuser in der Notwendigkeit, Argumente gegen eine vorstationäre präoperative Diagnostik zu finden. Die Diskussionselemente hängen stets vom Einzelfall ab. Denkbar sind mehrere Argumentationslinien:

1. Wie bereits oben erläutert hat das BSG in seinem Urteil vom 04.03.2004 in Bezug auf die Definition einer „vollstationären Behandlung" den Begriff der „physischen und organisatorischen Eingliederung in das spezifische Versorgungssystem des Krankenhauses" geprägt. Unterstellt man nun eine umfassende z. B. präoperative Diagnostik, kann u. U. davon ausgegangen werden, dass diese Maßnahmen nur durch die organisatorische Eingliederung in die Krankenhausabläufe realisiert werden können. Eine vorstationäre Behandlung ermöglicht die Fülle der notwendigen diagnostischen Maßnahmen in dieser Form nicht.

2. Eine andere Argumentation zielt auf die stationäre Notwendigkeit ab. Die unter stationären Bedingungen mögliche Verdichtung diagnostischer bzw. therapeutischer Maßnahmen lässt sich im Einzelfall nicht ambulant oder prästationär erbringen. Eine Operation macht z. B. die Verfügbarkeit zeitnaher Befunde unabdingbar und kann – bei ihrem Fehlen – auch haftungsrechtliche Konsequenzen nach sich ziehen. Eine prästationäre Leistungserbringung könnte also gegenüber einer vollstationären die Qualität der Leistungserbringung dahingehend verschlechtern, als dass die zeitlich gestraffte Taktung der Leistungen unter prästationären Bedingungen nicht gewährleistet ist. Allein durch die Verdichtung könnte sich eine stationäre Notwendigkeit ableiten lassen.

3. Eine dritte – wenn auch schwierige Möglichkeit – stellt eine ökonomische Argumentation dar. Diese bietet sich vor allem an, wenn systematisch Anfragen dieser Art eintreffen und die Aufwendungen für die präoperative Diagnostik regelhaft die Pauschale für eine theoretisch rein vorstationäre Leistung übersteigen. Diese kann bei nachfolgendem DRG-Aufenthalt zwar nicht gesondert abgerechnet werden, repräsentiert aber in ihrer Höhe den ungefähr damit verbundenen Aufwand der vorstationären Behandlung. Unter Berücksichtigung der dem System zu Grunde liegenden „Mischkalkulation" kann aus einer dauerhaften Überschreitung der „prästationären" Kostenanteile gegenüber den fiktiven prästationären Erlösen

165

davon ausgegangen werden, dass diese Form der Leistungserbringung für solche Fälle als nicht geeignet einzuschätzen ist. Eine solche ökonomische Fehlbewertung kann nicht allein und grundsätzlich zu Lasten des Krankenhauses gehen.

4. Gute Chancen auf Erfolg hat das Krankenhaus vor allem bei seelisch, geistig oder körperlich eingeschränkten Patienten. Hier stellt sich bei einer vorstationären Behandlung die wichtige Frage der Zumutbarkeit. Hier gibt es richterliche Schützenhilfe durch ein Urteil des Landessozialgerichts aus NRW. Der Senat teilte hier in einem Fall die Auffassung des Krankenhauses, „dass die Entlassung der Patientin ... und ihre Wiederaufnahme am frühen Morgen des Folgetages (die Patientin ist laut Pflegedokumentation am ... [Folgetag] schon um 10.00 Uhr in die Radiologie gebracht worden) angesichts des Alters der Versicherten [von ca. 78 Jahren] nicht zumutbar war."[105]

Der letztgenannte Fall des LSG NRW ist in Bezug auf die Verweildauer besonders interessant. Hier wurde eine 1923 geborene Patientin vier Tage im Krankenhaus behandelt. Am Aufnahmetag war für den Nachmittag eine angiographische Diagnostik vorgesehen. Da die der Untersuchung der Patientin vorhergehende Untersuchung eines anderen Patienten erst gegen 16.20 Uhr abgeschlossen werden konnte, weil der behandelnde Radiologe zu einem Notfall weggerufen worden war und die für die Durchführung der geplanten 2,5-stündigen Untersuchung der Versicherten benötigte medizinisch-technische Assistentin (MTA) nur bis 17.00 Uhr Dienst hatte, wurde die Angiographie auf den Folgetag verschoben. Die Krankenkasse lehnte nach Begutachtung durch den MDK daraufhin den Aufnahmetag bei der Berechnung der Belegungstage ab und akzeptierte lediglich eine Verweildauer von drei Tagen. Die Verzögerung bei der Durchführung der diagnostischen und therapeutischen Maßnahmen sei organisatorisch bedingt gewesen und könne nicht zu Lasten der Krankenkasse gehen.

Das Landessozialgericht NRW hielt es dagegen in diesem Fall für zu weitgehend, dem Krankenhaus eine organisatorische Verzögerung anzulasten. Zwar sei es zutreffend, dass Notfälle zum Alltag eines Krankenhauses zählen und sie soweit wie möglich bei der Personalplanung und Diensteinteilung berücksichtigt werden müssen. Das LSG führt aber weiter aus, dass es schon aus Wirtschaftlichkeitsgesichtspunkten nicht möglich sei, Personal bzw. Sachmittel für alle denkbaren Fallkonstellationen vorzuhalten. Das Krankenhaus müsse auch nicht durch Anordnung von Überstunden noch den geplanten Eingriff ermöglichen. Der Eingriff hätte nämlich angesichts der geplanten Dauer von über zwei Stunden weit über die reguläre Arbeitszeit hinaus gereicht, sodass im Vergleich zu den infrage stehenden Pflegesätzen

---

[105] Landessozialgericht Nordrhein-Westfalen, Urteil vom 18.01.2006 (Aktenzeichen L 11 (16) KR 358/03)

unverhältnismäßige Personalmehrkosten für das Krankenhaus angefallen wären. Bewertet wurde der Sachverhalt daher primär als Kapazitäts- und nicht als Organisationsproblem.

Darüber hinaus hat das LSG in diesem Fall angemerkt, dass die Einschaltung des Medizinischen Dienstes aufgrund des fehlenden Vorbringens medizinischer Gründe gegen die Notwendigkeit oder Dauer der Behandlung nicht geboten war. Im vorliegenden Fall seien aber die Gründe für die „Verlängerung" des Aufenthaltes klar gewesen. Die Einholung einer Stellungnahme des MDK sei überflüssig gewesen, da die Krankenkasse die Rechtsfrage, „ob organisatorische Mängel vorlagen bzw. ob eine auf organisatorischen Problem beruhende Verzögerung grundsätzlich zu Lasten des Krankenhauses geht, selbst beantworten musste".[106]

Besonders bemerkenswert in diesem Zusammenhang ist auch ein Urteil des Landessozialgerichtes Rheinland-Pfalz, das sich mit der Frage beschäftigen musste, ob es bei der unteren Grenzverweildauer auf die tatsächlich im Krankenhaus verbrachte Verweildauer oder auf die medizinische Notwendigkeit der stationären Behandlung für diese Tage bei Unterschreitung der unteren Grenzverweildauer ankommt. Das Gericht stellt auf die tatsächliche Verweildauer ab. Dies begründet es damit, dass die untere Grenzverweildauer ausschließlich dazu diene, Fehlanreize zu vermeiden, die auf medizinisch nicht gerechtfertigte, frühzeitige Entlassungen zurückzuführen sind. Es würde Sinn und Zweck der unteren Grenzverweildauer widersprechen, eine niedrigere als die tatsächliche Verweildauer zu Grunde zu legen.[107]

5.2.4 Prüfumfang des MDK

Von großem Interesse ist die Frage, welche Unterlagen bei einer Prüfung des Medizinischen Dienstes herangezogen werden müssen. Krankenhäuser erleben die häufig gängige Praxis, grundsätzlich bei Prüfungen ausschließlich den Arztbrief und gegebenenfalls Operationsberichte anzufordern. Hier stellt sich die Frage, ob stets der gesamte Arztbrief für eine Stellungnahme und Prüfung erforderlich ist oder ob nicht vielmehr auf diesem Wege deutlich darüber hinausgehende Daten über den Patienten nach außen gegeben werden. Die Anforderung von ärztlichen Entlassungsberichten, zum Teil ohne konkrete Fragestellung, könnte in nicht unerheblicher Weise das Recht auf Datenschutz der Versicherten berühren. Diese erklären sich zwar bei

---

[106] Landessozialgericht Nordrhein-Westfalen, Urteil vom 18.01.2006 (Aktenzeichen L 11 (16) KR 358/03)
[107] Landessozialgericht Rheinland-Pfalz, Urteil vom 07.02.2008 (Aktenzeichen L 5 KNK 1/07)., Das Urteil ist nicht rechtskräftig.

Unterzeichnung des Behandlungsvertrages mit der Weitergabe von medizinischen Daten zu Zwecken der Abrechnung bereit, wovon jedoch eine willkürliche Anforderung von Informationen ausgeschlossen ist.

Diese Fragestellung wurde zwar noch nicht höchstrichterlich beurteilt, allerdings gibt es bereits ein Urteil des Sozialgerichts Magdeburg. Dieses hatte bereits im September 2003 einem Krankenhaus Recht gegeben.[108] Hier hatte der zuständige MDK allein anhand des Arztbriefes eine negative Entscheidung getroffen. Die Richter waren der Ansicht, dass der Medizinische Dienst alle vorhandenen Erkenntnismöglichkeiten zu nutzen habe. Hierzu zählen insbesondere die Patientenunterlagen, eine Begehung der behandelnden Abteilung und Rücksprache mit den zuständigen Ärzten. Das Ausschöpfen dieser Möglichkeiten sei erforderlich, weil sonst nicht nachgeprüft werden könne, in welchem Umfang die Entscheidung des Krankenhausarztes über die Notwendigkeit und Dauer der Krankenhausbehandlung vertretbar war. Eine Beschränkung des Prüfverfahrens auf die Auswertung des Entlassungsbriefes reiche grundsätzlich nicht aus, weil darin in der Regel nur der wesentliche Behandlungsverlauf beschrieben würde. Nach Auffassung des Sozialgerichts sei es gerade in Zweifelsfällen unumgänglich, anhand der weiteren Krankenunterlagen den Fall nachzuvollziehen.

5.3 Einsichtsrecht der Kostenträger

Aktuelle Trends zeigen, dass Kostenträger unter Umgehung der Einschaltung des Medizinischen Dienstes eigene Plausibilitätsprüfungen von Krankenhauskodierungen durchführen. Hierbei werden teilweise auch Patientendaten aus früheren Aufenthalten oder anderen Versorgungsformen (z. B. ambulante oder Reha-Behandlung) herangezogen. Häufig werden hierfür eigene Ärzte angestellt, z. T. finden sogar gesellschaftliche Ausgründungen statt.
Bei Auffälligkeiten im Rahmen von Fallkodierungen erfolgen dann direkte Kontaktaufnahmen der Krankenkassenmitarbeiter mit dem Krankenhaus. Hierbei sollen Inhalte der medizinischen Behandlung und Kodierung diskutiert werden.
Zu dieser Vorgehensweise hat sich der Bundesbeauftragte für Datenschutz und Informationsfreiheit (BfDI) bereits mehrfach geäußert.[109] Unter anderem in seinem 18. Tätigkeitsbericht (Nr. 21.3) sowie in seinem 19. Tätigkeitsbericht (Nr. 24.1.4) vom 7. Mai 2003 hat er seine Auffassung zur Anforderung von Krankenhausentlassungsberichten und anderen ärztlichen Unterlagen darge-

---

[108] Sozialgericht Magdeburg, Urteil vom 30.09.2003 (Aktenzeichen S 6 KR 126/2003)
[109] http://www.bfdi.bund.de/, zuletzt abgefragt am 12.08.2006

legt und im Internetauftritt des BfDI erneut am 02. Januar 2006 zusammen-gefasst:

- „Die Krankenkassen dürfen Daten nur erheben, wenn sie hierfür eine Befugnis haben. Diese Erhebungsbefugnis hat allerdings ihre Grenzen in für die gesetzliche Krankenversicherung abschließend im Sozialgesetzbuch (SGB) geregelten Übermittlungsbefugnissen der Leistungserbringer.
- Eine Verpflichtung der Krankenhäuser zur Übermittlung von Krankenhausentlassungsberichten, Arztbriefen, Befundberichten, ärztlichen Gutachten, Röntgenaufnahmen usw. an Krankenkassen besteht nicht. Der Datenkatalog der Vorschrift des § 301 SGB V ist nicht nur eine Regelung für die Fälle der maschinenlesbaren Übermittlung von Leistungsdaten, sondern grundsätzlich eine abschließende Regelung zulässiger Datenübermittlungen zu Abrechnungszwecken zwischen Krankenhaus und Krankenkasse.
- § 301 Abs. 1 Satz 1 Nr. 3 SGB V sieht lediglich vor, dass auf Verlangen der Krankenkassen die medizinische Begründung für die Überschreitung der Dauer der Krankenhausbehandlung zu übermitteln ist. Diese Vorschrift eröffnet nicht die Befugnis zur Erhebung von Krankenhausentlassungsberichten, Arztbriefen, Befundberichten, ärztlichen Gutachten, Röntgenaufnahmen usw., sondern vielmehr zur Übermittlung von Antworten auf bestimmte Fragen im erforderlichen Umfang.
- Auch aus § 73 Abs. 2 Nr. 9 SGB V lässt sich keine Verpflichtung von Ärzten zur Übermittlung der vorgenannten Unterlagen an die Krankenkassen herleiten.
- Aufgrund der spezialgesetzlichen Regelungen im SGB V besteht für die Anwendung des § 100 SGB X – soweit es die Übermittlung von Krankenhausentlassungsberichten angeht – kein Raum; dies gilt auch für die zweite Alternative in § 100 Abs. 1 Satz 1 SGB X, nach der eine Übermittlung durch den Arzt dann zulässig ist, wenn der Betroffene im Einzelfall eingewilligt hat. Die Einholung einer Einwilligungserklärung des Versicherten zur Übermittlung der vorgenannten Unterlagen an die Krankenkasse wäre eine Umgehung der gesetzlichen Regelung zur Prüfung der medizinischen Sachverhalte durch den Medizinischen Dienst der Krankenversicherung (MDK). Aus diesem Grunde halte ich die Forderungen der Krankenkassen an Krankenhäuser und Ärzte, bei Vorliegen einer Einwilligungserklärung des Versicherten die vorgenannten Unterlagen an die Krankenkassen zu übermitteln, für rechtlich nicht zulässig.
- Der Gesetzgeber hat die Prüfung medizinischer Sachverhalte ausdrücklich dem MDK übertragen. In § 275 SGB V ist eindeutig geregelt, dass die Krankenkassen beim MDK in folgenden Fällen unter den in dieser Vorschrift genannten Voraussetzungen eine gutachtliche Stellungnahme bei der Erbringung von Leistungen, insbesondere zur Prüfung von Voraussetzung, Art und Umfang der Leistung, zur Einleitung von Rehabilitations-

leistungen sowie in bestimmten Fällen bei Arbeitsunfähigkeit einholen müssen."[110]

Auch zum Verfahren in Bezug auf die Einschaltung des Medizinischen Dienstes vertritt der Bundesbeauftragte für Datenschutz und Informationsfreiheit die folgende eindeutige Auffassung:

- „Nach § 276 Abs. 1 Satz 1 SGB V sind die Krankenkassen verpflichtet, dem Medizinischen Dienst die für die Beratung und Begutachtung erforderlichen Unterlagen vorzulegen und Auskünfte zu erteilen.
- Nach § 276 Abs. 1 Satz 2 SGB V dürfen Unterlagen, die der Versicherte freiwillig der Krankenkasse übermittelt hat, dem MDK nur mit Einwilligung des Versicherten weitergegeben werden.
- § 276 Abs. 2 Satz 1 SGB V regelt die Befugnis des MDK, Sozialdaten zu erheben, soweit dies für die Prüfungen, Beratungen und gutachtlichen Stellungnahmen nach § 275 SGB V erforderlich ist. Die Leistungserbringer sind nach § 276 Abs. 2 Satz 1 2. Halbsatz SGB V verpflichtet, Sozialdaten – gemeint sind personenbezogene Daten, Unterlagen einschließlich Befundunterlagen, auch von anderen Leistungserbringern – dem MDK zu übermitteln. Die Versendung sollte unmittelbar an den MDK erfolgen.
- Falls die Anforderung nicht durch den MDK, sondern durch die Krankenkasse zur Weiterleitung an den MDK erfolgt, ist die Versendung auch an die Krankenkasse hinnehmbar, wenn die medizinischen Unterlagen in einem gesonderten, verschlossenen Umschlag übersandt werden, der mit der Anschrift des MDK sowie einem Vermerk „ärztliche Unterlagen – nur vom MDK zu öffnen" versehen ist. Damit wird sichergestellt, dass eine unzulässige Einsichtnahme in die Krankenhausentlassungsberichte durch die Krankenkasse nicht erfolgt."[111]

Die Auffassung des Bundesbeauftragten für Datenschutz und Informationsfreiheit wurde auch durch das Bundessozialgericht bestätigt (Urteil vom 23. Juli 2002 – B 3 KR 64/01 R). Krankenkassen dürften nicht selbst Einsicht in die Behandlungsdokumentation verlangen, sondern sind auf das Tätigwerden des Medizinischen Dienstes (MDK) angewiesen.

Der Bundesdatenschutzbeauftragte legte auf der Internetseite am 02.06.2006 erneut dar, dass er die oben genannte Auffassung bei der Bearbeitung von Eingaben zu Grunde legen werde. Auch habe er dies den Spitzenverbänden der Krankenkassen erneut mit der Bitte um Information der Mitgliedskrankenkassen mitgeteilt.

---

[110] http://www.bfdi.bund.de/cln_030/nn_531474/DE/Themen/GesundheitUndSozia les/KrankenPflegeversicherung/Artikel/Krankenhausentlassungsberichte.html__ nnn=true, zuletzt abgefragt am 12.08.2006

[111] http://www.bfdi.bund.de/cln_030/nn_531474/DE/Themen/GesundheitUndSozia les/KrankenPflegeversicherung/Artikel/Krankenhausentlassungsberichte.html__ nnn=true, zuletzt abgefragt am 12.08.2006

5.4 Anfragenmanagement

Seit DRG-Einführung zeigt sich ein zum Teil deutlich verändertes Anfrageverhalten der Kostenträger. Durch die jetzt in der Regel vollständige Bereitstellung der bei einem Patienten behandelten Diagnosen und erbrachten Prozeduren wird es den Krankenkassen ermöglicht, eigene Plausibilitätsprüfungen durchzuführen. Hierzu wurden bei einigen Kostenträgern eigene Softwareprogramme entwickelt, die durch Prüfroutinen entsprechende Fälle identifizieren. Hierbei spielen häufig nicht nur die Daten des aktuellen Aufenthaltes eine Rolle, sondern auch Informationen aus Voraufenthalten werden herangezogen. So kann zum Beispiel leicht festgestellt werden, wenn Nebendiagnosen neu auftreten oder in welchen Versorgungsformen Patienten früher schon einmal behandelt wurden.

Da sowohl Krankenhäuser als auch Kostenträger nun bereits ein paar Jahre Erfahrung mit dem deutschen DRG-System sammeln konnten, verbessern sich sowohl die Kodierqualität auf Seiten der Leistungserbringer als auch die Qualität der Anfragen auf der Abrechnungsseite. Trotz personeller Aufstockung des MDK ist die beauftragte Gutachtenmenge kaum überschaubar, sodass dem Engpass nur dadurch begegnet werden kann, dass nur qualifizierte Anfragen mit hoher „Trefferquote" durchgeführt werden.

Insgesamt lässt sich im DRG-Zeitalter ein zweiphasiges Anfrageverhalten erkennen. In der ersten Phase zu Beginn des neuen Abrechnungssystems stand die Qualität der Kodierung im Vordergrund. Im Fokus lag die Zahl der Nebendiagnosen sowie die Wahl der korrekten Hauptdiagnose. Ziel auf Seiten der Krankenkassen war es, auf jeden Fall Upcoding der Krankenhäuser aufzudecken. Da die Kodierqualität der Krankenhäuser mit den Jahren deutlich besser wurde, konzentriert man sich in der seit geraumer Zeit spürbaren zweiten Phase mehr auf die Notwendigkeit und Dauer eines stationären Aufenthaltes. Da hier zum Teil ganze Behandlungen infrage gestellt werden, sind für Krankenhäuser die finanziellen Risiken solcher Prüfungen umso höher.

Aufgrund der Professionalisierung auf Seiten der Kostenträger ist es für Krankenhäuser unabdingbar, auch hier entsprechende Maßnahmen zu treffen. Hier sollte zunächst die Ablauforganisation der Anfragenbearbeitung optimiert werden. In Kapitel 1.2 wurden bereits die unterschiedlichen Modelle für die Kodierung diskutiert. An dieser Stelle soll vorgestellt werden, wie effektiv und effizient mit den aus der Abrechnung resultierenden Anfragen umgegangen werden kann.

5.4.1 Klassifikation der Anfragen (administrativ/medizinisch)

Zunächst sollte vom Krankenhaus ein einheitliches Klassifikationsschema für Anfragen entwickelt werden, das an die hausspezifischen Gegebenheiten angepasst ist (Beispiel siehe Tabelle 36). Grundsätzlich lässt sich eine Auf-

Tabelle 36: Beispiel-Klassifikation für Kostenträgeranfragen

administrativ		medizinisch	
A1	Patient ist nicht versichert	M1	Fallzusammenführung erforderlich
A2	Zuständigkeit eines anderen Kostenträgers	M2	OGVD-Überschreitung nicht nachvollziehbar
A3	prozentuale Aufteilung der Kostenträger nicht korrekt	M3	UGVD-Überschreitung nicht nachvollziehbar/prästationäre Teilleistungserbringung möglich
A4	Unvollständigkeit der Unterlagen (KÜA, KÜV fehlt)	M4	MVD-Überschreitung bei Verlegung nicht nachvollziehbar
A5	UGVD/OGVD-Abschlag nicht korrekt berücksichtigt	M5	Schweregrad/Nebendiagnosen nicht nachvollziehbar
A6	Verlegungsabschlag nicht korrekt berücksichtigt	M6	Kodierfehler (falsche HD, falsche Kodes, Verstoß DKR usw.)
A7	Berechnung Zusatzentgelt(e) nicht korrekt	M7	Prüfung „stationäre Notwendigkeit" (außer amb. OP)
A8	Berechnung nachstationäre Pauschale nicht gerechtfertigt	M8	Prüfung „stationäre Notwendigkeit" (da amb. OP möglich)
A9	Begleitperson-Abrechnung nicht korrekt	M10	Prüfung „besonderer Behandlungsverlauf"
A10	Übermittelte Daten ergeben nicht die Rechnungswerte	M11	Prüfung „Behandlungsfehler"
A11	Rechnung ist korrekt, trotzdem Schriftverkehr	M12	Prüfung „Arbeitsunfähigkeit"
A12	Rechnungskürzung, da keine DFÜ-Übermittlung	M13	Unterlagenanforderung für den MDK (ohne nähere Begründung)

teilung in administrative und medizinische Anfragen vornehmen. Die Zuordnung ermöglicht später eine differenzierte Auswertung, die hilft, interne Schwachstellen zu identifizieren und allgemeine Trends frühzeitig zu erkennen.

Die alleinige mengenmäßige Dokumentation der Anfragen ist aber nicht ausreichend. Sofern im Krankenhaus-Informations-System keine Möglichkeit der Erfassung gegeben ist, sollte hilfsweise eine eigene Form der Dokumentation entwickelt werden. Hier reicht prinzipiell ein Tabellenkalkulationsprogramm aus, da bei entsprechender Konzeption Auswertungen leicht möglich sind.

Zentrale Felder einer eigenen Erfassung von Anfragen zeigt die Tabelle 37:

Tabelle 37: Datenfelder für die Dokumentation von Kostenträgeranfragen

Patienten-daten	Aufenthalts-daten	Anfragen-art	Abrech-nungs-daten (vor Prüfung)	Abrech-nungs-daten (nach Prüfung)
Name des Patienten	Aufnahme-datum	Eingangs-datum	DRG	DRG
Geburts-datum des Patienten	Entlassungs-datum	Anfrage-kategorie	Verweil-dauer*	Verweildauer
Kosten-träger	Fall-Num-mer des Patienten	Status der Bearbei-tung** mit jeweiligem Datum	effektives CW	effektives CW
Lebens-nummer des Pa-tienten	Aufenthalt < 24 Stunden	Bemer-kungen***	Rechnungs-betrag****	Rechnungs-betrag

* relevant vor allem bei Anfragen, die Zu- und Abschläge (OGVD, UGVD, Verlegung) betreffen; ** möglich: gesehen, in Bearbeitung (intern), Antwort an Kostenträger ab, im Widerspruch, erledigt; *** z. B. angeforderte Unterlagen; **** wichtig u. a. für Anfragen, bei denen „vorher/nachher" nicht über das effektive CW abgebildet werden kann (z. B. Anfragen zu Zusatzentgelten, nachstationärer Pauschale)

Die Übersicht zeigt, dass der Dokumentationsaufwand nicht unerheblich ist, sodass technisch unterstützten Lösungen im Rahmen des Krankenhaus-Informations-Systems der Vorzug gegeben werden muss.

Ergänzend zur automatischen Datenübernahme der Patienteninformationen sollte ein gutes Erfassungstool zusätzlich Unterstützung bei der (teil-)automatischen Erstellung von Antwortschreiben sowie bei der Vorbereitung der Datenzusammenstellung einer Stichprobenprüfung nach § 17c KHG bieten. Schließlich sollten auch statusbezogene Auswertungen (Stand der Anfragenbearbeitung) möglich sein.

5.4.2 Prozess der Anfragenbearbeitung

Der Ablauf der Anfragenbearbeitung muss klar und für alle verbindlich geregelt werden. Hierzu sind insbesondere die konkreten Abläufe zu definieren für die

- Einzelfallprüfung „medizinisch"
- Einzelfallprüfung „administrativ"
- Stichprobenprüfungen
- Widersprüche zu MDK-Gutachten und
- Sozialgerichtsverfahren.

Einen beispielhaften Prozessablauf für die medizinische Einzelfallprüfung zeigt die Abbildung 12.

Besonders wichtig ist in diesem Zusammenhang die genaue Definition, wer wann was zu erledigen hat. Bei der Dokumentation des Bearbeitungsstatus (siehe oben) sollten diese Triggerpunkte ebenfalls berücksichtigt werden.

Generell ist auch das Ende jedes Prozesses genau zu berücksichtigen. Gerade für das Krankenhaus positive Gutachten werden oftmals nur an den Kostenträger geschickt. Auch hier sollte das Krankenhaus beim prüfenden MDK eine Ausfertigung des Gutachtens einfordern und an die Fachabteilung weitergeben.

5.4.3 Widerspruchs- und Sozialgerichtsverfahren

Viele Krankenhäuser geben nach Eingang eines für sie negativen MDK-Gutachtens direkt auf. Hierbei wird übersehen, dass vom Medizinischen Dienst die Prüfung nur mit einer Auswahl der Patientenunterlagen durchgeführt wurde. In der Regel prüft der MDK zunächst lediglich anhand des ärztlichen Entlassungsberichtes. Da dieser primär für die weiterbehandelnden Ärzte formuliert ist, können abrechnungsrelevante Daten fehlen, was zu einer negativen MDK-Beurteilung führen kann. Wie oben ausgeführt, wird das Zweitgutachten nach einem Widerspruch von einem MDK-Facharzt

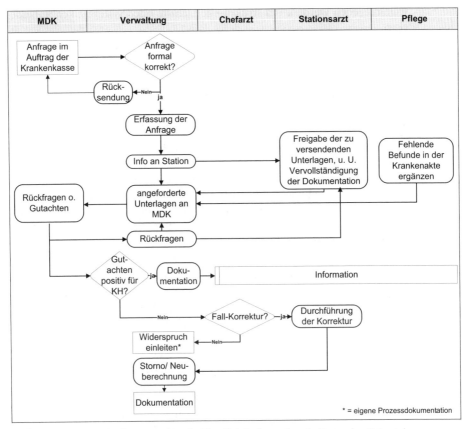

Abbildung 12: Beispiel-Prozess für die Einzelfal-Anfragenbearbeitung der Kategorie „medizinisch" (ohne Widerspruchsverfahren)

derselben Fachrichtung durchgeführt, was auch dafür spricht, von dieser Möglichkeit Gebrauch zu machen.

Jedes negative MDK-Gutachten sollte aus diesen Gründen der Fachabteilung mit der Bitte um Stellungnahme vorgelegt werden. Hier darf der Hinweis auf die möglicherweise entgangenen Erlöse nicht fehlen. Optimal ist es, wenn in jeder Abteilung jeweils ein ärztlicher Ansprechpartner (Oberarzt oder erfahrener Assistent) für diese Fragen zur Verfügung steht. Über einen variablen Vergütungsanteil oder ein Bonussystem in Bezug auf erfolgreiche Widersprüche lässt sich die Motivation deutlich steigern. Gleichzeitig erhalten die Verantwortlichen eine größere Sicherheit aufgrund der höheren Anzahl beantworteter Gutachten. Durch abteilungsinterne Schulungen muss gewährleistet werden, dass die Erkenntnisse aus den Gutachten an alle Mitarbeiter

175

weitergegeben werden, um strukturelle Defizite oder Systematiken aufzudecken.

Erfolgt die Formulierung von Widersprüchen gegen MDK-Gutachten durch die Verwaltung – was bei entsprechendem Ausbildungsstand prinzipiell auch denkbar ist –, sollte vor Versand das Gutachten auf jeden Fall dem Chefarzt der Abteilung vorgelegt werden. Kommt es nämlich später zum Sozialgerichtsverfahren, muss vor allem der medizinisch Verantwortliche die in dem Gutachten gemachten Aussagen vertreten können.

Eine weitere Möglichkeit der Anfragenbearbeitung ist die Etablierung einer Arbeitsgruppe, in der sowohl Mitarbeiter der Verwaltung als auch Vertreter der Ärzteschaft und Pflege vertreten sind. Dieses „Review"-Team trifft sich regelmäßig und begutachtet die strittigen Patienten anhand der medizinischen Dokumentation. In einem Ergebnisprotokoll wird die Argumentationslinie für einen Widerspruch festgelegt, der dann von speziell geschulten Mitarbeitern ausformuliert werden kann.

Zu dem vom Krankenhaus formulierten „Widerspruch" gegen ein vorliegendes MDK-Gutachten ist zu sagen, dass darunter jedoch kein gesetzlich vorgesehener Widerspruch mit Suspensiveffekt im Sinne eines Rechtsbehelfs zu verstehen ist. Bundesgesetzlich ist diese Möglichkeit nämlich nicht geregelt. Der Widerspruch kann lediglich deutlich machen, dass das Krankenhaus nicht mit dem Ergebnis einer MDK-Prüfung einverstanden ist:
„Führt das MDK-Gutachten zu einer Kürzung des Rechnungsbetrages, wird die Krankenkasse entweder lediglich den gekürzten Rechnungsbetrag überweisen oder den Kürzungsbetrag mit späteren Krankenhausrechnungen aufrechnen. Die zweite Alternative wird in der Praxis häufiger sein. Einzige Reaktion des Krankenhauses kann in beiden Fällen ausschließlich die Erhebung einer Leistungsklage vor dem zuständigen Sozialgericht gegen die kürzende Krankenkasse sein, gerichtet auf Zahlung des vollständigen Rechnungsbetrages, zuzüglich Zinsen sowie der Aufwandspauschale in Höhe von 100,- Euro nach § 275 Abs. 1c SGB V." [112]

Grundsätzlich lässt sich zum Sozialgerichtsverfahren sagen, dass dieses Mittel gut durchdacht sein sollte. Die Gerichte werden diesbezüglich auch deutlich sensibler, was ein Urteil des Landessozialgerichts vom 18.01.2006 (Aktenzeichen L 11 (16) KH 358/03, Revision nicht zugelassen) zeigt. In einem Streit zwischen beklagter Krankenkasse und klagendem Krankenhaus ging es um einen streitigen Betrag in Höhe von 93,68 Euro zuzüglich Zinsen.
In der Urteilsbegründung heißt es wörtlich: „Der Senat erlaubt sich angesichts der Höhe des streitigen Betrages die Bemerkung, dass vor dem Hintergrund der für das Verfahren angefallenen Gerichtskosten und des auf Seiten der

---

[112] Quelle: Anlage zum DKG-Rundschreiben Nr. 279/2007 vom 15. November 2007;
Die häufigsten Fragen (FAQ) zur Einzelfallprüfung nach § 275 SGB V

Beteiligten (sowie des Gerichts) angefallenen Personalaufwands kaum von einem ökonomisch sinnvollen Verhalten der Beteiligten gesprochen werden kann, zumal das Verfahren nicht der Klärung einer grundsätzlichen Rechtsfrage gedient hat."[113]

5.4.4 Zusammenarbeit mit Kostenträgern und dem Medizinischen Dienst

Eine gute und konstruktive Zusammenarbeit mit Kostenträgern und MDK erleichtert vor allem die Lösung von strittigen Fällen. An dieser Stelle soll beispielhaft skizziert werden, wie die Kooperation verbessert werden kann:

- Abstimmung der Vorgehensweise bei „kritischen" Fällen: Bei Patienten, die die obere Grenzverweildauer erreichen, kann mit den Krankenkassen zum Beispiel vereinbart werden, dass das Krankenhaus automatisch einen Verlängerungsantrag mit medizinischer Begründung verschickt. Bei Fällen, die in den Bereich der theoretisch möglichen ambulanten OP fallen, kann generell vorab eine Kostenzusage eingeholt werden.
- Einladung von Mitarbeitern von Kostenträgern zu internen Schulungsmaßnahmen zu Kodierung und Abrechnungsrecht
- regelmäßige Treffen mit dem zuständigen Medizinischen Dienst mit beiderseitigem Austausch von Auffälligkeiten. Manche MDK bieten sogar Schulungen für die Krankenhausärzte an, die häufig im kleinen Kreis stattfinden und daher besonders effektiv sind.

Auch die Krankenkassen versuchen, durch eine engere Zusammenarbeit mit dem Medizinischen Dienst die Zahl der MDK-Prüfaufträge zu minimieren. So haben sich vielerorts sogenannte Sozialmedizinische Fallberatungen (SFB) etabliert. Hauptaufgabe der SFB ist die Vorauswahl von Fällen, die vom MDK im Rahmen einer Prüfung nach § 275 Abs. 1 SGB V zu begutachten sind. Diesen Beratungen kommt somit daher ein vorbereitender Charakter zu. Sie stellen keine Begutachtung im Sinne des § 275 Abs. 1 SGB V dar. Hierbei ist für Krankenhäuser zu beachten, dass eine Sozialmedizinische Fallberatung eine rein interne Abstimmung zwischen Krankenkasse und Medizinischem Dienst darstellt, weswegen ihr abschließendes Urteil auch keinem hinreichend substantiierten Gutachten nach § 275 Abs. 1 SGB V entspricht und somit auch keine Rechnungskürzung durch die Krankenkasse oder Abrechnung der Aufwandspauschale durch das Krankenhaus rechtfertigt.

---

[113] LSG NRW, Urteil vom 18.01.2006 – L 11 (16) KR 358/03, eingesehen auf www.sozialgerichtsbarkeit.de, zuletzt abgefragt am 25.07.2006

5.4.5 Checkliste für die Anfragen-Bearbeitung

Empfehlenswert ist die Abstimmung einer unternehmensweit einheitlichen Vorgehensweise beim Umgang mit Kostenträger- und MDK-Kontakten. Auf allen Handlungsebenen muss definiert werden, wie die Kommunikation und Datenweitergabe durchgeführt werden muss. Die Tabelle 38 zeigt beispielhaft eine Checkliste, die den Mitarbeitern der Abrechnung und der medizinischen Fachabteilungen zur Verfügung gestellt werden kann:

Tabelle 38: Checkliste für die Bearbeitung von Kostenträger-Anfragen

1. Anfragearten und Anfragevolumen dokumentieren
2. Bei allen Auskünften die Bestimmungen des Datenschutzes einhalten
3. Keine Beantwortung von Anfragen ohne Begründung (Mitteilung zum Prüfungsanlass und Prüfungsauftrag)
4. Grundsätzlich Anfragen nur schriftlich entgegennehmen
5. Grundsätzlich Anfragen nur schriftlich beantworten
6. Falls doch mündliche Kontakte mit dem MDK stattfinden: Erstellung einer Aktennotiz: • Wer hat mit wem gesprochen?   • Welche Auskünfte wurden gegeben?   • Welche Ergebnisse wurden besprochen?
7. Keine Herausgabe von Originalunterlagen
8. Nur die geforderten Unterlagen versenden
9. Dem Kostenträger (auch ärztlichen Mitarbeitern) keine medizinischen Erklärungen oder Auskünfte geben
10. Kommunikation zu Kostenträgern und MDK immer über einen Mitarbeiter der Verwaltung koordinieren
11. Prüfungsergebnis dokumentieren

Von zentraler Bedeutung ist es, nur Anfragen zu akzeptieren, die substantiiert sind (siehe Punkt Nr. 2 in Tabelle 38). Das bedeutet, dass vom MDK unbedingt der Prüfungsanlass genannt werden muss. Hier muss mitgeteilt werden, was genau geprüft werden soll (z. B. Notwendigkeit oder Dauer des stationären Aufenthaltes, Wahl der Hauptdiagnose, bestimmte Nebendiagnosen o. Ä.). Anfragen, die allgemein Patientenunterlagen anfordern ohne den detaillierten Grund zu nennen, sollten von den Krankenhäusern in dieser Form nicht akzeptiert werden.

Insbesondere auch der in Tabelle 38 unter 10. genannte Punkt hat eine besondere Relevanz. Die direkte Kommunikation zwischen Ärzten und Mitarbeitern der Krankenkasse führt häufig zu Missverständnissen. Zwischen der medizinischen Betrachtung eines Patienten und seiner formalen administrativen Abrechnung liegen hinsichtlich der sprachlichen Formulierungen zum Teil deutliche Unterschiede. Die Bezeichnungen „krank" und „gesund" finden nicht immer abrechnungsrelevante Korrelate, was wiederum auf Seiten der Mediziner auf Unverständnis stoßen kann.

Generell sollten durch geeignete Schulungsmaßnahmen einheitliche Sprachregelungen vermittelt und Hinweise für den korrekten Umgang mit Anfragen gegeben werden. Auch die Rückmeldung der Ergebnisse der Dokumentation der Kostenträger- und MDK-Kontakte kann den Mitarbeitern helfen, gerade bei besonders häufigen Anfragekonstellationen systematische Fehler frühzeitig zu erkennen und zu vermeiden. Bei Chefärzten ist sogar denkbar, die Anzahl der für die Kostenträger erfolgreiche Anfragen in ein leistungsorientiertes Vergütungselement zu integrieren.

Insgesamt sollte das Thema Kostenträger- und MDK-Anfragen einen wichtigen Platz in der Aufbau- und Ablauforganisation eines Krankenhauses einnehmen. Die Risiken im Hinblick auf eine Liquiditätsbelastung bis hin zu Erlöseinbrüchen müssen eng beobachtet und durch eine Dokumentation von Anfragemenge und -arten gesteuert werden. Darüber hinaus sind allen betroffenen Mitarbeitern die rechtlichen Grundlagen zu vermitteln, die auch die aktuelle Rechtsprechung berücksichtigen.

5.5 Stationäre Notwendigkeit – G-AEP

Seit April 2004 sind auch in Deutschland durch Veröffentlichung gemeinsamer Empfehlungen der Deutschen Krankenhausgesellschaft (DKG) und der Spitzenverbände der Krankenkassen sogenannte G-AEP[114]-Kriterien in Kraft getreten. Hierbei handelt es sich um einen Kennzahlenkatalog, der die Notwendigkeit oder Angemessenheit einer stationären Behandlung begründen soll. Ziel der Liste ist es, für jeden der stationären Krankenhauspatienten bei Aufnahme mittels der definierten Kriterien zu entscheiden, ob eine Krankenhausaufnahme erfolgen kann und soll.

Grundlage und Basis dieser Einigung zwischen DKG und Kostenträgern ist das Krankenhausgesetz (KHG) vom 23.04.2002, das in § 17c Abs. 4 Nr. 9 entsprechende Empfehlungen für das im gleichen Paragraphen geregelte Prüfverfahren des medizinischen Dienstes der Krankenkassen gibt. Seit dem 15.04.2004 besteht die Möglichkeit, statt der bislang üblichen verdachtsabhängigen Einzelfallprüfungen nach §§ 275 ff. SGB V sogenannte Stichprobenprüfungen von stationären Fällen durchzuführen. Diese Prüfungen haben insbesondere drei Ziele. Zunächst soll eine mögliche Fehlbelegung

---

114 G-AEP steht für German Appropriateness Evaluation Protocol

ausgeschlossen werden. Ferner sollen aber auch vorzeitige Verlegungen und Entlassungen aus wirtschaftlichen Gründen identifiziert werden. Schließlich soll auch die ordnungsgemäße Abrechnung der Fälle einer Prüfung unterzogen werden. Gerade der erste Punkt – die Fehlbelegungsprüfung in Form der stationären Notwendigkeit oder Angemessenheit – hauptsächlich anhand der G-AEP-Kriterien erfolgen. Die Krankenhäuser stehen seitdem vor der Entscheidung, wie diese Überprüfung und vor allem auch die Dokumentation der Kriterien im Rahmen der stationären Aufnahme umgesetzt werden kann. Auf die Ärzte kommt ein weiterer Verwaltungsmehraufwand zu, denn die qualifizierte Aufnahmeentscheidung liegt einzig in ihren Händen. Das war zwar bislang nach § 39 SGB V schon lange die ärztliche Aufgabe, die neue Klassifizierung in einem Kriterienkatalog stellt aber darüber hinausgehende Anforderungen.

Der G-AEP-Katalog besteht derzeit aus sechs unterschiedlichen Gruppen.[115] In Kriteriengruppe A wird die Schwere einer Erkrankung abgebildet. Hier sind Punkte enthalten wie plötzliche Bewusstseinsstörung, erhebliche Blutdruck- und Pulsschwankungen, lebensbedrohliche Infektion und weitere akute Zustände. Die meisten der insgesamt 12 Kriterien gelten allerdings nicht eigenständig, sondern müssen mit einem Kriterium der Gruppe B kombiniert werden, das die Intensität der Behandlung beschreibt.

Falls der Patient für eine Operation vorgesehen ist, kann mithilfe der Kriteriengruppe C entschieden werden, dass diese Operation nicht ambulant erbracht werden kann. Für diesen Fall und bei anderen krankenhausspezifischen Maßnahmen können mit den Kriterien der Gruppen D bis F schwere Begleiterkrankungen, die Notwendigkeit intensiver Betreuung in Verbindung mit den geplanten Maßnahmen sowie soziale Faktoren die stationäre Notwendigkeit begründen.

Für jeden Patienten muss vom aufnehmenden Arzt zum Zeitpunkt der Aufnahme ein (bzw. in den Gruppen A und B in Kombination) Kriterium dokumentiert sein. Hierbei handelt es sich zwingend um eine ärztliche ex ante-Sicht. Es ist zu prüfen, ob und wieweit zum Zeitpunkt der Aufnahmeuntersuchung aus seiner Sicht eine hausärztliche oder fachärztliche ambulante bzw. vorstationäre Behandlung bzw. eine ambulante Operation zwingend unmöglich ist.

Die Empfehlungen weisen aber zudem ausdrücklich darauf hin, dass über die Kriterien hinausgehend das ärztliche Ermessen sowohl beim Krankenhausarzt als auch beim später prüfenden MDK-Arzt einen hohen Stellenwert hat. Der Arzt hat stets die Möglichkeit, durch eine „override option" weitere, frei

---

115 Die komplette Liste der G-AEP-Kriterien steht auf den Internetseiten der AOK zum Download zur Verfügung: http://www.aok-gesundheitspartner.de/bundesverband/ krankenhaus/abrechnung/pruefung/, zuletzt abgefragt am 01.08.2006

definierte Kriterien anzuwenden. In dem Empfehlungstext werden an verschiedenen Stellen Beispiele für solche Fälle genannt.

Ein besonderer Aspekt ist hierbei ein dokumentierter Zusatznutzen durch die Verdichtung diagnostischer Maßnahmen. Dies kann zum Beispiel bei Patienten mit Tumorverdacht, einer progredienten Symptomatik, hohem Fieber, starken Schmerzen, notwendiger endokrinologischer Funktionsdiagnostik, eingeschränkter Mobilität oder eingeschränkter häuslicher Versorgung der Fall sein. In solchen Fällen wäre dann – sofern die Sachverhalte dokumentiert sind – ein G-AEP-Kriterium entbehrlich.

Dies trifft auch zu für haftungsrechtliche Erfordernisse, die häufig im Nachtdienst oder Notfall auftreten. Hierbei handelt es sich um selbst eingeschränkt kommunikationsfähige Patienten, bei denen eine Fremdanamnese auch nicht sicher möglich ist (z. B. unklare Stürze, auffällige EKG-Veränderungen usw.) und die aus Haftungssicht unter Beobachtung gehalten werden müssen.

Ein weitere Möglichkeit einer „Override Option" ist die Exazerbation einer chronischen Erkrankung. Hier sollte auch insbesondere dokumentiert sein, dass die Behandlung im niedergelassenen Bereich versucht wurde, aber nicht erfolgversprechend war. Dies betrifft auch Patienten mit eher untypischer Klinik bestehender Beschwerden (zum Beispiel Angina pectoris bei liegendem Koronarstent).

Die erforderliche Dokumentation der Notwendigkeit einer stationären Aufnahme stellt hinsichtlich der Ablauforganisation eine besondere Herausforderung für die Krankenhausträger dar. Für die Ärzte bedeutet dies einen erhöhten administrativen Aufwand. Die Aufnahmeentscheidung muss mit G-AEP-Kriterium oder „Override Option" nachvollziehbar und für eine MDK-Prüfung ausreichend dokumentiert sein. In vielen Häusern ist die Dokumentation der G-AEP-Kriterien auch Jahre nach ihrer Einführung noch nicht umgesetzt. Vielfach wird aufgrund der derzeit bundesweit noch eher geringen Zahl durchgeführter Prüfungen davon ausgegangen, dass mit Stichprobenprüfungen nicht zu rechnen bzw. die Vorbereitungsphase vor einer Prüfung ausreichend ist, um die notwendige Nachdokumentation durchzuführen.

Hierbei wird vielfach übersehen, dass die Dokumentation auch eine Chance darstellt. Die bislang ohnehin notwendige Entscheidung über die stationäre Aufnahme nach § 39 SGB V wird durch die neue Klassifikation auf eine neue rechtliche Basis gestellt. Dies kann unter anderem für Haftungsfragen relevant werden. Dem Arzt werden klare Maßstäbe an die Hand gegeben, die seine medizinische Entscheidung unterstützen können. Nach wie vor liegt die Entscheidung in seiner Hand und er trägt die Verantwortung. Aber vor allem jüngere Kollegen scheuten in der Vergangenheit, in der Aufnahmesituation Patienten wieder „nach Hause zu schicken". Durch den Kriterienkatalog hat man eine Argumentationshilfe für solche Patienten in der Hand.

Klar dokumentierte G-AEP-Kriterien helfen auch bei verdachtsabhängigen Einzelfallprüfungen der Krankenkasse. Bei der Überprüfung der stationären Notwendigkeit kann die Benennung des G-AEP-Kriteriums helfen, dem MDK-Arzt die Prüfung zu erleichtern. Vielfach lässt sich aus den standardmäßig angeforderten Entlassungsbriefen die für die Entscheidung der stationären Notwendigkeit erforderliche ex ante-Sicht nicht herauslesen. Der Praktikabilität halber beschränken sich Arztbriefe in der Regel auf die ex post-Sicht, die schließlich auch der übrigen DRG-Abrechnung zu Grunde liegt.

Darüber hinaus muss den Krankenhäusern klar sein, dass im Falle einer MDK-Massenprüfung das Augenmerk der Prüfärzte sicher auf Fälle gelegt wird, bei denen die G-AEP-Kriterien nicht oder schlecht dokumentiert sind. Denn bei der Fülle der Aufgaben des MDK wird sicher auch hier eine zügige und vor allem effektive Prüfung angestrebt. Eine Detailprüfung von jedem Fall ist schon aus Zeitgründen nicht möglich, sodass bei sorgfältiger Erfassung der G-AEP-Entscheidung ein Zeitgewinn für alle Beteiligten erreicht werden kann.

Da viele Aufnahmetatbestände bislang noch nicht über die G-AEP-Kriterien abbildbar sind, ist es bei der Umsetzung im jeweiligen Krankenhaus sinnvoll, den offiziellen Katalog um eigene Kriterien zu erweitern, die bei einer späteren Stichprobenprüfung Basis für die o. g. override option darstellen können. In der gemeinsamen Empfehlung wird in der Präambel zu dem Katalog der Kriterien zudem ausdrücklich festgehalten, dass diese Kriterien „nicht alle stationären Behandlungsnotwendigkeiten abbilden" können. Beispielhaft sollen im folgenden sechs mögliche eigene Kriterien genannt werden, die in einen vorhandenen hausindividuellen G-AEP-Bogen eingearbeitet werden könnten:

1. Die Verdichtung diagnostischer Maßnahmen durch die stationäre Behandlung führte zu einem deutlichen Zusatznutzen, sodass die Notwendigkeit der stationären Behandlung unzweifelhaft vorgelegen hat.
   [Hier muss eine individuelle Begründung folgen.]

Beispiele für solche Patienten:

- Abklärung eines Tumorverdachts [also z. B. auch durch Koloskopie] bei
  - Patienten mit progredienter Symptomatik (A10)
  - Patienten mit starken Schmerzen (A10)
  - eingeschränkter Nahrungsaufnahme
  - eingeschränkter Mobilität
  - fehlender häuslicher Versorgung
  - invasiven Untersuchungen, die mit erhöhtem Prozedurrisiko verbunden sind oder im KV-Bereich nicht durchgeführt werden.

- z. B. Abklärung einer Synkope bei
  - Linksschenkelblock
  - Medikation mit QT-Verlängerung
  - hohem Alter
  - erheblichen Verletzungen
  - Palpitationen/Angina Pectoris vor der Synkope
  - V.a. Aortenstenose
  - Anstrengungssynkope
  - plötzlichem Herztod in der Familie
  - häufigen Rezidiven
  - schwerer Dehydratation
- Endokrinologische Abklärungen
- Endokarditis (Blutkulturdiagnostik)
- Allgemein: Erkrankungen, bei denen umfangreiche diagnostische Maß-nahmen notwendig sind, die – wenn man sie ambulant erbringen würde – den Besuch zahlreicher Stellen (z. B. verschiedener Fachärzte) erfor-dern würden und bei denen z. B. dieser zeitliche Mehrbedarf eine nega-tive Auswirkung auf den Krankheitsverlauf nehmen könnte.

2. Die Verdichtung therapeutischer Maßnahmen durch die stationäre Be-handlung führte zu einem deutlichen Zusatznutzen, sodass die Notwen-digkeit der stationären Behandlung unzweifelhaft vorgelegen hat.
[Hier muss eine individuelle Begründung folgen.]

Beispiele für solche Patienten:

- Onkologische Patienten oder Krankheitsbilder, bei denen die zeitliche Komponente eine besondere Rolle spielt
- Z. B. Schmerztherapie bei Bandscheibenvorfall, da Kombination aus verschiedenen Therapieverfahren (Infiltration, Physiotherapie, Physika-lische Medizin, Psychotherapie, Lagerungsbehandlung usw.), die in die-ser Verdichtung ambulant nicht bzw. nicht in dieser kompakten Form zu realisieren wäre.

3. Bei dem Patienten hat ein subakuter Zustand vorgelegen, der eine statio-näre Behandlung notwendig gemacht hat.
[Hier muss eine individuelle Begründung folgen.]

4. Bei dem Patienten lag eine akute Exazerbation einer chronischen Erkran-kung vor.
[Hier muss eine individuelle Begründung folgen.]

Beispiele für solche Patienten/Situationen:

- Brustschmerz mit untypischer Klinik für eine Angina pectoris
  - bei bekannter KHK
  - Pat. nach Stent
  - Pat. nach ACVB

- Exazerbation einer COPD
  - Kriterium A10 gegeben, aber kein hartes B-Kriterium für O_2-Gabe, Inhalationstherapie etc. vorhanden
- Dekompensierte Herzinsuffizienz oder Leberzirrhose (A10 ohne B)
- Akute Entgleisung eines Diabetes mellitus.

5a. Es lag ein haftungsrechtliches Erfordernis vor, da der Krankenhausarzt nicht unverzüglich klären konnte, ob und wie die aus seiner Sicht ausreichende ambulante Behandlung gewährleistet werden kann.
[Hier muss eine individuelle Begründung folgen.]

Beispiele für solche Patienten/Situationen:

- Mittwoch 16:00 Uhr, Patient im Altenheim „unruhig", Notarztverbringung in die Notaufnahme
- „Neu aufgetretenes" Infarkt-EKG ohne Klinik, ohne Serummarker, kein Vor-EKG, kein Pflegeberichtseintrag, Fremdanamnese „KHK", Hausarzt und Kardiologe nicht erreichbar

5b. Es lag ein haftungsrechtliches Erfordernis vor, da der Krankenhausarzt zum Zeitpunkt der Aufnahme ex ante nicht erkennen konnte, dass eine stationäre Notwendigkeit nicht gegeben war.
[Hier muss eine individuelle Begründung folgen.]

Beispiele für solche Patienten:

- Patient wird bewusstlos aufgefunden (z. B. Pflegeheim, Straße o. Ä.), keine klärende Fremdanamnese möglich
- Patient kann keine Auskünfte geben (z. B. verwirrt, Kind usw.), keine Fremdanamnese möglich
  - Beispiel: Kind wird mit Tablettenpackung hantierend aufgefunden;. unklar, ob Tabletten eingenommen wurden; stationäre Aufnahme zur Überwachung notwendig
- Der weitere Verlauf der Erkrankung ist zum Zeitpunkt der Aufnahme nicht sicher prognostizierbar:
  - Beispiel: Diabetes-Patientin, die mit Sulfonylharnstoffen therapiert wird, wird mit Hypoglykämie eingewiesen. Aufgrund der langen Halbwertszeit muss eine stationäre Aufnahme zur Überwachung des Blutzuckerspiegels erfolgen.

Neben den unter den Punkten 1 bis 5b genannten Ausnahmetatbeständen sind weitere selbst formulierte, krankenhausspezifische Gründe denkbar. Hier könnte beispielsweise auch ein Bezug zu den vom Bundesausschuss der Ärzte und Krankenkassen beschlossenen Krankenhaus-Behandlungsrichtlinien erfolgen[116]:

„§ 4 Notwendigkeit der Krankenhausbehandlung

...

(2) In Fällen geplanter stationärer Behandlung ist stets der Allgemeinzustand des Patienten zu berücksichtigen.

(3) Die Behandlung einer akuten Erkrankung muss stationär erfolgen, wenn sie wegen Gefährdung von Gesundheit und Leben des Patienten nicht oder nicht rechtzeitig ambulant durchgeführt werden kann. Das schließt die Notwendigkeit einer kontinuierlichen Überwachung der Vitalparameter des Patienten ein."

Wichtig ist, dass das jedes gewählte Kriterium aus der Patientendokumentation nachvollziehbar (also z. B. auch bei einer Aktenprüfung oder Begehung durch den Medizinischen Dienst) abgeleitet werden kann.

Unabhängig von der Dokumentation der stationären Notwendigkeit durch G-AEP-Kriterien ist es im Umkehrschluss natürlich auch wichtig, dass man eine *nicht* notwendige stationäre Notwendigkeit begründet. Anderenfalls könnte auch hier ein haftungsrechtliches Risiko bestehen. Begründungen wären hier z. B.:

• Patient benötigt keine vollstationäre Versorgung, die durchgeführte Diagnostik und Behandlung kann ambulant erbracht werden.
• Patient benötigt keine vollstationäre Versorgung, die durchgeführte Diagnostik und Behandlung kann vorstationär, poststationär oder teilstationär erbracht werden.
• Für den Patienten ist eine Versorgung in einer Einrichtung für Rehabilitation angemessen.
• Für den Patienten ist eine Versorgung in einer Pflegeeinrichtung (z. B. Kurzzeitpflege) angemessen.
• Für den Patienten ist eine Versorgung in einem Altenheim/Seniorenheim angemessen.
• Vorgezogene Aufnahme ohne indizierte und notwendige vorbereitende Maßnahme für einen späteren Behandlungstermin.

---

[116] Beschluss des Bundesausschusses der Ärzte und Krankenkassen: Richtlinien über die Verordnung von Krankenhausbehandlung (Krankenhausbehandlungs-Richtlinien), Deutsches Ärzteblatt, PP 3, Ausgabe Februar 2004, Seite 83 f.

6   DRG-Erlösverteilung

Dr. Boris Rapp und Sandra Wahl[117]

Führt ein Krankenhaus eine umfassende Kostenrechnung ein, stellt sich häufig die ergänzende Frage, wie auch die Erlöse auf die leistungserbringenden Abteilungen verteilt werden können. Nach der Einführung der DRGs hatte man es sich in Benchmarking-Vergleichen relativ einfach gemacht. Erlöse wurden in der Regel – wie auch die gesamten DRG-Kennzahlen – der entlassenden Fachabteilung zugeordnet. Da zu diesem Zeitpunkt Erlöse und Kosten noch nicht gegenübergestellt wurden, war diese Methode im Grunde akzeptiert. Mit zunehmend fallbezogener Kostentransparenz steigen die Anforderungen an die korrekte Erlösverteilung, die vor allem bei ein- oder mehrfach intern verlegten Patienten eine besondere Herausforderung darstellt.

Eine weitere Problematik, die hier jedoch nicht vertieft werden soll, stellen stationäre Patienten dar, die eine Periode überschreiten (z. B. Jahresüberlieger). Diese sind bilanztechnisch „unfertige Leistungen". Hinsichtlich des Ausweises und der Bewertung ist unstrittig, dass die erbrachten DRG-Leistungen bei Patienten, die sich am Bilanzstichtag noch in stationärer Behandlung befinden, als unfertige Leistungen innerhalb des Vorratsvermögens zu aktivieren und gemäß § 253 Abs. 1 Satz 1 i. V. m. § 255 HGB zu Herstellungskosten zu bewerten sind. Da in vielen Einrichtungen keine aussagefähigen Kostenrechnungen vorliegen, wird in vielen Modellen hilfsweise auf Daten des Instituts für das Entgeltsystem im Krankenhaus (InEK) zurückgegriffen oder es werden Durchschnittsbetrachtungen durchgeführt. Die in den folgenden Kapiteln vorgestellten Modelle, die eine Zusammenstellung der in der Literatur diskutierten Konzepte darstellen, eignen sich nur bedingt für diese Zwecke[118] und dienen primär einer abteilungsgerechten Erlösverteilung, also einer rein internen Nutzung, z. B. im Rahmen der Einführung von Profitcentern.

Anhand eines Fallbeispiels (Abbildung 13) werden im Folgenden die gängigen Methoden zur Erlösverteilung vorgestellt. Für das gewählte Fallbeispiel bietet sich die Herzchirurgie an, da vor allem in diesem Bereich interne Verlegungen sehr häufig sind. So kommt es im Rahmen eines herzchirurgischen Eingriffs häufig vor, dass Patienten zunächst in der Kardiologie untersucht und nach der Operation intensivmedizinisch betreut werden.

---

117 Sandra Wahl, wahl-sandra@web.de
118 Im Falle des Einsatzes der Methoden im Rahmen des Jahresabschlusses ist auf jeden Fall der Rat eines Steuerberaters bzw. Wirtschaftsprüfers hinzuziehen.

Ein 56-jähriger Mann wird geplant von der <u>Kardiologie</u> wg. chronisch is-chämischer Drei-Gefäß-Herzkrankheit (I25.13) zur späteren Durchführung einer Bypass-OP stationär aufgenommen. In der Kardiologie erfolgen ver-schiedene Voruntersuchungen, u. a. die Durchführung von Ruhe- und Be-lastungs-EKG. Für den nächsten Morgen 8.00 Uhr ist die <u>Bypass-Operation</u> (5-361.03) vorgesehen, die komplikationslos verläuft. Nach einer 46-stün-digen postoperativen intensivtherapeutischen Überwachung kann der Pa-tient schließlich von der <u>Intensivstation</u> auf die <u>Chirurgie</u> verlegt werden. Aufgrund zahlreich vorliegender Nebendiagnosen (I10.90 Essentielle Hy-pertonie, E66.00 Adipositas durch übermäßige Kalorienzufuhr, E11.90 Nicht primär insulinabhängiger Diabetes mellitus) gestaltet sich die Gene-sung schwierig, sodass der Patient erst am 26. Tag nach Aufnahme nach Hause entlassen werden kann.

Anhand der dokumentierten Prozeduren und Diagnosen wird der Patient in die DRG F06B *Koronare Bypass-Operation ohne invasive kardiologi-sche Diagnostik, ohne komplizierende Prozeduren, ohne Karotiseingriff, ohne intraoperative Ablation* eingruppiert. Die Bypass-Operation wurde von dem Grouper als gruppierungsrelevant eingestuft.

DRG: F06B; BWR$_{nom}$: 3,789 (G-DRG-Version 2009)
1. Tag mit Zuschlag: 18 (OGVD-Zuschlag 0,130)
Verweildauer: 25 Tage
CW$_{eff}$: 4,829

Hauptdiagnose: I25.13 Chronisch Ischämische Herzkrankheit Drei-Gefäßkrankheit

Gruppierungsrelevante OR-Prozedur: 5-361.03 *Bypass-Operation (Chirurgie)*

Fachabteilung	Belegungstage*	Gruppierungsrele-vanter OPS-Kode
Kardiologie	1	-
Intensivstation	2	-
Chirurgie	22 (8 Tage mit Zuschlag)	5-361.03

*Ein Belegungstag wird der Fachabteilung zugeordnet, auf der sich der Patient um 23.59 Uhr befindet. Der Entlasstag zählt grundsätzlich nicht als Belegungstag.

Abbildung 13: Fallbeispiel zur Demo-Berechnung der Methoden zur Erlösverteilung

Ergänzend ist zu erwähnen, dass eine interne Erlösverteilung auch dann sinn-voll sein kann, wenn ein Krankenhaus noch keine vollständige Kostenstellen-bzw. Kostenträgerrechnung umgesetzt hat. Zum Teil eignen sich die vorge-stellten Methoden auch zur internen Verteilung von Mehrerlösausgleichen.

6.1 AKVD-Methode

Die rechnerische Aufteilung der Fallerlöse von internen Verlegungen entspre-chend der AKVD-Methode (Aufwandskorrigierte Verweildauer-Methode) lässt sich in drei wesentliche Schritte untergliedern.

Zunächst wird für jede Fachabteilung ein sogenannter Abteilungs-Casemix-Index (Abt.-CMI) ermittelt. Dieser Wert soll den durchschnittlichen Schwere-grad bzw. Aufwand der in der jeweiligen Abteilung zu behandelnden Patienten widerspiegeln. Da nur anhand der nicht intern verlegten Fälle bestimmt wer-den kann, welche medizinischen Behandlungen von einer Abteilung ohne Mitwirkung anderer Fachrichtungen erbracht werden können, werden in diesem ersten Berechnungsschritt nur die Daten der nicht intern verlegten Patienten berücksichtigt. Auch kann nur in diesen Fällen die gesamte Kran-kenhausleistung und damit das komplette Effektivgewicht eindeutig einer Fachabteilung zugeordnet werden. Analytisch werden bei der Berechnung der Abt.-CMIs für jede Fachabteilung die Effektivgewichte ihrer nicht intern verlegten Patienten addiert und durch die Anzahl der entsprechenden Behandlungsfälle dividiert. Dies entspricht weitestgehend der allgemeinen CMI-Berechnungsformel.

In einem zweiten Schritt werden individuell für jeden Verlegungsfall die soge-nannten Äquivalenzverweildauern in den einzelnen Fachabteilungen berech-net. Diese Werte stellen die um das durchschnittliche Leistungsniveau korri-gierten Verweildauertage dar. Dabei wird die Anzahl der in einer Fachabteilung angefallenen Belegungstage mit dem dazugehörigen Abt.-CMI multipliziert. Dieser Schritt muss individuell für jeden Patienten erfolgen, sodass für jeden Verlegungsfall entsprechend der Anzahl der behandelnden Fachabteilungen ebenso viele Äquivalenzverweildauern vorliegen.

In einem dritten und letzten Schritt werden die einzelnen fachabteilungsbezo-genen Äquivalenzverweildauern eines Falles ins Verhältnis zur Gesamtsumme aller für die Behandlung relevanten Äquivalenzverweildauern gesetzt und die abzurechnende Fallpauschale auf diese Weise anteilig den Fachabteilungen zugeordnet.

Ein Fallbeispiel zur Berechnung der AKVD-Methode zeigt Abbildung 14.

Abteilungs-CMIs			
(gegeben)	Kardiologie		0,741
	Intensivstation		9,084
	Chirurgie		1,458
Berechnung der Äquivalenzverweildauern			
	Kardiologie	1 Tag × 0,741	= 0,741
	Intensivstation	2 Tage × 9,084	= 18,168
	Chirurgie	22 Tage × 1,458	= 32,076
	Summe		**50,985**
Aufteilung der DRG			
	Kardiologie	0,741 / 50,985 × 4,829	= 0,070
	Intensivstation	18,168 / 50,985 × 4,829	= 1,721
	Chirurgie	32,076 / 50,985 × 4,829	= 3,038
	Summe		**4,829**

Abbildung 14: Fallbeispiel-Berechnung mit der AKVD-Methode

Die Vor- und Nachteile der AKVD-Methode sind in Tabelle 39 dargestellt:

Tabelle 39: Vor- und Nachteile der AKVD-Methode

Vorteile	Nachteile
• Einfache Methode, ohne Kostenrechnung einsetzbar • Dynamisierte Abteilungsbudgetierung • Einfache Umsetzung, geringer Arbeitsaufwand	• Hohe Fehleranfälligkeit/Unschärfe bei Abteilungen mit geringer Zahl nicht intern verlegter Fälle (z. B. Intensivstation) • Keine Berücksichtigung der Liegezeit eines Patienten bei der Berechnung der Abt.-CMIs, d. h. eine Verweildauersenkung der unverlegten Patienten innerhalb der Regelverweildauer wirkt sich nicht auf die Höhe des Abt.-CMIs und damit auch nicht auf die Erlösverteilung aus • Bei Aufteilung der Erlöse entsprechend den Belegungstagen der Mitternachtsstatistik werden kurze Fachabteilungsaufenthalte mit Weiterverlegung vor Mitternacht „übersehen"

6.2 Erlösorientierte Budgetierung nach Thiex-Kreye et al. (2004)

Die erlösorientierte Budgetierung wurde von Thiex-Kreye et al. (2004) in Anlehnung an die AKVD-Methode als Vorstufe einer Profitcenter-Rechnung entwickelt. Analytisch unterscheidet sie sich daher nur wenig von der AKVD-Methode. Auch bei Thiex-Kreye et al. (2004) wird zu Beginn analog zu den Abt.-CMIs für jede Fachabteilung ein durchschnittliches Relativgewicht anhand der Daten der nicht intern verlegten Fälle berechnet.

Als Besonderheit kommt hier allerdings eine modifizierte Form der allgemeinen CMI-Berechnungsformel zum Tragen. Anstatt durch die Anzahl der Behandlungsfälle zu dividieren, wird die Summe der Effektivgewichte der ausschließlich in einer Fachabteilung behandelten Patienten durch die hierfür angefallenen Belegungstage geteilt. Als Ergebnis erhält man für jede Fachabteilung ein durchschnittliches Relativgewicht pro Tag, das in anderen Methoden auch als Day-Mix-Index (DMI) bezeichnet wird.

Die weiteren Berechnungsschritte erfolgen analog zur AKVD-Methode. Ähnlich der Summe der Äquivalenzverweildauern wird für jeden Verlegungsfall ein internes Relativgewicht gebildet, indem die mit dem tagesbezogenen Abteilungsindex gewichteten Verweildauertage fallbezogen addiert werden. Anschließend erhält jede Fachabteilung entsprechend ihres prozentualen Anteils an dem internen Relativgewicht den DRG-Erlös in gleichem Maße zugeteilt.

Die Vor- und Nachteile der erlösorientierten Budgetierung sind in Tabelle 40 dargestellt:

Tabelle 40: Vor- und Nachteile der erlösorientierten Budgetierung

Vorteile	Nachteile
• Einfache Methode, ohne Kostenrechnung einsetzbar • Dynamisierte Abteilungsbudgetierung • Anreiz zur Verweildauerreduktion der unverlegten Patienten innerhalb der Regelverweildauer	• Hohe Fehleranfälligkeit/Unschärfe bei Abteilungen mit geringer Zahl nicht intern verlegter Fälle (z. B. Intensivstation) • Bei Aufteilung der Erlöse entsprechend den Belegungstagen der Mitternachtsstatistik werden kurze Fachabteilungsaufenthalte mit Weiterverlegung vor Mitternacht „übersehen"

Trotz der vielen Gemeinsamkeiten der AKVD-Methode und der erlösorientierten Budgetierung könnten die Anreizwirkungen kaum unterschiedlicher ausfallen. Aufgrund der verweildauerabhängigen Komponente in der Berechnung des tagesbezogenen durchschnittlichen Relativgewichts bei Thiex-Kreye et al. (2004) wird den einzelnen Fachdisziplinen ein ökonomischer Anreiz gesetzt, die ausschließlich auf einer Abteilung behandelten Patienten möglichst zu Beginn der Regelverweildauer zu entlassen. Dadurch steigt das tagesbezogene Relativgewicht dieses Fachbereiches, was wiederum höhere Erlösanteile bei der Aufteilung der Entgelte der Verlegungsfälle sichert. Bei der AKVD-Methode geht die Liegezeit eines Patienten in die Berechnungen der Abt.-CMIs nicht ein, sodass Verweildauersenkungen innerhalb des Normallieger-Zeitraums keine Auswirkungen auf die Abt.-CMIs nach sich ziehen und sich damit auch nicht positiv auf die Erlösanteile einer Fachdisziplin auswirken. Demgegenüber profitieren Abteilungen mit einem hohen Anteil an nicht intern verlegten Langliegern, da hierdurch die Summe der effektiven Relativgewichte und damit auch der entsprechende Abt.-CMI steigt.

Dieses Anreizproblem der AKVD-Methode hat das Unternehmen InterNova GmbH, ein Anbieter von Software-Lösungen im Gesundheitswesen, auf elegante Art und Weise gelöst. Bei der Berechnung der fachabteilungsspezifischen CMIs greift das Unternehmen nicht auf die effektiven Relativgewichte der nicht intern verlegten Fälle zurück. Vielmehr lässt sie die Zu- und Abschläge aufgrund von Unter- bzw. Überschreitung der Regelverweildauer unberücksichtigt. Durch die Verwendung dieser nominalen Relativgewichte unabhängig von der tatsächlichen Verweildauer hat die Liegezeit eines Patienten bei dieser Vorgehensweise keinerlei Einfluss mehr auf den Abt.-CMI.

Eine weitere Modifikation der AKVD-Methode durch die InterNova GmbH stellt die gesonderte Darstellung und Verteilung der Zuschläge bei Überschreitung der Regelverweildauer dar. Während bei der ursprünglichen Version von Ramme und Vetter die effektiven Relativgewichte der Verlegungsfälle einheitlich anhand der Abt.-CMIs auf die an der Behandlung beteiligten Fachbereiche verteilt werden, splittet die InterNova GmbH das effektive Relativgewicht eines Langliegers in das nominale Relativgewicht und die tagesbezogenen Zuschläge ab Überschreitung der oberen Grenzverweildauer. Gesondert werden diese dann anhand der Abt.-CMIs auf die einzelnen Abteilungen aufgeteilt.

Diese Aufsplittung der AKVD-Methode bei Langliegern ist allerdings mit Vorsicht zu genießen. Während bis zum Erreichen der oberen Grenzverweildauer das nominale Relativgewicht bei der Verteilung an die behandelnden Abteilungen zum Tragen kommt, können die weiterbehandelnden Bereiche nur noch von den tagesbezogenen Abt.-CMI-gewichteten Zuschlägen profitieren. Die Zuschlagsermittlung beruht jedoch überwiegend auf den Differenzkosten, d. h. den mittleren Tageskosten der Inlier einer DRG reduziert um die Hauptleistung, zum Teil unter Zuhilfenahme eines reduzierenden Fakors. Der verbleibende Betrag ist somit in vielen Fällen nicht kostendeckend.[119] Vor allem bei unvorhergesehenen Reoperationen, aber auch bei Verlegungen kurz vor der Entlassung oberhalb der Regelverweildauer ist daher die Akzeptanz bei den betroffenen Chefärzten als eher gering einzuschätzen.

Ein Fallbeispiel zur Berechnung der modifizierten AKVD-Methode der Inter-Nova GmbH zeigt Abbildung 15. Aus Vereinfachungsgründen sei angenommen, dass es sich bei den nicht intern verlegten Patienten ausschließlich um Normallieger handelt, sodass die Abt.-CMIs beider Varianten der AKVD-Methode identisch sind.

Abteilungs-CMIs				
(gegeben)	Kardiologie			0,741
	Intensivstation			9,084
	Chirurgie			1,458
Berechnung der Äquivalenzverweildauern bis OGVD				
	Kardiologie	1 Tag × 0,741	=	0,741
	Intensivstation	2 Tage × 9,084	=	18,168
	Chirurgie	14 Tage × 1,458	=	20,412
	Summe			**39,321**
Aufteilung der DRG bis OGVD				
	Kardiologie	0,741 / 39,321 × 3,789	=	0,071
	Intensivstation	18,168 / 39,321 × 3,789	=	1,751
	Chirurgie	20,412 / 39,321 × 3,789	=	1,967
	Summe			**3,789**
Gesamt (incl. OGVD-Zuschlag)				
	Kardiologie			0,071
	Intensivstation			1,751
	Chirurgie	1,967 + 1,040 (OGVD)	=	3,007
	Summe			**4,829**

Abbildung 15: Fallbeispiel-Berechnung mit der modifizierten AKVD-Methode (Inter-Nova GmbH)

---

[119] vgl. Siebers, L, Helling, J., Fiori, W., Bunzemeier H., Roeder, N. (2008), S. 38

6.3 Aufwandsorientiertes DRG-Erlössplitting (Charité)

Auch Hansen/Syben (2005) haben sich mit ihrem Modell des aufwandsorientierten DRG-Erlössplittings das Ziel gesetzt, die Umsetzung des Profitcenter-Konzepts methodisch zu unterstützen. Während bei den bereits dargestellten abteilungsgewichtenden Splitting-Methoden die Aufteilung der Verlegungsfälle lediglich auf einem fachabteilungsspezifischen Faktor und den Belegungstagen basiert, versuchen die Autoren die Abbildungsgenauigkeit ihres Modells durch die Berücksichtigung des fallgruppenbezogenen Behandlungsaufwandes zu erhöhen.

Die Vorgehensweise beruht im Wesentlichen auf der Zuweisung des gesamten Erlöses zu einer vorab festgelegten Fachabteilung mit anschließender Abgabe von Abschlägen an die mitbehandelnden Fachdisziplinen. Als methodische Besonderheit sollen die Abschläge den fallgruppenspezifischen Behandlungsaufwand widerspiegeln. Als Maß für den durchschnittlichen Behandlungsaufwand eines Patienten wurde der Zuschlag bei Überschreitung der oberen Grenzverweildauer (OGVD) gewählt, da dieser erstmals in der G-DRG-Version 5.0 anhand der Istkosten der Langlieger kalkuliert wurde.

Bevor die eigentliche Aufteilung interdisziplinär erbrachter DRGs anhand dieser Langliegerzuschläge erfolgen kann, muss zunächst – wie bereits erwähnt - das komplette Fallgewicht und damit der gesamte Fallerlös einem Fachbereich zugewiesen werden. Als mögliche Varianten für die primäre Erlöszuordnung kommen dabei optional die Aufnahme-, Entlass- oder Hauptabteilung[120] in Betracht. Alternativ kann die Zuordnung zur Fachabteilung mit der Hauptprozedur erfolgen. Bei der Validierung des Modells anhand der Daten von Intensivstationen haben Hansen/Syben (2005) gezeigt, dass die höchste Korrelation zwischen den tagesbezogenen Kosten und den mittleren Erlösen dann erreicht wird, wenn der primäre Erlös dem entlassenden Fachbereich zugeordnet wird. Daher wird diese Variante bei der Umsetzung des Verrechnungsmodells von den Autoren ausdrücklich empfohlen. Nicht zuletzt entspricht es der derzeit gängigen Praxis, einen DRG-Fall der Abteilung zuzuordnen, aus der der Patient entlassen wird.

Nach Festlegung der Abteilung mit primärer Erlöszuordnung muss diese für die nicht selbst erbrachten Pflegetage der ihr zugeordneten Behandlungsfälle Erlösanteile an die mitbehandelnden Bereiche abgeben. Die Höhe des Abschlags richtet sich nach der Anzahl der in den weiteren Fachdisziplinen angefallenen Belegungstage, die mit dem entsprechenden OGVD-Aufschlag der zu Grunde liegenden DRG multipliziert werden.

---

[120] In diesem Kontext wird unter der Hauptabteilung der Bereich mit dem längsten Patientenaufenthalt verstanden.

OGVD-Zuschlag: 0,130 Aufschlag Intensiv: 0,09; Mindestverrechnungssatz: 0,251 Zuordnungsvariante: entlassende Fachabteilung			
Abteilung	**Kardiologie**	**Intensivstation**	**Chirurgie**
Verweildauer in Tage	1	2	22
Berechnung der Erlösanteile	1 × 0,130	2 × 0,251, da (0,130 + 0,09) < 0,251	4,829 – 0,130 – 0,502
Erlösanteil (RG)	0,130	0,502	4,197

Abbildung 16: Fallbeispiel-Berechnung mit dem aufwandsorientierten DRG-Erlössplitting

Eine Beispielberechnung zeigt Abbildung 16.

Belegungstage auf unterschiedlichen Abteilungen werden folglich nicht wie bisher mit einer fachbereichsspezifischen Größe DRG-übergreifend gewichtet. Vielmehr wird auf den fallgruppenspezifischen Behandlungsaufwand – dargestellt durch den im Fallpauschalenkatalog ausgewiesenen Langliegerzuschlag – abgestellt. Eine weitere Differenzierung nach den einzelnen Fachbereichen wird grundsätzlich nicht vorgenommen, sodass von einem identischen Behandlungsaufwand auf allen peripheren Stationen innerhalb derselben DRG ausgegangen wird.

Lediglich für Aufenthalte auf Intensiv- bzw. Intensivüberwachungsstationen (IMC) ist ein tagesbezogener Zuschlag vorgesehen. Der Aufschlag auf das OGVD-Relativgewicht beträgt für eine Intensivstation mit 24-stündiger Arztpräsenz[121] 0,09 CM-Punkte pro Tag bzw. für eine Intensivüberwachungsstation 0,045. Ebenso wurde ein Mindestverrechnungssatz pro Tag für Intensivstationen festgelegt.[122] Dieser leitet sich aus dem Langliegerzuschlag einer niedrig bewerteten Beatmungs-DRG ab und wird analog dem tagesbezogenen Zuschlag für Intensivüberwachungsstationen halbiert.

Da bei der aufwandsorientierten DRG-Splitting-Methode der insgesamt erzielte Fallerlös nicht anhand von relativen Leistungsindizes aufgeteilt wird,

---

[121] vgl. zur 24-stündigen Arztpräsenz Rapp B. (2006), S. 35

[122] Der in dem zitierten Artikel zu Grunde gelegte Mindestverrechnungssatz wurde auf Basis des OGVD-Aufschlags der DRG A09D berechnet. Dieser betrug in der G-DRG Version 5.0 0,218 CM-Punkte und wurde in dem vorliegenden Artikel an die G-DRG-Version 2009 auf 0,251 (DRG A09F) angepasst.

kann in Einzelfällen ein negativer Erlösanteil für die Fachabteilung mit der primären Erlöszuweisung resultieren.[123] Diese Tatsache ist jedoch nicht als eine methodische Schwäche zu werten, da die Bewertungsrelationen der DRGs und folglich auch die Verrechnungssätze bei Überschreitung der oberen Grenzverweildauer grundsätzlich nur Mittelwerte darstellen und nicht auf die sachgerechte Abbildung von Ausreißern abzielen. Dennoch war dies mitunter ein Grund für die Weiterentwicklung der aufwandsorientierten DRG-Splitting-Methode. Resultiert in der neuen Version ein negativer Erlösanteil, so verbleibt dieser nicht mehr allein in der Abteilung mit der primären Erlöszuordnung, sondern wird mit allen weiteren an der Behandlung beteiligten Fachabteilungen verrechnet. Weiterhin stellt die Darstellung des Behandlungsaufwandes durch die Abschläge bei externen Verlegungen eine wesentliche Weiterentwicklung der Methode dar. Auf die Langliegerzuschläge wird nur noch dann zurückgegriffen, wenn im Fallpauschalenkatalog keine Bewertungsrelation für externe Verlegungen hinterlegt ist.[124]

Die Vor- und Nachteile des aufwandsorientierten DRG-Erlössplittings sind in Tabelle 41 dargestellt:

Tabelle 41: Vor- und Nachteile des aufwandsorientierten DRG-Erlössplittings

Vorteile	Nachteile
• Intensivzuschläge können individuell angepasst werden • Es werden mehrere Möglichkeiten für die Zuordnung des primären Erlöses zur Verfügung gestellt • Die „Verrechnungssätze" müssen nicht krankenhausindividuell berechnet, sondern können dem Fallpauschalenkatalog direkt entnommen werden	• Pflegetage auf unterschiedlichen Abteilungen werden nicht mit einer fachbereichsspezifischen Größe anhand dem Ist-Aufwand gewichtet (Ausnahme: Intensivstation, Intensivüberwachung) • Bislang werden nur für wenige DRGs Langliegerzuschläge anhand den Ist-Kosten kalkuliert (Methode in der ersten Version daher nur eingeschränkt einsetzbar)

---

[123] Insbesondere wenn ein Patient lange auf der Intensivstation liegt und diese nicht die Fachabteilung mit der primären Erlöszuordnung darstellt, muss eine Abteilung u. U. mehr Erlösanteile abgeben, wie sie im Rahmen der primären Erlöszuordnung an CM-Punkten erhält.

[124] Dies ist insbesondere bei den sogenannten Verlegungsfallpauschalen der Fall. Hier müssen bei externen Verlegungen keine Abschläge geltend gemacht werden, sodass auch keine Verlegungsabschläge kalkuliert werden.

6.4 DDMI-Methode

Die Dual-Day-Mix-Index-Methode (DDMI-Methode) von Focke et al. (2006) stellt den neben der EER-Methode (s. u.) aktuellsten und gleichzeitig auch komplexesten hier vorgestellten Ansatz zur leistungsgerechten Aufteilung von DRG-Erlösen bei internen Verlegungen dar. Focke et al. betonen die Notwendigkeit, die vergleichsweise kostenintensiven OP-Anteile einer DRG bei der Erlösverteilung separat zu berücksichtigen. Hierfür wurde ein verweildauerunabhängiger Verteilungsalgorithmus in Abhängigkeit von der Anzahl der gruppierungsrelevanten Prozeduren und den Partitionen entwickelt. Für die Nicht-OP-Erlöse wird auf die erlösorientierte Methode von Thiex-Kreye et al. (2004) zurückgegriffen.

Die prozentuale Aufteilung einer Fallpauschale in einen OP- und Nicht-OP-Anteil erfolgt anhand der InEK-Referenzkosten (siehe Abbildung 17), indem die Summe der einzelnen OP-Kostenstellen ins Verhältnis zu den Gesamtkosten der jeweiligen DRG gesetzt wird. Als reine OP-Kostenstellen wurden von den Autoren die Kostenstellen „OP-Bereich" (4), „Anästhesie" (5) sowie „Kreißsaal" (6) definiert. Aufgrund der OP-ähnlichen Kosten der „Kardiologischen Diagnostik und Therapie" (7) wurde auch dieser Bereich in die Gruppe der OP-Kostenstellen mit aufgenommen.

Sind die OP-Kostenstellen klar von den Nicht-OP-Bereichen abgegrenzt, kann die eigentliche Aufteilung der Fallerlöse erfolgen. Abbildung 18 gibt einen kurzen Überblick über den schematischen Ablauf der zweistufigen DDMI-Methode.

In einem ersten Schritt werden die sogenannten Dual-Day-Mix-Indizes berechnet, d. h. die fachabteilungsbezogenen Faktoren zur späteren Gewichtung der Verweildauertage der Verlegungsfälle. Dies erfolgt separat für den OP- und Nicht-OP-Anteil.

Zur Berechnung des hierfür notwendigen OP- und Nicht-OP-Relativgewichts eines Behandlungsfalles wird zunächst der oben ermittelte prozentuale OP-Anteil der zu Grunde liegenden DRG – unabhängig davon, ob es sich bei dem Patienten um einen Outlier handelt oder nicht – mit dem jeweiligen Relativgewicht multipliziert. Als Ergebnis erhält man das OP-Relativgewicht des betrachteten Falles. Der Grund für die Verwendung des Kataloggewichts liegt darin, dass der prozentuale Operationsanteil auf Basis der InEK-Referenzkosten ermittelt wird. Diese Fallkosten basieren ausschließlich auf den Datensätzen der Normalliegerfälle, sodass der OP-Anteil der Outlier entsprechend angepasst werden muss. Dies ist notwendig, da Operationskosten in der Regel verweildauerunabhängig sind und auch grundsätzlich nur einmal anfallen. Die Korrektur erfolgt, indem bei der Berechnung des OP-Relativgewichts nicht auf das Effektiv-, sondern auf das Relativgewicht abgestellt wird. Die Bewertungsrelation des verweildauerabhängigen Nicht-OP-Bestandteils eines

Kostenbereich	Personalkosten			Sachkosten	
	Ärzt-licher Dienst	Pflege-dienst	med./ techn. Dienst	Arzneimittel	
	1	2	3	4a	4b
01. Normal-station	315,22	690,36	90,76	86,39	13,84
02. Intensiv-station	303,93	799,90	29,11	125,51	51,15
03. Dialyse-abteilung	0,00	0,00	0,00	0,00	0,00
04. OP-Bereich	736,58	0,00	735,34	85,84	31,07
05. Anästhesie	436,37	0,00	261,61	70,72	18,04
06. Kreißsaal	0,00	0,00	0,00	0,00	0,00
07. Kardiologi-sche Dia-gnostik und Therapie	2,92	0,00	1,35	0,05	0,03
08. Endoskopi-sche Dia-gnostik und Therapie	0,44	0,00	0,49	0,03	0,02
09. Radiologie	39,57	0,00	78,64	0,53	0,07
10. Laborato-rien	26,54	0,00	126,53	3,00	187,13
11. Übrige dia-gnostische und thera-peutische Bereiche	58,59	0,35	106,37	0,92	0,02
Summe	1.920,16	1.490,61	1.430,20	372,99	301,37

Abbildung 17: InEK-Kostenmatrix am Beispiel der DRG F06B (Schwarzer Kasten = OP-Kasten)

			Pers.- und Sachkosten		Summe
Implan-tate/ Trans-plant.	Übriger med. Bedarf		med. Infra-struktur	nicht med. Infra-struktur	
5	6a	6b	7	8	
0,00	77,72	8,97	193,60	616,18	2.093,04
0,18	152,49	19,10	122,81	353,60	1.957,80
0,00	0,00	0,00	0,00	0,00	0,00
23,00	727,11	631,90	313,55	516,77	3.801,16
0,00	139,29	14,54	56,62	117,99	1.115,19
0,00	0,00	0,00	0,00	0,00	0,00
0,66	0,16	0,79	0,44	0,79	7,18
0,00	0,23	0,05	0,16	0,29	1,70
0,11	10,56	0,95	21,60	36,23	188,27
0,00	111,07	21,26	14,59	55,10	545,21
0,02	5,51	0,25	9,06	41,85	222,94
23,97	1.224,14	697,81	732,43	1.738,80	9.932,49

	Berechnungsschritte der DDMI-Methode
	1. Stufe: Bestimmung der Day-Mix-Indizes
1	Bestimmung des prozentualen OP-Anteils der DRG anhand der InEK-Referenzkosten.
2	Berechnung des OP-Relativgewichts durch Multiplikation des prozentualen OP-Anteils mit dem nominalen Relativgewicht des Behandlungsfalls.
3	Berechnung des Nicht-OP-Relativgewichts durch Subtraktion des OP-Relativgewichts vom Effektivgewicht des Behandlungsfalls.
4	Berechnung der zwei Day-Mix-Indizes je Fachabteilung, indem die OP- und Nicht-OP-Relativgewichte jeweils separat summiert und durch die erbrachten Belegungstage dividiert werden. Analog zu Thiex-Kreye et al. (2004) werden für diesen Berechnungsschritt nur die nicht intern verlegten Fälle berücksichtigt.
	2. Stufe: Aufteilung der Fallerlöse
5	Berechnung der fachabteilungsspezifischen Leistungsindizes des Nicht-OP-Anteils eines Verlegungsfalles durch Multiplikation der Verweildauertage in einer Abteilung mit dem entsprechenden Day-Mix-Index des Nicht-OP-Anteils. Die Summe dieser Leistungsindizes über alle Fachabteilungen hinweg entspricht dem Gesamtleistungsindex für den Nicht-OP-Bestandteil.
6	Berechnung der fachabteilungsspezifischen Leistungsindizes des OP-Anteils eines Verlegungsfalles in Abhängigkeit von der Anzahl der gruppierungsrelevanten Prozeduren und den entsprechenden Partitionen. Sind keine DRG-relevanten Prozeduren dokumentiert, erfolgt die Berechnung analog zum Nicht-OP-Anteil, d.h. über den Day-Mix-Index des OP-Anteils. Auch hier ergibt die Summe der OP-Leistungsindizes eines Falles über alle Fachabteilungen hinweg den Gesamtleistungsindex für den OP-Anteil.
7	Aufteilung des Fallerlöses auf die einzelnen Fachbereiche entsprechend dem Anteil der Leistungsindizes einer Fachabteilung am jeweiligen Gesamtleistungsindex. Dies geschieht separat für den OP- und Nicht-OP-Anteil.

Abbildung 18: Schematischer Ablauf der DDMI-Methode

DRG-Behandlungsfalles errechnet sich aus der Differenz zwischen dem Effektivgewicht und dem OP-Relativgewicht.

Für die eigentliche Berechnung der Day-Mix-Indizes (DMI) werden die OP- und Nicht-OP-Relativgewichte in den einzelnen Abteilungen separat summiert und durch die erbrachten Belegungstage dividiert. Analog zu Thiex-Kreye et al. (2004) werden auch bei der DDMI-Methode für diesen Berechnungsschritt nur die nicht intern verlegten Fälle berücksichtigt.

In der zweiten Berechnungsstufe werden die DRG-Erlöse der Verlegungsfälle anhand von fachabteilungsspezifischen Leistungsindizes aufgeteilt. Die im Folgenden aufgeführten Schritte zur Berechnung der fallbezogenen Leistungsindizes müssen dabei für jeden intern verlegten Krankenhausfall individuell durchgeführt werden.

Zur Bestimmung der Nicht-OP-Leistungsindizes eines Behandlungsfalles werden analog zu Thiex-Kreye et al. (2004) für jede Fachabteilung die entsprechenden Verweildauertage mit dem dazugehörigen Day-Mix-Index des Nicht-OP-Anteils multipliziert.

Die Berechnung der Leistungsindizes des OP-Anteils erfolgt grundsätzlich verweildauerunabhängig, wenn mindestens eine gruppierungsrelevante OPS-Prozedur für den Verlegungsfall dokumentiert ist. Dabei wird das gesamte OP-Relativgewicht der Abteilung zugeordnet, von der die DRG-relevante Prozedur erbracht wurde. Sind mehrere gruppierungsrelevante Prozeduren kodiert, wird das OP-Relativgewicht zu gleichen Teilen auf die Fachbereiche aufgeteilt, für welche DRG-relevante Eingriffe dokumentiert sind, die in die Kategorie der Operating-Room-Prozeduren fallen. In der Regel lassen sich durch eine lückenlose und zeitnahe Dokumentation der Operationen und Prozeduren die leistungserbringenden Bereiche eindeutig über das OP-Datum identifizieren.

Ist keine DRG-relevante OPS-Prozedur dokumentiert, werden analog zur Verteilung des Nicht-OP-Anteils die Verweildauertage in den einzelnen Abteilungen mit dem entsprechenden Day-Mix-Index des Operationsanteils multipliziert.

Die Aufteilung des Fallerlöses auf die einzelnen Fachbereiche erfolgt entsprechend dem Verhältnis der einzelnen Leistungsindizes einer Fachabteilung zum jeweiligen Gesamtleistungsindex.

Abbildung 19 soll die konkrete Berechnung verdeutlichen.

Die Vor- und Nachteile der DDMI-Methode sind in Tabelle 42 dargestellt.

201

1	Bestimmung des prozentualen OP-Anteils			
(anhand der InEK-Referenzkosten)	OP-Bereich (4)			3.801,16 €
	Anästhesie (5)			1.115,19 €
	Kard. Diagnostik (7)			7,18 €
	Summe OP-Kosten			**4.923,53 €**
	Kosten insgesamt			**9.932,49 €**
	OP-Kosten-Anteil	(4.923,53 / 9.932,49) × 100	=	49,57 %

2	OP-Relativgewicht			
		49,57 % × 3,789	=	1,878

3	Nicht-OP-Relativgewicht			
		4,829 – 1,878	=	2,951

4	Dual-Day-Mix-Indizes	Nicht-OP	OP
(gegeben)	Chirurgie	0,164	0,197
	Intensivstation	0,561	0,251
	Kardiologie	0,141	0,083

5	Nicht-OP-Leistungsindizes			
	Kardiologie	1 Tag × 0,141	=	0,141
	Intensivstation	2 Tage × 0,561	=	1,122
	Chirurgie	22 Tage × 0,164	=	3,608
	Nicht-OP-Gesamtleistungsindex			**4,871**

6	OP-Leistungsindizes			
	Kardiologie			–
	Intensivstation			–
	Chirurgie	OPS 5-361.03	=	1,878
	OP-Gesamtleistungsindex			**1,878**

8	Aufteilung der DRG			
	Kardiologie	0,141 / 4,871 × 2,951		0,085
	Intensivstation	1,122 / 4,871 × 2,951		0,680
	Chirurgie	3,608 / 4,871 × 2,951 + 1,878	=	4,064
	Summe			**4,829**

Abbildung 19: Fallbeispiel-Berechnung mit der DDMI-Methode

Tabelle 42: Vor- und Nachteile der DDMI-Methode

Vorteile	Nachteile
• Anwendungsmöglichkeit im Rahmen der periodengerechten Erlösverteilung/-abgrenzung (Jahresabschluss) • Separate Berücksichtung des kostenintensiven Operationsanteils	• Sehr komplexe Methode, kaum in der Praxis umzusetzen • Rückgriff auf die InEK-Referenzkostendaten u. U. nicht repräsentativ für das eigene Krankenhaus • Definition der OP-Kostenstellen u. U. zu hinterfragen • Abteilungsbezogene Dokumentation der OPs/Funktionsdiagnostik zwingend erforderlich

Die Methode von Focke et al. (2006) stellt ein stark standardisiertes Verfahren zur Aufteilung von DRG-Erlösen dar. Daher weist diese Methode erhebliche Schwächen auf.

Zur Ermittlung des OP-Kostenanteils muss zum einen auf die InEK-Referenzkosten zurückgegriffen werden, was grundsätzlich vermieden werden sollte, sofern eine hausinterne Kostenrechnung zur Verfügung steht. Die InEK-Referenzkosten stellen die durchschnittlichen Kosten der Kalkulationskrankenhäuser dar und sind deshalb nicht für jedes Haus repräsentativ.

Zum anderen bleiben gruppierungsrelevante NON-OR-Prozeduren bei der OP-Kostenverteilung völlig unberücksichtigt, wenn für den betrachteten Fall zusätzlich eine OR-Prozedur dokumentiert ist. Gerade aber in der OP-Kostenstelle 7 (Kardiologische Diagnostik und Therapie) werden eine Vielzahl von NON-OR-Prozeduren durchgeführt, die von der Grouper-Software als gruppierungsrelevant eingestuft werden und deren Kosten in den Operationsanteil mit einfließen. Lediglich bei fehlender OR-Prozedur wird der OP-Kostenanteil auf diese gruppierungsrelevanten NON-OR-Prozeduren verteilt.

Auch lässt Focke et al. bei der Berechnung der OP-Kosten den Kostenbereich 8 (Endoskopische Diagnostik und Therapie) unberücksichtigt. Hier finden sich aber zahlreiche gruppierungsrelevante NON-OR-Prozeduren, die bei fehlender OR-Prozedur zu einer OP-Erlösanteil-Verteilung führen würden. Bei dem dann verteilten OP-Erlösanteil blieben allerdings nach der vorgestellten Methode die Kosten dieser Kostenstelle unberücksichtigt.

Bei dem Einsatz der DDMI-Methode ist damit eine methodische Überarbeitung grundlegende Voraussetzung. Denkbar wäre, dass man die im Definitionshandbuch Band 5 im Anhang B enthaltene ausführliche Liste aller in der jeweiligen G-DRG-Version gruppierungsrelevanten OR- und NON-OR-Prozeduren als Grundlage nimmt und grundsätzlich bei jedem Fall – unabhängig vom Grouper-Ergebnis – abgleicht, ob eine oder mehrere Prozeduren dieser Liste erfasst wurden. Für diesen Fall könnte der OP-Anteil (erweitert um den Kostenbereich 8) gleichmäßig auf die erbringenden Fachabteilungen verteilt werden. Will man eine unterschiedliche Bewertung (aufgrund unterschiedlicher Kostenniveaus) von OR- und NON-OR-Prozeduren vornehmen, könnte man OR- und NON-OR-Prozeduren in ein Verhältnis zueinander setzen, z. B. 2 : 1, d. h. OR-Prozeduren doppelt so hoch bewerten.

Aber auch hier gäbe es methodische Mängel, da gruppierungsrelevante Prozeduren, die auf der Intensivstation erbracht werden auch in diesem Kostenbereich (2) berücksichtigt sind. Die Berechnung des OP-Anteils mit den Kostenbereichen 4 bis 7 (bzw. 8) würde die Kosten für diese Eingriffe regelhaft nicht enthalten.

Für dieses Problem könnte unter Umständen die im Folgenden vorgestellte EER-Methode einen Lösungsansatz darstellen.

6.5 Ergebnisorientierte Erlösrechnung (EER)

Die zentrale Grundlage dieses ebenfalls sehr komplexen Ansatzes bilden die vom InEK für jede kalkulierte DRG berechneten Kalkulationsdaten (siehe Abbildung 17). Grundlage der Erlösverteilung auf die einzelnen Bereiche bildet in diesem Modell das Verhältnis der jeweiligen Kostenbereiche.

Da eine solche Aufteilung nicht ohne Weiteres möglich ist, wurde im Rahmen der EER-Methode ein ergänzendes systematisches Modulsystem entwickelt, das jedem Kostenbereich gemäß dem InEK-Schema ein weiteres Modul mit einem detaillierten Algorithmus der Erlösaufteilung zuordnet. Eine Übersicht über die Module und die im Algorithmus berücksichtigten Kriterien gibt Tabelle 43[125].

Eine vollständige Darstellung einer Beispielrechnung ist an dieser Stelle aus Platzgründen nicht möglich. Zur Veranschaulichung soll lediglich auf das Modul „OP-Bereich" eingegangen werden. Hier erfolgt im ersten Schritt die Abfrage, ob für den entsprechenden Patienten ein OPS-Kode verschlüsselt wurde. Liegt kein OPS-Kode vor, erfolgt die Erlösverteilung rein nach dem Modul „Normalstation". Sind OPS-Kodes nur für eine Abteilung dokumentiert, wird dieser der komplette Erlösanteil des OP-Bereiches zugewiesen. Bei mehreren leistungserbringenden Fachbereichen ist eine Differenzierung der OPS-Schlüssel nach Operationen – dargestellt durch 5-er Kodes – und allen

---

[125] Quelle: Weißflog et al. 2006

Tabelle 43: Übersicht der Algorithmen der EER-Methode

InEK-Kostenbereich	Im Algorithmus berücksichtigte Kriterien
Normalstation	VWD, abteilungsübergreifende Verlegungen, Überlieger
Intensivstation	VWD, Differenzierung Kinderklinik, restliche Kliniken, Beatmungsstunden
Dialyse	Differenzierung Kinderklinik/Medizinische Klinik
OP-Bereich	OPS-Kode unter Differenzierung von 5-er Kodes, Anzahl der beteiligten Kliniken
Anästhesie	Interne Leistungsverrechnung
Kreißsaal	Zuordnung zur Frauenklinik
Kardiologische Diagnostik/Therapie	Differenzierung Kinderklinik, restliche Kliniken, Differenzierung kardiologische DRG/nicht-kardiologische DRG
Endoskopische Diagnostik/Therapie	OPS-Kode, Anzahl der beteiligten Kliniken
Bildgebende Diagnostik (Radiologie)	Interne Leistungsverrechnung
Laboratorien	Interne Leistungsverrechnung
Übrige diagnostische und therapeutische Bereiche	VWD, Ziel: Leistungserfassung

weiteren für den betrachteten Fall kodierten Prozeduren erforderlich. Dabei wird der Erlösanteil des OP-Bereiches grundsätzlich paritätisch auf alle leistungserbringenden Abteilungen verteilt, wenn kein 5-er Kode und damit keine operative Kernleistung verschlüsselt wurde (anteilig unter Berücksichtigung der Anzahl der Prozeduren). Wurde hingegen ein 5-er Kode dokumentiert, erhält die operierende Abteilung zunächst 40 Prozent des OP-Erlöses. Der verbleibende Anteil in Höhe von 60 Prozent wird zu gleichen Teilen auf alle Abteilungen verteilt, für die ein OPS-Kode verschlüsselt wurde, sodass die Abteilung mit der operativen Kernleistung bei der Verteilung der OP-Erlöse doppelt berücksichtigt wird.

Allein die Darstellung dieses Moduls zeigt die Komplexität dieses Ansatzes. Darüber hinaus wird bei mehreren Modulen auch die interne Leistungsverrechnung bemüht, sodass Grundsätze einer Kostenrechnung in den anwendenden Einrichtungen erforderlich sind.

Die Vor- und Nachteile der EER-Methode sind in Tabelle 44 dargestellt:

Tabelle 44: Vor- und Nachteile der EER-Methode

Vorteile	Nachteile
• Bildet das Leistungsgeschehen durch die krankenhausindividuelle Anpassung sehr genau ab	• Sehr komplexer Ansatz, Umsetzbarkeit nur mit hohem personellen und technischen Aufwand • Interne Leistungsverrechnung erforderlich

6.6 Kölner Verteilungsmodell

Eine Weiterentwicklung der bestehenden Methoden stellt das Kölner Verteilungsmodell dar (Uick et al. 2008). Wesentliche Besonderheit des Verfahrens ist die Abkehr von den InEK-Referenzkosten, die beispielsweise der DDMI-Methode zu Grunde liegen. Ausgangspunkt in der Uniklinik Köln war die Überlegung, dass die InEK-Referenzkosten lediglich Durchschnittskosten darstellen, die aus den Daten von nur 251 Krankenhäusern, die freiwillig an der DRG-Nachkalkulation teilnehmen, gebildet werden. Diese Durchschnittsberechnung lässt nur wenige Rückschlüsse auf die tatsächliche Kostenverteilung eines einzelnen Hauses zu. Eine Uniklinik hat als Maximalversorger zum Beispiel wesentlich höhere Infrastrukturkosten als ein kleines Krankenhaus. Hieraus ergibt sich die Annahme, dass in einem großen Haus die aus der InEK-Referenzkostenmatrix errechnete Kostenverteilung zu niedrigeren als den tatsächlichen verweildauerunabhängigen Kostenanteilen führt. Nimmt man die InEK-Kostenmatrix als Basis für das Erlössplitting, kann es zu fehlerhaften Verteilungen kommen.

Das Kölner Verteilungsmodell versucht, durch den Aufbau einer Kostenträgerrechnung die InEK-Durchschnittswerte durch die tatsächlich entstandenen Kosten zu ersetzen. Sobald krankenhausindividuelle Daten auf DRG-Ebene entsprechend der InEK-Kostenmatrixstruktur vorliegen, können u. a. die OP-Kosten krankenhausindividuell berechnet und verteilt werden. Als OP-Kostenstellen definiert die Uniklinik Köln im Gegensatz zur DDMI-Methode lediglich die Bereiche „OP-Bereich" (4) und „Anästhesie" (5). Dabei werden die hier angefallenen Kosten direkt den leistungserbringenden Abteilungen als Erlös zugeordnet. Alle weiteren ermittelten Kosten werden analog zur erlösorientierten Budgetierung nach Thiex-Kreye et al. (2004) anhand von tagesbezogenen Abteilungs-DMIs auf die behandelnden Fachbereiche aufgeteilt.

Mit den tatsächlich angefallenen Kosten als Bezugsgröße für die Aufteilung der Erlöse wird die Abbildungsgenauigkeit der DDMI-Methode erheblich verbessert und an die hausindividuellen Strukturen angepasst. Zu berücksichtigen ist allerdings, dass für die Umsetzung eine zuverlässige und valide Kostenträgerrechnung unabdingbar ist, die erst in einer ein- bis zweijährigen Optimierungsphase erreicht werden kann.[126] Bis zur erfolgreichen Umsetzung der Kostenträgerrechnung erfolgt die Aufteilung der DRG-Erlöse auch an der Uniklinik Köln anhand der InEK-Referenzkosten.

Dabei stellt der Berufsverband der Deutschen Anästhesisten ein hilfreiches Tool zur Anpassung der InEK-Kostenmatrix an den hausindividuellen Basisfallwert zur Verfügung. Dieses sogenannte DRG-Budgetkalkulationstool dividiert die aus den übermittelten Daten der Kalkulationskrankenhäuser errechneten Durchschnittskosten durch die Bezugsgröße der jeweiligen G-DRG-Version und multipliziert das Ergebnis anschließend mit dem hausindividuellen Basisfallwert. Diese Adjustierung ist grundsätzlich zu empfehlen, wenn absolute Kostendaten aus den InEK-Referenzwerten, z.B. zur Verteilung von OP-Erlösen auf die leistungserbringenden Bereiche, übernommen werden sollen.

Die jährlich im DRG-Browser je Fallgruppe veröffentlichte Kostenmatrix errechnet sich aus den absoluten Kosten der freiwillig an der InEK-Kalkulation teilnehmenden Krankenhäuser. Bei der Hochrechnung auf die Grundgesamtheit wird dabei von identischen mittleren Fallkosten für alle deutschen Krankenhäuser ausgegangen. Daher sind diese Ergebnisse auf DRG-Ebene lediglich als relative Kostenwerte zwischen den einzelnen Kostenstellen bzw. -arten zu interpretieren.

Aber auch nach der Anpassung der InEK-Kosten an den krankenhausindividuellen Basisfallwert ist es hilfreich, sich in Erinnerung zu rufen, dass die veröffentlichten Kosten ausschließlich anhand der Daten der Normallieger berechnet werden. Die direkte Übernahme auch von adjustierten Kostendaten zur Erlösverteilung ist daher nur für verweildauerunabhängige Module sinnvoll. Diese umfassen in der Regel die Kostenstellen „OP-Bereich" (4), „Anästhesie" (5), „Kreißsaal" (6), „Kardiologische Diagnostik und Therapie" (7) und „Endoskopische Diagnostik und Therapie" (8) sowie die Kostenart „Implantate" (5). Für alle weiteren Kostenbestandteile ist für eine sachgerechte Abbildung der Kurz- und Langlieger ein weiterer Algorithmus erforderlich, der hausindividuell bestimmt werden sollte.

---

[126] Quelle: Uick et al. (2008)

Die Vor- und Nachteile des Kölner Verteilungsmodells sind in Tabelle 45 dargestellt:

Tabelle 45: Vor- und Nachteile des Kölner Verteilungsmodells

Vorteile	Nachteile
• Verrechnung auf Basis tatsächlicher Ist-Kosten des jeweiligen Krankenhauses • Kombination aus Kostenträgerrechnung und Erlössplitting führt zu hoher Transparenz auf Abteilungsebene	• Sehr aufwändiger Ansatz, Umsetzbarkeit nur mit hohem personellen und technischen Aufwand • Hohe Datenqualität auf Kosten- und Leistungsseite erforderlich • Erst nach mehreren Jahren komplett umgesetzt

6.7 Zusammenfassende Bewertung der Methoden

Die Anwendung der etablierten Methoden führt zum Teil zu völlig unterschiedlichen Ergebnissen. Insofern sollte die Wahl einer Methode gut überlegt sein. Um internen Diskussionen vorzubeugen, ist es ratsam, offen mit den Vor- und Nachteilen der jeweiligen Ansätze umzugehen. Dies erhört die Akzeptanz im Rahmen der Einführung einer Profitcenter-Rechnung.

Besonders zu beachten ist, dass bei einzelnen Methoden unter Umständen Fehlanreize gesetzt werden könnten. So berücksichtigt die AKVD-Methode bei der Berechnung der Abteilungs-CMIs die Verweildauer nicht. Da aber bei der Berechnung die Zuschläge bei Überschreitung der oberen Grenzverweildauer Abt.-CMI-erhöhend wirken können, kann dies einer hausweiten Strategie zur Verweildauerreduktion entgegenwirken.

Auch für kleinere Bereiche mit wenig intern unverlegten Patienten (z. B. Intensivstationen) muss überlegt werden, ob diese überhaupt als eigenverantwortliche Profitcenter geführt werden können. Bei mehreren Methoden kann es aufgrund der geringen Fallzahl zu einer deutlichen Verzerrung bzw. Unschärfe kommen, da die abgeleiteten fachabteilungsbezogenen CMIs unter Umständen nicht das tatsächliche Patientenspektrum abbilden.

Bei der Einführung einer entsprechenden Methode ist besonders auch auf die Datenqualität zu achten. Häufig treten Fehler bei der Abteilungszuordnung auf. Gerade aufgrund der kurzen Verweildauer im OP kann es vorkommen, dass Patienten von der Normalstation direkt auf die nachbehandelnde Station (z. B. Intensiv) verlegt werden. Systemseitig kann es aufgrund dieser Eingabepraxis vorkommen, dass die OP-Leistung nicht der operierenden Fachabteilung zugeordnet ist, sondern z. B. der Intensivstation. Dies kann zu erheblichen Verzerrungen führen.

Neuere Ansätze wie die EER-Methode oder das Kölner Verteilungsmodell erreichen eine höhere Genauigkeit, stellen aber eine besondere Herausforderung für die Umsetzung dar und bedürfen u. U. externer Unterstützung.

Um das Leistungsgeschehen in Verbindung mit der Erlössituation transparent und abteilungsbezogen darstellen zu können, sollten sich Krankenhäuser aber dieser Herausforderung annehmen. Zumindest sollte man sich eine Alternative zur gängigen Praxis überlegen, die Erlöse ausschließlich der entlassenden Fachabteilung zuzuordnen. Gerade bei kleineren Abteilungen führt dies im Rahmen der Präsentationen von Kennzahlen immer wieder zu Diskussionen, wenn Patienten mit hohen abzurechnenden effektiven Kostengewichten nach langer Verweildauer kurz vor Entlassung intern in eine andere Fachabteilung verlegt werden.

7 Controlling-Berichte und Kostenträgerrechnung

Dr. Werner Kreysch[127]

7.1 Steuerungsansatz für Krankenhäuser

7.1.1 Steuerungsphilosophien

Krankenhaussteuerung (Controlling) muss die Matrixorganisation des Betriebs berücksichtigen. Hierzu zählt zum einen die Aufbau-, zum anderen die Ablauforganisation einer Klinik. Zentrale Aufgabe des Controllings ist es, die Komplexität des medizinischen Geschehens auf wenige, aber aussagekräftige „Stellschrauben" zu reduzieren. Berichte müssen genau auf diese zentralen Elemente hin verdichtet werden. Da die Führungsphilosophie von den jeweiligen Krankenhausleitungen abhängt, ist es Aufgabe des Controllings, diese Entscheidungswelt aufzugreifen und die Berichte daran anzupassen.

Aufgrund der hohen Komplexität ist eine vollständige Transparenz in der Regel kaum zu erreichen, auch wenn die modernen EDV-Systeme in den letzten Jahren deutliche Fortschritte gebracht haben. Das zentrale Problem liegt aber weniger in der EDV-Verarbeitung, sondern vielmehr in der Rohdatenerfassung. Bereits hier ist genau festzulegen, welche Rohdaten als steuerungsrelevant angesehen werden, sodass sich der Erfassungsaufwand lohnt („Wir zählen keine Aspirin"), und mit welchen Maßnahmen für ausreichende Qualität der erfassten Daten gesorgt werden kann.

Grundsätzlich sollte für alle Controlling-Aktivitäten gelten, wenn möglich auf eine zusätzliche Datenerhebung zu verzichten. Es sollten die Daten Verwendung finden, die bereits aus anderen als Controllinggründen erfasst werden. Hierbei sollte auf die technisch einfachste Dokumentation umgestellt werden. Große Datenmengen erfordern häufig eine EDV-Erfassung, bei kleinen oder speziellen Datenvolumina können auch papierhafte Dokumentationen sinnvoll sein.

Neben der Auswahl der für das Controlling zu verwendenden Rohdaten ist auch zu definieren, welche Ungenauigkeit für ein bestimmtes Ergebnis toleriert wird bzw. ab wann auf eine Interpretation der Ergebnisse verzichtet werden sollte, weil die Zahlen nur eine Scheingenauigkeit vorspiegeln.

---

[127] Dr. Kreysch Clinical Consulting GmbH, Ringstr. 19b, 69115 Heidelberg

211

Zusammenfassend können für das moderne Krankenhaus-Controlling zwei zentrale Ansätze abgeleitet werden:

- Der „systemische Ansatz" versucht, flächendeckend die gesamte Organisation abzubilden. Er erreicht dies zu Lasten der Genauigkeit der Ergebnisse. Die Kostenträgerrechnung nach dem InEK-Kalkulationsleitfaden kann als methodisches Beispiel hierfür gelten, auch wenn das InEK sich in den letzten Jahren zunehmend um eine Genauigkeitsverbesserung durch Erhöhung des Differenzierungsgrades und Einzelkostenzuordnungen bemüht.
- Der „Detailansatz" optimiert die Genauigkeit, kann dies aber nur für Teilbereiche leisten. Mit ihm wird eine Gesamtsteuerung nicht möglich sein. Als Beispiel hierfür können Behandlungspfade gelten, die in einer Bottom-up-Analyse Behandlungswege sehr genau zu beschreiben versuchen. Solche Pfade können – auch mit technischer Unterstützung und Automatisierung – in der Regel nur für einzelne Indikationen definiert werden.

Beide Ansätze ergänzen sich in ihren Stärken und Schwächen. Für ein Problemscreening bietet sich der systemische Ansatz an, der Detailansatz kann einzelne Problemfelder vertiefen. Leichtfertig wird in manchen Kliniken auf den Systemansatz verzichtet, da man aus Erfahrungswerten auf das bestehende Optimierungspotenzial schließt.

7.1.2 Matrixsteuerung in Prozessen und Budgets

Nach altem Budgetrecht wurden Vorhaltekosten im Sinne von Abteilungs- und Basisvorhaltungen über entsprechende tagesgleiche Pflegesätze finanziert. Mit der Änderung der Erlösströme auf Prozesserlöse (Diagnosis Related Groups, Zusatzentgelte) zwingt der Gesetzgeber die Krankenhäuser in vermehrtem Umfang zur Prozesskalkulation. Da die alten Aufbauorganisationen im Sinne von Kliniken und Funktionsbereichen jedoch erhalten bleiben, wird eine Matrixsteuerung erforderlich, die sowohl die Prozess- als auch Budgetkomponenten darstellt.

Zwischen den beiden Sichten vermitteln die sog. Kostensätze oder „Tarife", die den Preis je Leistungseinheit in einer Kostenstelle bedeuten. Sie werden definiert als

$$\text{Tarif} = \frac{\text{Summe prozessrelevanter Kosten}}{\text{Summe der Prozessleistungen}}$$

Der Zähler kommt also aus dem Finanzbudget, der Nenner aus den Prozessen. Diese Tarife wirken wie Scharniergelenke in der Matrix. Sie ermöglichen es, Veränderungen in der einen Sichtweise in die andere umzurechnen und zurück.

Zum weiteren Verständnis ist eine Präzisierung des Budgetbegriffs unter Steuerungsgesichtspunkten erforderlich. Budgets bestehen grundsätzlich aus der untrennbaren Verknüpfung von Leistungs-, Erlös- und Kostenbudget. Diese sind für die verschiedenen Analysen und Bewertungen „verursachungsgerecht" zu clustern.

1. Schritt: Das Leistungsgeschehen (der Prozess) definiert den Cluster; eigentlich wäre für jeden Prozess ein eigenes Dreieck aus Leistungen, Kosten und Erlösen zu definieren. Die Steuerungskunst liegt vor allem in der optimalen Bündelung von Prozessen:

- nicht zu kleinteilig, da das System sonst unüberschaubar würde, aber
- detailliert genug, um alle wesentlichen Strukturen abzubilden.

2. Schritt: Den Leistungen werden im zweiten Schritt die zugehörigen internen und/oder externen Erlöse zugeordnet. Diese limitieren dann im 3. Schritt die „Produktions"-Kosten.

In Erweiterung der üblichen Umlagenrechnung sind im Sinne der vorstehenden Überlegungen nicht nur Kostenverschiebungen, sondern in analoger Form auch Erlösverrechnungen durchzuführen. Dies sei an einem Beispiel aus dem Bereich Krankenpflegeschule erläutert: Kassenzahlungen für den Schülerfonds können auf die Krankenpflegeschule verrechnet werden. Dort werden auch die Abgaben an den Fonds und die eigentlichen Fondszuweisungen abgebildet, ebenso wie die Gehälter der Lehrkräfte und der Schüler. Von hier aus findet die anteilige Verrechnung von Schülern auf den Pflegedienst statt.

7.2 Kennzahlen

7.2.1 Methodische Übersicht

Für die Steuerung lassen sich grundsätzlich drei methodische Ansätze unterscheiden:

- Soll-Ist-Vergleiche im gleichen Haus, also Ist gegen Wirtschaftsplan oder Budget (wirtschaftlich relevant, aber unklar, ob nicht mit den Sollvorgaben, die häufig aus früheren Jahren extrapoliert werden, Unwirtschaftlichkeiten fortgeschrieben werden)
- Ist-Vergleiche im gleichen Haus gegen Vorjahr(e) (sofern keine wesentlichen Strukturveränderungen vorliegen: gute Vergleichbarkeit, aber Fortschreibung eines unklaren wirtschaftlichen Optimierungspotenzials)
- Ist-Vergleiche zwischen unterschiedlichen Häusern (Benchmark): (meist eingeschränkte Vergleichbarkeit, aber objektiver Maßstab). Einen Sonderfall des Benchmarks stellt der Vergleich zu den veröffentlichten DRG-

bezogenen InEK-Modultabellen dar. Hierbei handelt es sich um eine Art normativen Vergleichs mit den Kalkulationshäusern.

Auch bei diesen Verfahren ergänzen sich die Vor- und Nachteile. Aufgrund der impliziten Einschränkungen ist keines für sich allein aussagekräftig.

7.2.2 Externe Leistungs-Kennzahlen

Bei externen Leistungen handelt es sich um solche, die gegenüber Dritten abgerechnet werden können. Hierbei können unterschiedliche Abrechnungsformen unterschieden werden, die jeweils eigene Kennzahlen erfordern.

7.2.2.1 DRG- Kennzahlen

Den Umsatzanteilen entsprechend sind hier die DRG-Kennzahlen von existenzieller Bedeutung:

- Casemix, Fallzahl und CMI als Quotient aus diesen beiden Parametern
- Anteil der Kurzlieger, Langlieger und der verlegten Patienten absolut und in % sowie deren Einfluss auf den CMI
- Zusatzentgelte und ggf. neue Untersuchungs- und Behandlungsmethoden (NUB)

Neben diesen beiden Gruppen, die in den meisten Häusern zum Grundkennzahlenwerk gehören, sind

- Jahresverlauf dieser Parameter, typisch in Monatswerten und im Vergleich mit den Sollvorgaben, und
- ein differenziertes E1-Controlling

sinnvolle Erweiterungen.

Zum E1-Controlling lassen sich zwei ergänzende Anmerkungen machen, die auch analog für Zusatzentgelte und NUB gelten:

1. Das E1 entsteht in den Verhandlungen mit den Krankenkassen für ein ganzes Haus, von Ausnahmen abgesehen sind Verschiebungen „unter dem Deckel" möglich. Intern sollte dieses aber auf Abteilungsebene entstehen, um hier eine differenzierte Steuerung zu ermöglichen. Nur auf dieser Basis sind Leistungsvereinbarungen mit den jeweiligen Chefärzten möglich. Sofern gerade in größeren oder komplexen Häusern (z. B. kleiner, aber mit vielen Belegärzten) mit den Kassen nur über Gesamt-CM und Fallzahlen verhandelt wird, bedarf es eines zusätzlichen Instruments der Aufteilung der Gesamtwerte auf die einzelnen Abteilungen. Es wird empfohlen, die

Planung von Beginn an auf der höheren Detailebene durchzuführen: Eine Verdichtung ist leichter durchzuführen als eine spätere Differenzierung.

2. Es müssen auch Verschiebungen im Fallmix erkannt werden, selbst wenn diese in der Summe zum gleichen CMI einer Abteilung führen. Solche Verschiebungen sind häufig Ausdruck von Patientenwanderungsbewegungen bzw. eines geänderten Zuweiserverhaltens und von daher von sehr wichtiger strategischer Bedeutung. Diese Abweichungsanalyse erfolgt am einfachsten über

Kennzahl Abweichungsanalyse = $\sum$ (Fallzahl Soll – Fallzahl Ist)^2

Der folgende Ausschnitt zeigt eine entsprechende Auswertung für den Status „0" (keine Grenzverweildauereffekte) sowie „1" (Abschläge wegen Unterschreitung der unteren Grenzverweildauer).

Eine strukturidentische Tabelle wird verwendet, um das Ergebnis von Budgetverhandlungen in verschiedenen Szenarien zu simulieren. Dies erfolgt auf Fachabteilungsebene, geeignete IT-Werkzeuge (z. B. Microsoft Excel, Access, Data-Warehouse) fassen die Einzelansätze zur Gesamttabelle zusammen.

Die Tabelle in Abbildung 20 lässt sich auch als Planungsformular einsetzen, das Gesamtfallzahlen auf den Ebenen

* Gesamtkrankenhaus
* Hauptabteilungen/Belegabteilungen
* Kliniken
* Einzel-DRGs
* Zusatzentgelte

zu simulieren gestattet und den Planungsprozess unterstützt. Die Abbildung ist identisch für die Varianten Kurzlieger (1), Langlieger (2), verlegte Patienten (3). Ergänzend können hierbei Spalten für die Abweichungsanalyse (Soll/Ist) je DRG eingefügt werden.

Von zunehmender Steuerungsbedeutung sind auch die vor- und nachstationären Leistungen. Während die Leistungen zunächst nur für die interne Steuerung relevant sind, kommt hinzu, dass lediglich die rein vorstationären Leistungen und die nachstationären Tage nur bei Überschreitung der oberen Grenzverweildauer abgerechnet werden können.

Innere Medizin
Jan. bis Aug.

DRG // Bezeichnung	Fälle		0 : Normallieger ohne Zu. und Abschläge							
			Relativgewicht				Verweildauer			
							Durchschnitt.		Summe	
	Soll	Ist	Soll (SU)	Soll	Ist (SU)	Ist	Soll	Ist	Soll	Ist
F70A Schwere Arrhythmie und Herzstillstand mit äußerst schwer	2	-	2,24	1,120	-	-	8,0	-	16,1	-
F70B Schwere Arrhythmie und Herzstillstand ohne äußerst schwe	8	4	5,68	0,710	2,848	0,712	7,5	7,0	60,2	28,0
F71A Nicht schwere kardiale Arrhythmie und Erregungsleitungsst	5	1	5,28	0,985	0,978	0,978	11,7	18,0	62,6	18,0
F71B Nicht schwere kardiale Arrhythmie und Erregungsleitungsst	33	36	21,68	0,664	23,904	0,664	7,8	6,6	253,7	236,0
F72A Instabile Angina pectoris mit äußerst schweren oder schwe	1	4	1,28	0,941	3,684	0,921	7,2	7,5	9,8	30,0
F72B Instabile Angina pectoris ohne äußerst schwere oder schwe	18	13	12,08	0,671	8,736	0,672	6,7	5,8	120,4	76,0
F73A Synkope und Kollaps mit äußerst schweren oder schweren	3	3	2,32	0,879	2,658	0,886	10,7	3,3	28,2	10,0
F73B Synkope und Kollaps ohne äußerst schwere oder schwere (	21	9	12,88	0,624	5,625	0,625	6,5	7,2	134,1	65,0
F74Z Thoraxschmerz	11	13	5,52	0,519	6,734	0,518	2,9	4,0	31,3	52,0
F75B Andere Krankheiten des Kreislaufsystems mit schweren CC	-	3	-	-	2,766	0,922	-	10,0		30,0
F75C Andere Krankheiten des Kreislaufsystems ohne äußerst sc	3	4	2,32	0,690	2,760	0,690	8,9	5,5	29,8	22,0
F Kreislaufsystem	*314*	*270*	*266,16*	*0,848*	*240,425*	*0,890*	*8,8*	*8,9*	*2.756,7*	*2.408,0*
Z Sonstige Erkrankungen	*7*	*6*	*5,36*	*0,736*	*4,794*	*0,799*	*7,1*	*8,2*	*51,4*	*49,0*
Alle DRG	**987**	**1.021**	**859,04**	**0,870**	**877,016**	**0,859**	**8,7**	**8,4**	**8.581,8**	**8.586,0**

Abbildung 20: „E1+"Fallmix-Simulation

7.2.2.2 Ergänzende Leistungskennzahlen

Bei den ergänzenden Leistungen handelt es sich vor allem um den Nicht-DRG-Bereich, d. h. diese werden nicht über die DRG-Systematik abgerechnet. Auch hier sind spezifische Kennzahlen zur effizienten Steuerung erforderlich.

Im Pflegesatzbereich (z. B. Bundespflegesatzverordnung/Psychiatrie oder medizinische Rehabilitation) spielt nach wie vor die

• Auslastung/Mitternachtsstatistik

die zentrale Rolle. Sie ist gleichzeitig eine Kennzahl für die interne Leistungserbringung (Pflegetage der Stationen).

In den Ambulanzbereichen gestalten sich Definitionen und Erfassung schwierig, zumal hier ein gleitender Übergang zu den vorstationären Behandlungen besteht. Von der Erfassung her ist eindeutig zwischen

• Patientenkontakten (Besuchen) und
• „Scheinen" (je Quartal)

zu unterscheiden. Die eingesetzten IT-Systeme lassen häufig nur eine der beiden als Extraktion zu. Liegen beide vor, kann auch der

• Quotient Besuche pro Schein

ermittelt werden. Für die Erfassung der vorstationären Fälle ist ein nachvollziehbarer Fallnummernübergang notwendig, der zusätzlich die Abtrennung der rein vorstationären Fälle ermöglicht. Hier treten in der Praxis vielfach Schwierigkeiten auf, soweit in den Ambulanzen getrennte Abrechnungssysteme mit eigener Fallnummernvergabe eingesetzt werden. Durchläuft ein ambulanter Patient mehrere Funktionsbereiche (z. B. Internistische Ambulanz → Röntgen → Labor → internistische Ambulanz) ist es möglich, dass je nach Abrechnungsstatus mehrere Fallnummern im gleichen Prozess vergeben werden.

Für das ambulante Operieren sollte abteilungsspezifisch mindestens die Anzahl der Behandlungen nach § 115b erfasst werden, besser mit Leit-EBM-Ziffer.

7.2.3 Interne Leistungskennzahlen

7.2.3.1 Kennzahlen auf Basis einer Kostenträgerrechnung (mit Fallbezug)

Leistungen werden in Kostenstellen erbracht, die sich über die Art der erbrachten Leistungen definieren. Erzeugt eine Kostenstelle inkommensurable

217

Leistungsarten, z. B. Liegetage und PPR (Pflegepersonal-Regelung)-Minuten auf Stationen, so empfiehlt sich die (virtuelle) Aufteilung der Kostenstelle in Unterkostenstellen, die dann jeweils „sortenrein" arbeiten.

Theoretisch denkbar ist auch, eine Kostenstelle zu belassen und die Kosten-artenmodule nach Leistungen differenziert zu kalkulieren. Zur besseren Übersicht in der Steuerung hat sich jedoch die Definition von Unterkosten-stellen bewährt, deren Aufsplittung dann im typischen Fall nach den InEK-Modulen erfolgt.

Der InEK-Kalkulationsleitfaden enthält differenzierte Hinweise darauf, wel-che Leistungskennzahlen in welcher Kostenstelle zugelassen sind. Im typi-schen Fall werden die in Tabelle 46 genannten Leistungsarten benutzt.

Das InEK hat in seinen Kalkulationsvorschriften die Anforderungen an die Differenzierung der Leistungserfassung und der Umlagenrechnung in den vergangenen Jahren kontinuierlich erhöht. Ein Kalkulationshaus muss die InEK-konformen Leistungen in entsprechender Kostenstellenstrukturierung dokumentieren.

Wer mit geringerem Erfassungsaufwand eine vereinfachte Kostenträger-rechnung zu Zwecken der internen Steuerung ohne InEK-Teilnahme durch-führen will, kann mit den in der rechten Spalte angegebenen einfacheren Leistungsparametern arbeiten. Die InEK-Anforderungen werden auf diesem Wege zwar nicht erfüllt, trotzdem lassen sich insbesondere im Jahresvergleich sinnvolle Aussagen bei erheblich vereinfachtem Aufwand ableiten.

Auf dieser Basis bieten sich dann die folgenden Leistungskennzahlen (hier am Beispiel Labor einschließlich Blutkonserven) an:

• Leistungsmengen (= Punkte) gesamt, je Klinik, je DRG (ggf. auch je Casemix-Punkt)
  Kostensatz (Tarif) für diese Leistungen
• Gesamtkosten (ggf. auch je Casemix-Punkt)

Es sollte eine Aufteilung Plan/Ist/Vorjahresvergleich erfolgen.

Bei ausreichender Differenzierung der Kostenstellenrechnung lassen sich ana-loge Kennzahlen auch – ohne Fallbezug – direkt aus den Finanzbuchhaltung (FiBu)-Salden je Kostenstellen bilden. Diese Werte sind weniger differenziert als die zuvor beschriebenen, es können aber z. B. Gesamtkosten des Labors durchaus aus den entsprechenden Konten(gruppen) der FiBu ermittelt und sinngemäß in die obige Tabelle eingesetzt werden. Möglich ist auch die Ermittlung von Kostensätzen.

Tabelle 46: Leistungsarten

Kosten-stellen-Gruppe	Bezeichnung	Leistungsart InEK-konform	Leistungsart vereinfacht, nicht mehr InEK-konform
1	Normal-station	PPR-Minuten Liegetage Arztbetreuungstage	Liegetage
2	Intensivsta-tionen	Gewichtete Intensivstunden	Liegetage
3	Dialyse	Gewichtete Dialysen nach Dialysearten	Ungewichtete Dialysen
4	OP	Schnitt-Naht-Zeit mit Gleichzeitigkeits-faktor und Rüstzeit	Schnitt-Naht-Zeit Saalbelegungszeit
5	Narkose	Anästhesiezeit (mit Gleichzeitigkeits-faktor, GZF)	Narkosedauer („XX") Anästhesist-Anwesenheit („AA")
6	Kreißsaal	Aufenthaltszeit der Mutter	Anzahl Säuglinge
7	Kardiolo-gische Diagnostik	Eingriffszeit Punkte laut Katalog	Aus OPS gewichtete Punkte
8	Endoskopie	Eingriffszeit Punkte laut Katalog	Aus OPS gewichtete Punkte
9	Radiologie	Punkte laut Katalog	Gewichtete Punkte
10	Labor	Punkte laut Katalog	Gewichtete Punkte
11	Sonstige Diagnostik	Eingriffszeit Punkte laut Katalog	Gewichtete Punkte
12	Basisbereich	Nicht mehr zuläs-sig: Basisliegetage, Kosten sind in der Umlage auf die anderen Leistungs-stellen zu verteilen	Basisliegetage
MEK	Material- und Prozedurein-zelkosten	Fallbezogene mone-täre Einzelerfassung	Zuordnung über klinische Verteilungsmodelle, z. B. aus OPS

219

7.2.4 Materialkennzahlen

7.2.4.1 Kennzahlen nach Kostenträgerrechnung (mit Fallbezug)

Zusätzlich zu den dienstleistungsorientierten Werten wird die Zuordnung „teurer" Einzelmaterialien immer wichtiger. Je mehr Einzelmaterialien direkt dem Fall zugeordnet werden können, desto geringer wird die Summe der über Hilfskonstruktionen (z. B. PPR-Minuten) pauschal zu verteilenden Kosten.

Auch hierbei müssen die InEK-Anforderungen mit den Dokumentationsmöglichkeiten der Häuser in Einklang gebracht werden. Für Kalkulationshäuser gilt die sog. Anlage 10 des Kalkulationsleitfadens, nach der bestimmte Materialien ohne Ausnahme (z. B. Blutersatzstoffe) und andere bei Überschreitung einer Mindestgrenze je Fall (typisch 300 Euro) einzeln dokumentiert werden müssen. Im Fallbezug liegt eine Tücke: Wenn eine typische Medikamentendosis je Einzelapplikation z. B. 60 Euro kostet, der Patient im Behandlungsverlauf aber mehr als vier davon erhält, wird die 300 Euro-Grenze erreicht bzw. überschritten. Die konkrete Erfassungsgrenze muss also ggf. deutlich unter 300 Euro liegen.

Dabei untersagt der Kalkulationsleitfaden weitgehend den Einsatz „Klinischer Verteilungsmodelle", also die Ableitung des Materials aus einer Kombination klinischer Daten, insbesondere OPS- und ICD-Schlüsseln. Nun sind aber zahlreiche OPS zwingend materialgetriggert, teilweise sogar differenziert, so z. B. Hüftprothesen oder Augenlinsen. Für Zwecke der internen Steuerung kann man solche klinischen Verteilungsmodelle alternativ einsetzen, denn sie verringern den Erfassungsaufwand. Kalkulationshäuser müssen die Materialien getrennt und fallbezogen erfassen.

7.2.5 Kennzahlen aus der InEK-Vergleichskalkulation

Das InEK veröffentlicht für ein Kalkulationsjahr die Kalkulationsmittelwerte je DRG und Modul, die dann zu den Fallgewichten überleiten. Diese Tabellen werden zunehmend zu Vergleichskalkulationen eingesetzt, indem die Ist-Daten des Krankenhauses entsprechend strukturiert und gegenübergestellt werden. Ein typisches Beispiel zeigt Abbildung 21 (Ausschnitte):

Gezeigt wird ein Ausschnitt aus der Vergleichskalkulation für die DRG I48Z. Module mit roten Zahlen deuten höhere Kosten des Krankenhauses gegenüber den InEK- Matrixwerten an. Zu beachten ist, dass die veröffentlichten InEK-Tabellen ausschließlich Normallieger enthalten, also Patienten ohne Zu- oder Abschläge. Ein Vergleich über alle Patienten des Krankenhauses inklusive der Kurz- und Langlieger führt zu erheblichen Verzerrungen und wäre in dieser Form methodisch unzulässig.

JAHRE	2006
MONATE	Jan - Dez
SZENARIO	Ist mit Abgrenzung
FAB	alle FAB
DRG	06.I48Z
FALLNR	stationäre f

06.I48Z Revision oder Ersatz des Hüftgelenkes ohne komplizierende Diagnose, ohne Arthrodese, ohne komplexen Eingriff, ohne äußerst schwere CC

Neu Berechnen

Baserate:	2561,64
Fälle:	7
Fälle alle	9
Status:	

Kosten-stellen		Kosten Grp 1	Kosten Grp 2	Kosten Grp 3	Kosten Grp 4a	Kosten Grp 4b	Kosten Grp 5	Kosten Grp 6a	Kosten Grp 6b	Kosten Grp 7	Kosten Grp 8	Summe
1 NS	1	286	781	42	68			128		79	29	1.413
1 NS Inek	1	313	903	81	84	4	-	64	4	117	546	2.115
Differenz		27	121	39	16	4	-	-64	4	39	517	703
4 OP	4	186	-	199	22		1.382	147		85	7	2.028
4 OP Inek	4	288	-	260	16	7	1.239	182	29	79	122	2.223
Differenz		102	-	60	-6	7	-142	35	29	-6	115	195
5 ANAE	5	200	-	136	13			33		12	6	401
5 ANAE Inek	5	188	-	137	16	0	-	47	1	18	35	442
Differenz		-12	-	1	2	0	-	14	1	6	29	41
9 RADIO	9	31	-	31	0			11		11	2	87
9 RADIO Inek	9	15	-	34	0	0	0	13	6	8	14	90
Differenz		-16	-	3	0	0	0	2	6	-3	12	3
10 LAB	10	-	-	-	-			52		-	-	231
10 LAB Inek	10	11	-	52	2	60	-	33	8	3	13	183
Differenz		11	-	52	2	-119	-	-18	8	3	13	-48
11 ÜBR	11	6	-	123	0			6		1	1	136
11 ÜBR Inek	11	15	1	147	0	0	0	13	4	5	93	278
Differenz		9	1	24	0	0	0	7	4	4	92	142
Summe pro Fall STJ		709	781	531	104	179	1.382	376		187	1.463	5.713
Summe pro Fall Inek		868	1.003	719	134	72	1.240	366	54	237	1.386	6.079
Differenz		158	222	188	30	-107	-142	-10	54	50	-76	366

Abbildung 21: Gegenüberstellung InEK-Kalkulation

Die vorstehende Methodik kann relativ leicht über alle Fallgruppen eines Hauses oder einer Abteilung summiert werden, indem die jeweiligen Fallzahlen des Hauses als Multiplikator für die Tabellen eingesetzt und schließlich über alle DRGs summiert werden. Hierdurch ergeben sich Gesamtkosten in den einzelnen Modulen, die unmittelbar als Referenz für die Krankenhauskosten eingesetzt werden.

Die Methode wird besonders gern für die relativ präzise definierten Personal-Kostenartengruppen 1 bis 3 eingesetzt und soll hier zu Personalbemessungs-zahlen führen. Leider hat dieses Verfahren die gleiche Einschränkung wie bei den Einzel-DRG-Vergleichen: Es dürfen nur Normallieger gerechnet werden. Die bei Einbezug von Kurz- und Langliegern sowie verlegten Patienten auf-tretenden Verzerrungen sind erheblich, wie das Beispiel in Abbildung 22 zeigt:

Übersicht			Normallieger	Kurzlieger	Langlieger	verlegte Patienten	
		Alle Status	0	1	2	3	4
alle FAB	InEK	9.866.040	8.293.823	476.124	909.824	22.949	163.320
	KH_Ist	9.808.134	7.886.010	314.311	1.441.260	16.616	149.937
	Diff	57.906,43	407.812,91	161.813,25	-531.435,52	6.333,20	13.382,60
Stationär	InEK	9.866.040	8.293.823	476.124	909.824	22.949	163.320
	KH_Ist	9.808.134	7.886.010	314.311	1.441.260	16.616	149.937
	Diff	57.906,43	407.812,91	161.813,25	-531.435,52	6.333,20	13.382,60
HA	InEK	9.551.605	8.009.490	452.067	903.946	22.949	162.252
	KH_Ist	9.449.262	7.564.509	289.963	1.429.213	16.616	148.961
	Diff	102.342,28	444.980,83	163.003,97	-525.266,73	6.333,20	13.291,01
BA	InEK	314.436	284.333	23.157	5.878	0	1.068
	KH_Ist	358.872	321.501	24.348	12.047	0	976
	Diff	-44.435,85	-37.167,93	-1.190,72	-6.168,78	0,00	91,58

Abbildung 22: Vergleich Normal- zu Kurz- und Langliegern

1. Schritt: Vergleichskalkulation (Ausschnitt) nur über Normallieger und Verdichtung über alle DRGs und Fachabteilungen des Krankenhauses. Bei diesem älteren Beispiel wurden die Kalkulationen auch nur über die Haupt-abteilungen des Hauses durchgeführt, weil Tabellen für die Belegabteilungen noch nicht veröffentlicht waren. Hier endet der Vergleich mit 444.980 Euro zu Gunsten des Hauses.

2. Schritt: Extrapolation auf alle Fälle des Hauses. Diese Extrapolation kann wegen der fehlenden Modultabellen nicht mehr je Modul durchgeführt wer-den. Da aber die Gesamteffektivgewichte der anderen Patientengruppen, insbesondere der Kurz- und Langlieger bekannt sind, können deren Gesamt-kosten mit den InEK-Normalkosten verglichen werden.

In dem rot markierten Bereich (Abbildung 22) ist das wesentliche Ergebnis der Hochrechnung hervorgehoben: Das Normallieger-Ergebnis findet sich korrekt wieder, wird allerdings ergänzt um eine Verbesserung im Kurzliegerbereich von 163.000 Euro und eine Verschlechterung im Langliegerbereich um −525.000 Euro. Insgesamt lag das Haus mit circa 10.000 Euro Differenz fast punktgenau auf InEK-Kurs, aber mit erheblichen Verwerfungen „unter dem Deckel".

Vor einem Gesamtvergleich wird aus diesen Gründen daher dringend abgeraten. Ein Normallieger-Vergleich bietet aber auch bereits sehr wertvolle Informationen, allerdings können keine Aussagen über die Personalgesamtkosten abgeleitet werden.

7.2.6 Zeit-Leistungs- und Zeit-Kosten-Diagramme

7.2.6.1 Zeit-Leistungs-Diagramme

Unter Zeit-Leistungs-Diagrammen („Medizinischen Pfaden") kann die Auswertung der am Patienten erbrachten Leistungen nach Behandlungstagen zusammengefasst werden. Medizinische Pfade sind gröber als „Clinical Pathways", sie lassen sich jedoch durch Auswertung der in den Leistungsdaten enthaltenen Zeitinformation direkt und ohne zusätzlichen Erfassungsaufwand generieren. Abbildung 23 zeigt einen Ausschnitt in Zahlendarstellung, die sich in ansprechender Form auch grafisch in Kurvendarstellung abbilden lässt.

		Tag nach Aufnahme							
		0	1	2	3	4	5	6	7
Anzahl Fälle:	28								
Erlösentwcklung nach DRG		11,27	17,37	17,45	17,52	17,60	17,68	17,75	17,83
	Grenzverweildauer mittlere Verweildauer						◢		
Fälle		28	28	28	28	28	28	28	28
Normalstation	Pflegetage (24h)	17,1	26,9	26,9	27,6	28,0	28,0	28,0	28,0
Intensivstation	Pflegetage (24h)	-	1,1	1,1	0,4	-	-	-	-
Operationen	[Anzahl Fälle]	-	27	-	1	-	-	-	-
	OP-Zeit Schnitt-Naht (	-	26	-	1	-	-	-	-
	OP-Zeit Anästhesie (M	-	27	-	1	-	-	-	-
Implantate	[Anzahl Fälle]	-	27	-	1	-	-	-	-
Blut [Anzahl Fälle]		7	-	-	-	-	-	-	-
Geburten [Anzahl Fälle]		-	-	-	-	-	-	-	-
Röntgen [Anzahl Fälle]		13	1	26	-	-	1	1	-
	Radiologie (Anz. Leist	27	2	53	-	-	2	2	-
	5010 Finger oder Zel	-	-	-	-	-	-	-	-
	5011 Finger oder Zel	-	-	-	-	-	-	-	-
	5020 Handgelenk, M	3	-	1	-	-	-	-	-
	5021 Handgelenk, M	-	-	-	-	-	-	-	-
	5030 Oberarm, Unter	1	-	-	-	-	-	-	-
	5031 Oberarm, Unter	7	1	26	-	-	1	1	-
	5035 Teile des Skele	-	-	-	-	-	-	-	-
	5040 Beckenübersic	6	1	26	-	-	1	1	-
	5135 Brustorgane-Ü	3	-	-	-	-	-	-	-
	5137 Brustorgane-Ü	7	-	-	-	-	-	-	-
CT Extern [Anzahl Fälle]		-	-	-	-	-	-	-	-
Labor Intern [Anzahl Fälle]		19	24	5	23	1	5	19	3
Labor Extern [Anzahl Fälle]		-	-	-	-	-	-	-	-
FD Innere und Chirurgie [Anzahl Fälle]		-	-	1	-	-	-	-	-
Endoskopische Leistungen		-	-	-	-	-	-	-	-
Physikalische Therapie [Anzahl Fälle		-	17	23	20	18	19	17	23
Untersuchungen in fremden Instituten		-	-	-	-	-	-	-	DH

Abbildung 23: Medizinischer Pfad I03D (Beispielausschnitt)

Der Behandlungsprozess kann auf diesem Weg z. B. unter den folgenden Gesichtspunkten analysiert werden:

- Zeitablauf der Aufnahmuntersuchungen und der diagnostischen Klärungen
- „Standardaufnahmeroutinen": zu viel oder zu wenig?
- Einsatz von Querschnittsbildern
- Verlegungen in andere Fachabteilungen, z. B. in ein „Bauchzentrum"
- Entlassungsdynamik in Relation zur mittleren Verweildauer nach InEK
- Pflegebedürftigkeit länger liegender Patienten (Verlegungsproblem?)
- Physikalisch-therapeutische Maßnahmen nach einer OP

Bei Bedarf kann die Summenkurve jeder DRG auf Einzelfälle heruntergebrochen werden, z. B. eine Filterung

- für alle eingearbeiteten Fälle
- für die DRG bzw. DRG-Gruppe (z. B. MDC)
- für Jahr und Monat
- für den E1+-Status
- auf die Einzelfälle („drill-down")

Über eine Detailanalyse der Pflegeintensitäten bei länger liegenden Patienten können vorhandene Schwächen im Entlassmanagement aufgedeckt werden, Abbildung 24 verdeutlicht.

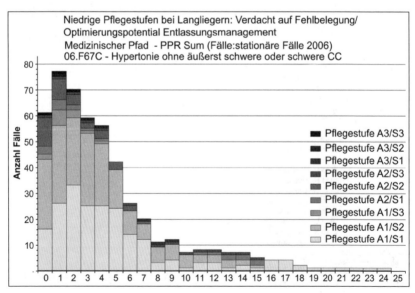

Abbildung 24: Intensitätsmonitoring des Pflegeprozesses

7.2.6.2 Zeit-Kosten-Diagramme („Kostenpfade")

Durch Bewertung der in den medizinischen Pfaden dargestellten Leistungen mit den jeweiligen Kostensätzen ergeben sich Kostenpfade als Kumulation aller Einzelkosten über den Behandlungsverlauf. In Erweiterung der Kostenträgerrechnung stellen sie die Zeitdynamik der Kostenentwicklung über den Aufenthalt dar. Die Kostenträgerrechnung stellt quasi den Schnitt durch den Kostenpfad am Entlasstag dar. Erläuternd wird auf Abbildung 25 verwiesen.

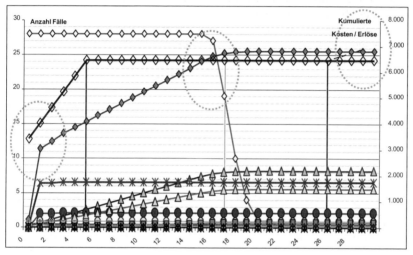

Abbildung 25: Kostenpfadanalyse

Die blaue Summenkurve über die Behandlungstage kumulierter Kosten schneidet die Erlöskurve am 16. Behandlungstag. Insgesamt liegen die Kosten höher als die Erlöse: negativer Deckungsbeitrag. Die grünen Kreise geben die Bereiche wichtiger Analysen an: Anstiegssteilheit in den ersten Behandlungstagen, Schnittpunkte mit der Erlöskurve und Gesamtergebnis. Zusätzlich sind die Erlöskurve sowie die Verweildauergrenzen und MVD (mittlere Verweildauer) des DRG-Kataloges eingeblendet. Die unteren Kurven stellen Einzelkosten dar, die für die Gesamtanalyse erst im zweiten Schritt wichtig werden.

225

7.2.7 Ist-Kosten-Benchmarks zwischen mehreren Krankenhäusern

Ist-Kosten-Benchmarks vermeiden die Nachteile des InEK-Vergleichs, da alle Kostensätze und Leistungszahlen transparent sind, auch die von Kurz- und Langliegern. Nach Durchführung einer Kostenträgerrechnung liegen zahlreiche Detailinformationen vor, die sich hervorragend zum Vergleich über mehrere Krankenhäuser eignen. Folgende Parameter sind besonders interessant:

• Fallzahlen und Kostengewichte der Fälle nach DRG, ICD, Status, FAB, daraus ableitend den CMI
• Leistungsmengen und DRG-relevante Kosten der Kostenstellen, daraus ableitend die Kostensätze, und Kosten in Kostenarten- und Kostenstellengruppen (Modulen)
• Leistungen an Behandlungstagen, daraus ableitend die Medizinischen Pfade als Prozessdarstellungen

Insbesondere Kostensätze eignen sich sehr gut als Produktivitätskennzahlen, da sie den Aufwand für eine Leistungseinheit (nach Katalog) darstellen, was an folgendem Beispiel aus Abbildung 26 verdeutlicht werden soll.

	alle KHS	1	2	3	4	5	6	Referenz	7
PPR Minuten (2, 4a, 6a)	97.689.330	6.916.917	9.290.952	5.072.393	4.942.715	3.629.113	3.222.409	3.751.477	12.097.070
Kosten PD	50.278.730,98	3.486.884,60	3.881.758,88	2.766.509,68	3.166.554,07	1.982.046,78	1.726.589,46	2.094.671,43	6.426.231,59
Kostensatz	0,515	0,504	0,418	0,545	0,641	0,546	0,536	0,558	0,531
Kosten Arzneimitel indirekt	4.751.928,04	318.884,63	378.348,55	233.489,10	239.030,06	151.469,69	125.195,77	243.233,69	676.939,34
Kostensatz	0,049	0,046	0,041	0,046	0,048	0,042	0,039	0,065	0,056
Med. Sachkosten indirekt	4.026.861,40	192.871,90	164.533,18	183.266,15	377.329,59	84.698,79	186.252,43	182.287,69	630.139,81
Kostensatz	0,041	0,028	0,018	0,036	0,076	0,023	0,058	0,049	0,052
Gesamtkosten PPR	59.057.841,58	3.998.641,13	4.424.640,61	3.183.264,93	3.782.913,72	2.218.215,26	2.038.037,66	2.520.192,82	7.733.310,74
Kostensatz PPR gesamt	0,60	0,58	0,48	0,63	0,77	0,61	0,63	0,67	0,64
Anzahl der PPR_Minuten/Tag	151,44	142,08	161,30	133,41	128,24	146,91	151,63	135,85	143,11
Durchschn. PPR_Kosten pro Tag	91,55	82,14	76,81	83,72	98,15	89,80	95,90	91,26	91,48

Abbildung 26: Produktivitätskennzahl- Kostensatzvergleich für PPR-Minuten

Es ist auch möglich, ein Benchmark über die Modulkosten in Kostenarten und Kostenstellen durchzuführen. Die Kostenstrukturen je DRG bzw. ICD werden hierbei nach Kostenartengruppen oder alternativ nach Kostenstellengruppen dargestellt. Die folgende Auswertung in Abbildung 27 für Kostenartenmodule wird auch für Kostenstellengruppen erzeugt.[128]

---

[128] Neben den Modulen werden auch die CMI und Deckungsbeiträge dargestellt. Die vom ambulanten Operieren bedrohte F39B ist in keinem der Häuser kostendeckend.

Mittlere Erlöse und Kosten je DRG und Fall

Unterbindung und Stripping von Venen ohne ohne beidseitigen Eingriff, ohne Ulzeration, ohne äußerst schwere oder schwere CC

Werte in €

JAHRE / MONATE	2006 *Gesamtjahr*									
SZENARIO	*Ist*									
FAB	*Alle FAB*									
DRG	*06.F39B*									
LEISTART	*Alle LST*									
KST	*Alle KST*									
Status	*Alle Status*									
ICD	*alle ICD*									
Tage	*Medizinischer Pfad*									
	alle KHS	1	2	3	4	5	6 Referenz-KH	7	8	
Fallzahl	342	6	50	2	3	33	2	22	30	
CMI	0,538	0,623	0,559	0,534	0,494	0,603	0,534	0,470	0,600	
Erlös (einschl. ZE)	1.446	1.568	1.515	1.526	1.275	1.736	1.569	1.275	1.538	
DRG Erlöse	1.459	1.568	1.515	1.526	1.275	1.736	1.569	1.275	1.538	
Kosten ÄD	406	440	569	417		392	623	559	605	
Kosten PD	172	182	175	111		159	229	109	221	
Kosten FD / MTD	285	344	421	372		244	529	320	366	
Arzneimittel indirekt	35	44	60	23		15	36	46	66	
Arzneimittel direkt										
Implantate	3						49			
Med. Sachkosten indirekt	176	92	295	179		179	205	210	244	
Med. Sachkosten direkt	19			5		187		3		
Med. Infrastruktur	128	129	175	118		110	89	89	93	
Nicht-med. Infrastruktur	394	409	404	515		570	789	461	450	
Summe Kosten	**1618**	**1640**	**2099**	**1740**	**2074**	**1856**	**2549**	**1797**	**2045**	
Deckungsbeitrag	-172	-72	-584	-214	-799	-120	-980	-522	-507	
... DB in %	-12%	-5%	-39%	-14%	-63%	-7%	-63%	-41%	-33%	

Abbildung 27: Kostenartenmodule der F39B (Beispielmodule)

Auch die oben genannten Zeit-Leistungsdiagramme lassen sich zum Prozess-Benchmark zwischen zwei oder mehreren Krankenhäusern einsetzen, was die folgende Abbildung 28 verdeutlicht.

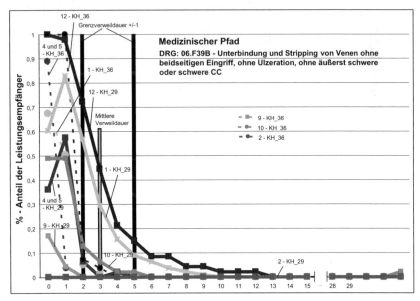

Abbildung 28: Prozessbenchmark Verweildauer. Im Beispiel die F39B im Vergleich zweier Krankenhäuser (durchgezeichnete Linie und quadratische Markierungen bzw. gestrichelte Linie und runde Punkte)

Die abgebildeten Leistungen sind frei auswählbar.

- Entlasskurve dunkelblau durchgezeichnet bzw. gestrichelt
- Hellrote Punkte = Normalstation (Die Abweichungen von den Entlasskurven kommen durch Stundenauswertung der Aufenthaltslisten zustande, wogegen die Entlasskurve Mitternachtsbestände auswertet)
- Dunkelroter Punkt bzw. Quadrat = Operationen
- orange = Laborleistungen,
- grün = Röntgenleistungen

Krankenhaus 1 operiert am Aufnahmetag und entlässt im Mittel einen Tag früher als Krankenhaus 2. Zusätzlich abgebildet ist die mittlere Verweildauer laut DRG-Katalog (gelber Balken) sowie die Grenzen des Fallpauschalbereiches vor Erreichen der unteren bzw. oberen Grenzverweildauer (braune Balken).

7.3 Kostenträgerrechnung

7.3.1 Grundsätze

Bei der Betrachtung der Kostenträgerrechnung im Krankenhaus kommt es immer wieder zu der Verwechselung, dass mit „Kostenträger" im Controlling-Sinn nicht die den Behandlungsfall bezahlende Institution verstanden wird, sondern der Behandlungs- bzw. der Abrechnungsfall selbst. Der Abrechnungsfall wird als Prozesscluster gesehen, auf den alle Kosten gesammelt und addiert werden.

Grundlage für die DRG-Kalkulation in Deutschland stellt der Kalkulationsleitfaden des InEK dar. Krankenhäuser stehen vor der grundsätzlichen Frage, ob man InEK-konform kalkulieren will oder hauseigene Anpassungen an das Kalkulationsschema vornehmen möchte. Im letzteren Fall bieten sich Vereinfachungen an, die teilweise zu Lasten der Genauigkeit gehen, teilweise auch nur andere „Stellschrauben" benutzen. Zwei Beispiele hierzu sind:

- Das InEK lässt z. B. TISS/SAPS-Gewichtungen für Leistungen auf einer Intensivstation nicht zu. Wer diese Parameter aber erfasst, kann hierauf durchaus eine interne Steuerung aufsetzen.
- Wenn die Materialdokumentation im OP nicht ausreichend ist, können bestimmte Materialien durchaus auf der Basis „Klinischer Verteilungsmodelle" ermittelt werden in vielen Fällen aus den OPS-Kodierungen. Für interne Steuerungen ist dies in den meisten Fällen ausreichend.

Eine Abweichung vom InEK-Kalkulationshandbuch kann demnach für interne Zwecke sinnvoll und/oder notwendig werden. Im Folgenden soll daher auch nicht der Kalkulationsleitfaden referiert, sondern es sollen methodische Grundelemente der Kostenträgerrechnung herausgearbeitet werden.

Der Grundgedanke besteht darin, die für eine Patientenbehandlung aufgebrachten Leistungen zu erfassen und die „relevanten Kosten" über diese Leistungen dem Fall zuzuordnen. Bei den Arbeitsschritten stößt man auf zwei wesentliche Probleme:

- Nicht alle Kostenstellen geben direkte Leistungen an Patienten ab. Im Folgenden werden „patientenferne" (indirekte) und „patientennahe" (direkte) Kostenstellen unterschieden, je nachdem, ob der Patient direkte Leistungen empfängt oder nicht. So sind z. B. die Krankenhaustechnik und die Personalabrechnung typisch patientenferne Kostenstellen, bei der Küche könnte man streiten. Das Röntgen ist immer eine patientennahe Kostenstelle, und das Labor gilt auch als solche, selbst wenn hier nicht der Patient, sondern nur seine Blut- oder Urinprobe im direkten Kontakt stehen.

Methodisch werden die Leistungen von patientenfernen Kostenstellen zunächst nach bestimmten Logiken (Schlüsseln) auf patientennahe verteilt. Dieser Vorgang heißt „Umlagenrechnung".

Ähnlich verhält es sich, wenn eine Kostenstelle zwar direkte Leistungen für Patienten erbringt, diese aber nicht EDV-technisch auswertbar erfasst. Als Beispiel seien die Notaufnahme oder Sonografien aufgeführt. Notaufnahmen führen häufig keine ausreichende EDV-Leistungs-Dokumentation. So ist nicht nur das Problem der Kostenzuordnung innerhalb der stationär aufgenommenen Patienten zu lösen, sondern darüber hinaus auch die Auftrennung für rein ambulante und stationäre Patienten. Besonders schwierig wird es, wenn die Leistung nicht nur in der Notaufnahme selbst besteht, sondern z. B. in einem Verbandswechsel für stationäre Patienten. Bei Sonografien findet zwar häufig eine Dokumentation im Gerät selbst statt, diese lässt sich aber kaum auslesen – wichtige Informationen bleiben unausgewertet.

In der Praxis werden solche Kostenstellen häufig wie patientenferne behandelt, ihre Kosten werden über Umlagen oft auf Stationen gerechnet.

• Die Erfassung der Rohdaten und deren Extraktion aus den IT-Systemen wirft ebenfalls erhebliche Probleme auf. Diese sind zwar auch EDV-technischer Natur, aber viel mehr inhaltlicher Art, weil in den Daten häufig Eingabefehler stecken und/oder diese unvollständig sind (z. B. keine Erfassung für ambulante Patienten oder Privatpatienten).

Daher ist es unverzichtbar, dem Datenimport ein Plausibilitäts-Check-Verfahren vorzuschalten, das u. a. wesentliche Prüfungen (zu Leistungsdatum, Leistungsbezug zur Kostenstelle, Fallnummer, Verprobungen mit den OPS-Kodierungen, Verprobungen untereinander) umfassen sollte.

Eine besondere Bedeutung kommt in diesem Zusammenhang den Einzelerfassungsdaten (Materialien im weitesten Sinne) nach Anlage 10 des Kalkulationsleitfadens zu. Falls die händische Erfassung unausweichlich ist, sollte früh genug damit begonnen werden. Eine Nacherfassung zu einem späteren Zeitpunkt ist nahezu nicht mehr zu bewältigen.

7.3.2 Strukturelle Raster: Modulmatrix und Leistungen

Durchgesetzt haben sich die nachfolgenden drei strukturellen Rasterungssysteme:

• Gliederung der Kostenstellen in Kostenstellengruppen
• Definition von Leistungsarten, die als Verteiler der Kosten in den Kostenstellengruppen sinnvoll bzw. zugelassen sind
• Gliederung der Konten in Kostenartengruppen

Aus der Kombination von Kostenstellengruppen und Kostenartengruppen ergibt sich die klassische Struktursystematik, wie sie auch in der Anlage 5 des Kalkulationsleitfadens zu finden ist (siehe auch Abbildung 17 – InEK-Kostenmatrix am Beispiel der DRG F32Z)

7.3.3 Kalkulationsschritte und -werkzeuge

7.3.3.1 Kalkulationsschritte

Die Kalkulation ist im Detail aufwändig, da zahlreiche Einzelfragen unter dem Aspekt der verursachungsgerechten Zuordnung zu entscheiden sind, der präzise Einsatz des Kalkulationshandbuches ist daher unerlässlich. Ausgangspunkt für alle Kostenverteilungen ist die Gewinn- und Verlustrechnung (GuV) des Krankenhauses.

Die Kalkulation erfolgt in vier Schritten, die in Abbildung 29 schematisch dargestellt sind:

1. Im ersten Schritt 1 werden alle Kostenstellen und Konten ausgegrenzt, die nichts mit der Behandlung stationärer Fälle zu tun haben, also zum Beispiel die Kostenstellen der Ambulanzen und Nebenbetriebe bzw. die Fördermittelkonten. Problematisch sind Mischkostenstellen, die sowohl direkte oder indirekte Leistungen für stationäre Patienten als auch nicht kalkulationsrelevante Leistungen abgeben (z. B. Ambulanzen mit Leistungen für stationäre Patienten). Dies erfolgt bereits am besten in der Modulstrukturierung.
2. Sofern innerhalb der kalkulationsrelevanten Kostenstellen Buchungen nicht verursachungsgerecht kontiert wurden, sind diese in Schritt 2 ggf. zu verrechnen.
3. Anschließend werden in der Umlagenrechnung 3 die Umlagenkostenstellen auf alle anderen verteilt, wobei auch Umlagen auf die ausgegliederten Kostenstellen zu beachten sind. Dies erfolgt über möglichst verursachungsgerechte Schlüssel, über die im Einzelnen häufig Uneinigkeit besteht. Das InEK lässt in den meisten Fällen mehrere alternative Schlüssellogiken zu, je nach Rohdatenlage. Eine besondere Rolle spielt hier die Kostenstellengruppe 12 (Basiskostenstellen), die in den ersten Kalkulationsversionen über einen Basiskostensatz auf die Fälle verrechnet werden konnten, jetzt aber vor Fallbelastung per Umlage auf alle anderen Kostenstellengruppen (auch die ausgegliederten) verteilt werden müssen. Da die Basiskostenstellen auch untereinander Leistungen erbringen, führt dies zwingend zu einer mehrstufigen Umlagenrechnung.
4. Im letzten Schritt 4 werden die Kosten der Kostenstellen über Kostensätze (Tarife) auf die Fälle verteilt. Verteiler ist die Leistungsmenge selbst, sodass

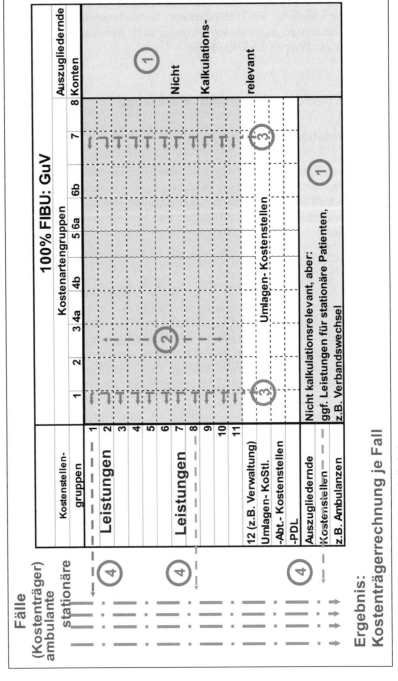

Abbildung 29: Ablauf Kostenträgerkalkulation

232

die Kostenstellen sich hierüber vollständig entlasten. Wenn Leistungen sowohl für ambulante als auch für stationäre Fälle erbracht werden, teilen sich die Kosten dieser Kostenstellen über die Leistungsverteilung nach dieser Logik auch zwischen dem ambulanten und dem stationären Sektor auf.

7.3.3.2 Kalkulation von Kostensätzen (Tarifen)

Anhand von Abbildung 30 lässt sich die Kalkulation von Kostensätzen verdeutlichen:

- Je Modul werden die direkt gebuchten Kosten mit Umlagen und ggf. kostenmindernden Erlösen (KME) saldiert.
- Die Gesamtkostensumme je Modul wird durch die Zahl der Leistungspunkte dividiert. Der Kostensatz besteht ebenfalls aus acht Modulen, von denen jedoch nicht alle belegt (zulässig) sind.
- Die Aufteilung der Kosten für den ambulanten und den stationären Bereich folgt den Leistungsmengen.

7.3.3.3 IT-Werkzeuge

Es können drei Varianten von IT-Werkzeugen für die Kostenträgerrechnung unterschieden werden:

1. Zusatzbausteine der gängigen KIS-Systeme. Diese haben den Vorteil des direkten Zugriffs auf die im KIS gespeicherten Daten, insbesondere Leistungsdaten sowie der Kostenstellen- und Leistungsrechnung. Nachteil sind die Integration der nicht im KIS vorhandenen Leistungsdaten sowie die ausschließliche Rückwärtskalkulation auf das Vorjahr. Die Checks für unplausible Rohdaten im KIS werden häufig unbefriedigend oder gar nicht unterstützt.
2. Zusatztools in Microsoft Excel oder Access reichen für die reine InEK-Kalkulation aus. Da alle Daten ohnehin in diese Zusatztools importiert werden müssen, sind umfangreiche Checks, Anpassungs- und ggf. auch Ergänzungstools möglich.
3. Data-Warehouse-Ansätze sind technologisch komplex und erfordern einen beträchtlichen Einarbeitungsaufwand. Die Auswertungsmöglichkeiten sind wiederum sehr vielfältig. Data-Warehouse-Datenbanken basieren auf der sog. OLAP-Technologie, die mehrdimensionale Auswertungen besonders gut unterstützt. Auch die KIS-Hersteller bieten zunehmend Data-Warehouse-Bausteine an. Diese erfüllen die Anforderungen aber nur dann, wenn

A6	Station A6	73,56		0,55		156,26		
	Kostenart	**Summe**	**Grp 2**	**Grp 3**	**Grp 4a**	**Grp 6a**		
Direkte Kosten	UML	824.987,20	721.234,13		45.890,12	44.636,59		
Umlagen	Verr EA	818.433,98	18.375,32	43.987,70	32.371,24	7.210,50		
Verrechnung KME								
Kostensatzrelevante Kosten		1.643.421,18	739.609,45	43.987,70	78.261,37	51.847,09		

PPR-Minuten

	BG	Punkte	**Summe**	**Grp 2**	**Grp 3**	**Grp 4a**	**Grp 6a**
Errechneter Kostensatz:	PPR	1.579.001,77	0,55	0,47		0,05	0,03
Zielführender Kostensatz:	N		0,58	85,0%		9,0%	6,0%
Effektiver Kostensatz:			0,55	0,47		0,05	0,03
9307PPR Station A6 - PPR	PPR	1.579.001,77	0,55	0,47		0,05	0,03

RAD	Radiologe	Alle LST		0,07 EUR / Alle Leistungen						
	Kostenart	**Summe**	**Grp 1**	**Grp 2**	**Grp 3**	**Grp 4a**	**Grp 5**	**Grp 6a**	**Grp 7**	**Grp 8**
Direkte Kosten	UML	683.698,75	169.462,38		317.988,12	243,26		118.245,64	70.118,03	7.641,33
Umlagen	Verr EA	270.281,29				170,23		17,03	98.899,59	171.194,45
Verrechnung KME										
Kostensatzrelevante Kosten		953.980,05	169.462,38		317.988,12	413,49		118.262,66	169.017,62	178.835,78

	BG	Punkte	**Summe**	**Grp 1**	**Grp 2**	**Grp 3**	**Grp 4a**	**Grp 5**	**Grp 6a**	**Grp 7**	**Grp 8**
Errechneter Kostensatz:	Alle LST	13.993.348,55	0,07	0,01		0,02	0,00		0,01	0,01	0,01
Zielführender Kostensatz:	N		17,8%		33,3%	0,0%		12,4%	17,7%	18,7%
Effektiver Kostensatz:			0,07	0,01		0,02	0,00		0,01	0,01	0,01
9201 Röntgendiagnostik	Alle LST	7.044.066,49	0,07	0,01		0,02	0,00		0,01	0,01	0,01
9203 CT	Alle LST	6.949.282,06	0,07	0,01		0,02	0,00		0,01	0,01	0,01

Annahme: 5 Mio Punkte für ambulante Patienten
=> 5/14 der Kosten für amb. Pat. = 5/14 von 953 T€ in den ambulanten Bereich
9 Mio. Punkte für stationäre Patienten
=> 9/14 der Kosten für amb. Pat. = 9/14 von 953 T€ in den ambulanten Bereich

Abbildung 30: Kalkulation von Kostensätzen

- Ergebnisse exportiert und in Berechnungen eingearbeitet,
- die Berechnungsergebnisse „zurückgeschrieben",
- alle Dimensionen simuliert und
- zusätzliche Daten direkt in das Data-Warehouse importiert werden können.

7.3.4 Kritik und Lob der Kostenträgerrechnung

Es gibt zwei häufige Argumente gegen die Kostenträgerrechnung:

1. „Wegen der vielen pauschalierenden Umlagenschlüssel sind die Ergebnisse ungenau" und
2. „Es ist noch keine Entscheidung auf der Basis der Kostenträgerrechnung gefallen".

Beide haben ihre Berechtigung, können aber dennoch relativiert werden. Analysen zeigen, dass die Genauigkeit von Kostenträgerrechnungen durchaus bei 80 bis 90 % liegen kann, und Simulationen der Konsequenzen veränderter Schlüssel zeigen die Begrenzung der Fehlerbreiten. Sie werfen die grundsätzlichen Ergebnisse nicht um. Im Übrigen sind auch die sonstigen zur Krankenhaussteuerung eingesetzten Daten nicht viel genauer, sobald sie verursachungsgerecht zugeordnet werden sollen: Das E1-Formular wird z. B. nicht auf einzelne Fachabteilungen aufgeteilt und die Kostenstellenzuordnungen in der Finanzbuchhaltung (FiBu) spiegeln häufig nicht die realen Einsatzorte der Personal- und Sachressourcen wider. Wären diese nämlich exakt, könnte man auf Umlagen verzichten.

Das zweite Argument führt zum Kern der Krankenhaussteuerung: Man wird keine Entscheidungen auf der Basis einer eindimensionalen Betrachtung fällen, sondern auf der Basis eines sich möglichst gut ergänzenden Mosaiks vieler Ansätze zur gleichen Fragestellung. Das gilt aber für alle methodischen Herangehensweisen, nicht nur für die Kostenträgerrechnung. Auf die Prozessanalyse wird dauerhaft keine Krankenhaussteuerung verzichten können.

Gewarnt werden muss auch vor dem Argument „Wir behandeln keine sich schlecht rechnenden Fälle mehr". Abgesehen von den ethischen Argumenten sorgt auch ein sich schlecht rechnender Fall oder eine sich schlecht rechnende Abteilung bei rein betriebswirtschaftlicher Sicht immer noch für eine Fixkostenverdünnung.

235

7.4 Integrierte Steuerung: Interne Budgets

7.4.1 Deckungsbeitragsrechnung mit IBLV

Interne Budgets werden in drei Stufen erstellt:

1. Externe Erlöse und Kosten
2. Umlagenrechnung (Kostenstellenrechnung)
3. Bewertung innerbetrieblich bezogener Leistungen (Kostenträgerrechnung)

Die dritte Stufe ist insbesondere wichtig, da sich externe Kosten und Budgets häufig nicht verursachungsgerecht zuordnen lassen. Erst die Kostenträgerrechnung ordnet die Kosten und Erlöse den Wertschöpfungsketten zu.

Die Deckungsbeitragssichten der Funktionsstellen werden dem Kostenstellenbaum entsprechend zusammengefasst und können bis zu einer „Chefübersicht" über das gesamte Krankenhaus verdichtet werden.
In Abbildung 31 ist als Voraussetzung für die Steuerung neben jeder (vergangenheitsbezogenen) Ist-Spalte eine Soll-Spalte zur Simulation prospektiver Szenarien eingearbeitet.

Das dargestellte Berichtsmuster realisiert exakt die oben beschriebenen drei Stufen:

1. Direkte Kosten und Erlöse
2. Ergebnisse der Kostenstellen- als Umlagenrechnung, wobei nicht nur die Kosten, sondern auch die Erlöse auf die verursachungsgerechte Kostenstelle umgebucht werden (100 %-Ansatz)
3. Ergebnisse der Kostenträgerrechnung, wobei nicht nur die Fälle belastet, sondern auch die leistenden Kostenstellen die Gegengutschriften im Sinne interner Erlöse erhalten (100 %-Ansatz)

7.4.2 Simulationen/Prospektive Kostenträgerrechnung

Es ist eine Herausforderung an die Krankenhaussteuerung, die Kosten- und Erlösstrukturen, die Leistungsmengen nach Fallzahlen und innerhalb einer DRG, und damit die Kostensätze in alternativen Szenarien prospektiv zu kalkulieren. Steuerung repräsentiert einen „Ist gegen Soll"-Vergleich, auf dessen Basis Entwicklungen transparent und bewusst gemacht werden können.

Steuerungspanel:

Zeitraum (Monate)	Jan - Jun
Jahr 1	2007
Szenario 1	IntBudget
Jahr 2	2007
Szenario 2	Ist mit Abgrenzung
	Szenario 2 ausbl. · Szenario 2 einbl.
	Berechnen

Differenzierung der Klinik in Abt.-Kostenstelle als Umlage, Verteilkostenstellen für Pflegetage ärztlicher Dienst, Funktionsbereich und stationäre Fälle als Ergebnis der Kostenträgerrechnung und Ambulanzen sowie Gesamtsumme.

	Innere medizin 1 - Kardiologie		Ärztlicher Dienst Normalstation Kardiologie		Herzkatheter intern		stationäre Fälle Kardiologie		Ambulanz Kardiologie		Innere Medizin 1 - Kardiologie	
	IntBudget	Ist mit Abgrenzung	IntBudget	Ist mit Abgrenzung	IntBudget	Ist mit Abgrenzung	IntBudget	Ist mit Abgrenzung	IntBudget	Ist mit Abgrenzung	IntBudget	Ist mit Abgrenzung
	2007	2007	2007	2007	2007	2007	2007	2007	2007	2007	2007	2007
Basiswert							2.719	2.719			2.719	2.719
Fälle							1.335	1.398			1.335	1.398
Effektingewicht							1.206	1.146			1.206	1.146
Pflegetage							11.401	11.385			11.401	11.385
Mittlere Verweildauer							8.5	8.1			8.5	8.1
Externe Erlöse	27.364	28.832	226.732	229.191			3.278.495	3.119.041	26.819	32.049	3.332.677	3.179.922
Interne Erlöse	-508				10.736	69.307					237.468	298.498
Verrechnung Erträge											-508	
Summe Erlöse	26.856	28.832	226.732	229.191	10.736	69.307	3.278.495	3.119.041	26.819	32.049	3.569.638	3.478.421
Personalkosten	379.239	419.101	207.606	234.467					8.217	5.617	387.456	424.718
Sachkosten	2.782	674							2.436	4.502	5.218	5.176
Summe dir. Kosten	382.021	419.775	207.606	234.467					10.652	10.119	392.673	429.894
Umlagen	-381.113	-419.348							16.657	19.664	-146.885	-155.780
Summe IBLV					9.965	9.436	3.324.949	3.199.191	72.420	62.446	3.397.368	3.261.636
Summe Kosten	907	428	207.606	234.467	9.965	9.436	3.324.949	3.199.191	99.729	92.228	3.643.157	3.535.751
Betriebsergebnis	25.949	28.404	19.126	-5.277	771	59.871	-46.454	-80.149	-72.910	-60.180	-73.519	-57.330
Investition/Fördermittelergebnis												
Ergebnis II	25.949	28.404	19.126	-5.277	771	59.871	-46.454	-80.149	-72.910	-60.180	-73.519	-57.330
Finanzergebnis												
Ergebnis III	25.949	28.404	19.126	-5.277	771	59.871	-46.454	-80.149	-72.910	-60.180	-73.519	-57.330
Neutrales Ergebnis	-681	41.145							-730	-2.098	-1.411	39.047
Gesamtergebnis	25.268	69.550	19.126	-5.277	771	59.871	-46.454	-80.149	-73.640	-62.277	-74.930	-18.282

Abbildung 31: Budgetsteuerung Soll gegen Ist

7.4.2.1 Prospektive interne Budgets

Unter prospektiven internen Budgets können Zielvereinbarungen über Leistungen, Erlöse und Kosten einschließlich der innerbetrieblichen Leistungsverrechnung verstanden werden. Ausgangspunkt für die interne Budgetierung sind die Daten der Ist-Szenarien der verzahnten Kostenstellen-/Kostenträgerrechnung und sich aus der wirtschaftlichen Situation des Krankenhauses ergebende Vorgaben zur Kostenreduktion.

Mittelfristig ist es mit den vorstehend beschriebenen Instrumentarien möglich und sinnvoll, sowohl Fallzahlen als auch die einzelnen Leistungsmengen zu planen. Aus der Summe der jeweilig geplanten Leistungen (z. B. Labor, Belegungstage, Radiologieleistungen) in den einzelnen DRGs ergeben sich die Gesamtleistungsmengen der jeweiligen Leistungserbringer, die darauf aufbauend ihre (internen) Erlöse und Kosten planen können.

7.4.2.2 Steuerung durch Pfadänderung/Sollpfade

Im typischen Fall werden den behandelnden Ärzten und Pflegekräften ihre Ist-Pfade zusammen mit den Deckungsbeitragsergebnissen vorgelegt. Sie können dann von sich aus entscheiden, ob Optimierungspotenzial in Bezug auf

- den zeitlichen Ablauf
- die Leistungsmengen (Indikationen)
- Standardisierungen oder
- auf sonstige Verbesserungen

vorliegt und ob sie den Pathway-Ansatz mit der hier vorliegenden gröberen Darstellung ergänzen wollen.

Für die Verlaufskontrolle können Pfadsichten „Ist-Soll-Vergleich" eingesetzt werden, die die Unterschiede parameterbezogen aufzeigen. Ein Beispiel findet sich in Abbildung 32.[129]

Im Soll-Szenarium werden die sich ergebenden Leistungsänderungen in die Kostensätze der Kostenstellen eingerechnet. Wird nun ein Pfad durch Leistungsverminderung „verschlankt" und somit kostengünstiger, ist damit zunächst eine Erhöhung aller betroffenen Kostensätze verbunden. Das bedeutet, dass alle anderen Pfade zunächst teurer werden, wenn nicht parallel echte Kostenreduzierungen oder Leistungsmehrungen, z. B. durch mehr Fälle, erfolgen.

---

[129] hier: Ausschnitte für Liegedauer/Normalstation, OP und Röntgen. Die Vorgaben der Sollpfade sind jeweils offen, die Ist-Werte mit geschlossenen Symbolen markiert.

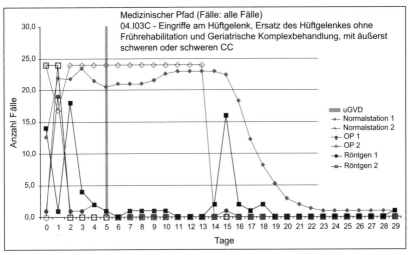

Abbildung 32: Beispiel-Pfad – Soll-Ist-Vergleich (Ausschnitte für Liegedauer/Normalstation, OP und Röntgen). Die Vorgaben der Sollpfade sind jeweils offen, die Ist-Werte mit geschlossenen Symbolen markiert.

Anhang

Begleitbogen Totenschein

Name des Verstorbenen:
Fallnummer:

Bitte benennen Sie die im Rahmen der Todesursache relevanten Diagnosen (Bitte ankreuzen):

❑ R09.2   Atemstillstand
❑ I46.1   Plötzlicher Herztod, so beschrieben
❑ I46.9   Herzstillstand, nicht näher bezeichnet

[Anmerkung: Dieser Kode darf nur verwendet werden, wenn Wiederbelebungsmaßnahmen (OPS 8-770, 8-771 oder 8-779 Reanimation) erfolgt sind – siehe auch DKR 0903a]

❑ I49.0   Kammerflimmern
❑ R57.0   Kardiogener Schock
❑ R96.0   Sonstiger plötzlicher Tod
❑ K72.0   Akutes/Subakutes Leberversagen
❑ T88.8   Organversagen postoperativ
❑ D62   Akute Blutung
❑ R57.1   Hypovolämischer Schock
❑ R57.9   Schock, nicht näher bezeichnet
❑ R40.2   Koma
❑ I97.8   Exitus letalis postoperativ
❑ Sonstige: _____
❑ A49.0 + B95.6 + Z29.0   ORSA/MRSA-Infektion

Bitte benennen Sie die von Ihnen erbrachten Prozeduren (ankreuzen):

❑ 8-771   Kardiale Reanimation/ kardiopulmonal
❑ 8-779   Sonstige Reanimation, ohne nähere Angabe

Bitte bei Polytrauma/Mehrfachverletzung ankreuzen:

❑ 5-981   Versorgung bei Mehrfachverletzung
❑ 5-982.y   Versorgung bei Polytrauma

Datum: Name (Klartext):

                     Unterschrift (Arzt):

Begleitbogen Ernährungs- und Stoma-Therapie

Enterale Ernährungstherapie

Patientenaufkleber

OPS: Enterale Ernährungstherapie

Auf jeden Fall zu erfassen

O	8-015	Enterale Ernährung als medizinische **Hauptbehandlung** #)
O	8-015.0	Über eine Sonde #)
O	8-015.1	Über ein Stoma #)
O	8-015.2	Therapeutische Hyperalimentation #)
O	8-015.x	Sonstige #)

#) Nur zu kodieren, wenn medizinische
Hauptbehandlung und wichtigste therapeutische
OPS-Schlüssel nur einmal je stationärem Aufenthalt

OPS: Psychosomatische Therapie

O	9-411.x	Gruppenprogramm zu Ernährung und Übergewicht (mind. 60 Minuten am Tag)

OPS-Schlüssel nur einmal je stationärem Aufenthalt

ICD: Diagnosen (Zustandsbeschreibung)

Auf jeden Fall zu erfassen

O	Z43.1	Versorgung eines Gastrostomas
O	Z43.3	Versorgung anderer künstlicher Körperöffnungen des Verdauungstraktes
O	Z90.3	Verlust von Teilen des Magens
O	Z93.1	Vorhandensein eines Gastrostomas
O	Z93.4	Vorhandensein anderer künstlicher Körperöffnungen des Verdauungstraktes

ICD: Sonstige für die Ernährungstherapie relevante Nebendiagnosen

O	A09.0	Durchfall, vermutlich infektiös	O	E87.5	Hyperkaliämie
O	C80.0	Bösartige Neubildung ohne Angabe der Lokalisation	O	E87.6	Hypokaliämie
O	E12.00	Diabetes mellitus in Verb. M. Fehl- oder Mangelernährung; mit Koma, nicht entgleist	O	E87.7	Flüssigkeitsüberschuss
O	E12.01	D.M. i. V. m. Fehl- oder Mangelernährung [Malnutrition]; mit Koma, entgleist	O	E87.8	Sonstige Elektrolystörung, anderenorts nicht klassifiziert
O	E12.10	D.M. i. V. m. Fehl- oder Mangelernährung [Malnutrition]; mit Ketoazidose, nicht entgleist	O	E88.9	Sonstige Stoffwechselstörung
O	E12.11	D.M. i. V. m. Fehl- oder Mangelernährung [Malnutrition]; mit Ketoazidose, entgleist	O	F03	Vaskuläre Demenz
O	E12.90	D.M. i. V. m. Fehl- oder Mangelernährung [Malnutrition]; ohne Komplik., nicht entgleist	O	G81.9	Hemiparese bzw. Hemiplegie (Halbseitenlähmung)
O	E12.91	D.M. i. V. m. Fehl- oder Mangelernährung [Malnutrition]; ohne Komplikationen, entgleist	O	G82.29	Paraparese bzw. Paraplegie (Lähmung der beiden unteren Extremitäten)
O	E41	Alimentärer Marasmus		G82.59	Tetraparese bzw. Tetraplegie (Lähmung aller vier Extremitäten)
O	E43	Erhebliche Energie- und Eiweißmangelernährung		G93.80	Apallisches Syndrom
O	E44.0	Mäßige Energie- und Eiweißmangelernährung	O	I64	Schlaganfall akut
O	E44.1	Leichte Energie- und Eiweißmangelernährung	O	K50.0	Crohn-Krankheit Dünndarm
O	E45	Entwicklungsstörung durch Energie- und Eiweißmangelernährung	O	K50.1	Crohn-Krankheit Dickdarm
O	E46	Nicht näher bezeichnete Energie- und Eiweißmangelernährung	O	K50.8	Sonstige Crohn-Krankheit
O	E53.8	Mangel an sonstigen näher bezeichneten Vitaminen des Vitamin B-Komplexes	O	K50.9	Crohn-Krankheit, nicht näher bezeichnet
O	E56.1	Vitamin-K-Mangel		K51.4	Pseudopolyposis des Kolons
O	E61.0	Kupfermangel		K51.5	Proktokolitis der Schleimhaut
O	E61.1	Eisenmangel		K51.8	Sonstige Colitis ulcerosa
O	E61.7	Mangel an mehreren Spurenelementen		K51.9	Colitis ulcerosa, nicht näher bezeichnet
O	E63.0	Mangel an essentiellen Fettsäuren (EFA)		K52.1	Durchfall, funktionell
O	E64.0	Folgen der Energie- und Eiweißmangelernährung		K52.9	Durchfall, nicht infektiös
O	E64.1	Folgen des Vitamin-A-Mangels	O	K91.1	Syndrome des operierten Magens
O	E64.2	Folgen des Vitamin-C-Mangels	O	K91.2	Malabsorption nach chirurgischem Eingriff
O	E64.8	Folgen sonstiger alimentärer Mangelzustände	O	L89.99	Dekubitus
O	E64.9	Folgen eines nicht näher bezeichneten alimentären Mangelzustandes	O	R11	Erbrechen
O	E86	Exsikkose	O	R13.0	Dysphagie
O	E87.0	Hypernatriämie	O	R63.3	Ernährungsprobleme und unsachgemäße Ernährung
O	E87.1	Hyponatriämie	O	R64	Kachexie

242

Dokumentationsbogen MRSA[141]

Dokumentationsbogen
für die Komplexbehandlung bei Besiedlung oder
Infektion mit multiresistenten Erregern (OPS 8-987.--)

| Patientenetikett |

Datum: _____ Isol.-Tag Nr. _____
Nur auszufüllen bei strikter Isolierung (Einzel oder Kohorten)

Station: _____ Zimmer-Nr. des Patienten: _____

Zuständiger Krankenhaushygieniker/Hygienefachkraft: _____

Eingesetztes Antibiotikum: _____ Dosierung: _____

Nur auszufüllen
am 1. Tag bzw.
bei Änderungen

Lokale antiseptische Behandlung der betroffenen Areale (z.B. Rachen- oder Wundsanierung;
antiseptische Sanierung anderer betroffener Körperteile/Organe) (mindestens täglich)   Gesamtminuten

Uhrzeit	Hand-zeichen	Minutenwert asept. Beh.	Uhrzeit	Hand-zeichen	Minutenwert asept. Beh.	Uhrzeit	Hand-zeichen	Minutenwert asept. Beh.	Uhrzeit	Hand-zeichen	Minutenwert asept. Beh.	

Antiseptische Ganzkörperwäsche, bei intakter Haut mindestens täglich

Uhrzeit	Hand-zeichen	Minutenwert für Wäsche	Uhrzeit	Hand-zeichen	Minutenwert für Wäsche	Uhrzeit	Hand-zeichen	Minutenwert für Wäsche	Uhrzeit	Hand-zeichen	Minutenwert für Wäsche	

Wechsel von Bettwäsche, Bekleidung und Utensilien der Körperpflege (mindestens täglich)

Uhrzeit	Hand-zeichen	Minutenwert für Wechsel	Uhrzeit	Hand-zeichen	Minutenwert für Wechsel	Uhrzeit	Hand-zeichen	Minutenwert für Wechsel	Uhrzeit	Hand-zeichen	Minutenwert für Wechsel	

Fußbodendesinfektion bzw. Schlussdesinfektion durchgeführt (mindestens täglich)

Uhrzeit	Hand-zeichen	Minutenwert Desinfektion	Uhrzeit	Hand-zeichen	Minutenwert Desinfektion	Uhrzeit	Hand-zeichen	Minutenwert Desinfektion	Uhrzeit	Hand-zeichen	Minutenwert Desinfektion	

Zimmer betreten   (notwendige Schutzmaßnahmen: zimmerbezogener Schutzkittel, Handschuhe, ggf. Mund-Nasen-Schutz, Schleusung)

Uhrzeit	Hand-zeichen	Minutenwert für Schutz-maßnahmen	Uhrzeit	Hand-zeichen	Minutenwert für Schutz-maßnahmen	Uhrzeit	Hand-zeichen	Minutenwert für Schutz-maßnahmen	Uhrzeit	Hand-zeichen	Minutenwert für Schutz-maßnahmen	
Gesamt Spalte:			**Gesamt Spalte:**			**Gesamt Spalte:**			**Gesamt Spalte:**			

Durchführung der diagnostischen und therapeutischen Maßnahmen unter besonderen räumlich-
organisatorischen Bedingungen   (z. B. im Zimmer statt im Funktionsbereich, z. B. im Funktionsbereich aber mit Schlussdesinfektion)

Uhrzeit	Hand-zeichen	Minutenwert Maßnahme	Uhrzeit	Hand-zeichen	Minutenwert Maßnahme	Uhrzeit	Hand-zeichen	Minutenwert Maßnahme	Uhrzeit	Hand-zeichen	Minutenwert Maßnahme	

Maßnahme: _____ Maßnahme: _____ Maßnahme: _____ Maßnahme: _____

Patienten- und Angehörigengespräche zum Umgang mit MRE

Uhrzeit	Hand-zeichen	Minutenwert Gespräche	Uhrzeit	Hand-zeichen	Minutenwert Gespräche	Uhrzeit	Hand-zeichen	Minutenwert Gespräche	Uhrzeit	Hand-zeichen	Minutenwert Gespräche	

Bitte beachten:
- Zur Kodierung des OPS-Schlüssels 8-987.-- muss ein dokumentierter durchschnittlicher Mehraufwand von mindestens 120 Minuten täglich während der Behandlungstage mit strikter Isolierung entstehen
- Die Isolierung wird aufrechterhalten, bis in drei negativen Abstrichen/Proben von Prädilektionsstellen der MRE nicht mehr nachweisbar ist. Die Abstriche/Proben dürfen nicht am gleichen Tag entnommen sein. Die jeweils aktuellen Richtlinien des Robert-Koch-Instituts sind zu berücksichtigen
- Die multiresistenten Erreger sollten durch die Diagnose-Kodes U80 bis U82 dokumentiert werden

Minuten insg.
mind. 120 Min.

[141] Rapp (2006), S. 38

Begleitbogen Patientenschulungen

Name des Versicherten: Fallnummer:

Datum:

Bei dem o. g. Patienten wurden folgende Schulungsmaßnahmen durchgeführt:

9-500   **Präventive Maßnahmen**

9-500.0   Basisschulung (Dauer mindestens 2 Stunden)
9-500.1   Grundlegende Patientenschulung (Dauer 5 Tage mit 20
             Stunden)
9-500.2   Umfassende Patientenschulung (Dauer 6 Tage mit durch-
             schnittlich 4 Stunden pro Tag)

8-984   **Multimodale Komplexbehandlung des Diabetes mellitus**

8-984.0   Mindestens 7 bis höchstens 13 Tage
8-984.1   Mindestens 14 bis höchstens 20 Tage
8-984.2   Mindestens 21 Tage

Bemerkungen:

Datum: Unterschrift:

Literaturverzeichnis

Baller S (2005) Optimierung der DRG-Dokumentation und Kodierqualität – Der Nutzen muss den Aufwand übersteigen. f&w – führen und wirtschaften im Krankenhaus, Ausgabe 05, S. 469–471

Baller S, Oestreich K (2005) DRG-System prägt den Arbeitsalltag. Deutsches Ärzteblatt 102, Ausgabe 44 vom 04.11.2005, S. A-3006–3009

Beschluss des Bundesausschusses der Ärzte und Krankenkassen: Richtlinien über die Verordnung von Krankenhausbehandlung (Krankenhausbehandlungs-Richtlinien), Deutsches Ärzteblatt, PP 3, Ausgabe Februar 2004, S. 83f.

Benutzerhandbuch ID KR Check der Fa. ID in Berlin

Blum K, Müller U (2003a) Dokumentationsaufwand im Ärztlichen Dienst der Krankenhäuser – Bestandsaufnahme und Verbesserungsvorschläge. Düsseldorf, Deutsche Krankenhaus Verlagsgesellschaft

Blum K, Müller U (2003b) Dokumentationsaufwand im Ärztlichen Dienst der Krankenhäuser – Repräsentativerhebung des Deutschen Krankenhausinstituts. Das Krankenhaus, Ausgabe 07, S. 544–548

Blum K, Schilz P (2005) Krankenhaus-Barometer 2005. Düsseldorf 2005

Blum K, Offermanns M, Perner P (2008) Krankenhaus-Barometer 2008. Düsseldorf, Oktober 2008

Blum K, Offermanns M, Schilz P (2006) Krankenhaus-Barometer 2006. Düsseldorf 2006

Bosshard W (2005) Die Bedeutung der Labordiagnostik im DRG-Umfeld. Pipette – Swiss Laboratory Medicine, Ausgabe 04

Bracht M. (2002) Steuerungsinstrumente anpassen – Berechnung von DRG-basierten Fachabteilungsbudgets. ku-Special Controlling, 4/2002, S. 13–17

Brost H, Fränkel P, Behrendt W (2004) Änderung der Kodierqualität – das dreistufige Freigabemodell. Das Krankenhaus, Ausgabe 10, S. 811–813

Deutsche Kodierrichtlinien, Version 2006, InEK GmbH (www.g-drg.de)

Drösler SE, Volkenand M, Müller C (2004) Die Unterstützer kommen – Einsatz von Kodierpersonal im DRG-Echtbetrieb. Krankenhaus Umschau, Spezial Controlling, Ausgabe 05, S. 9–13

DRG-Definitionshandbuch 2006, Band 5

DRG-Definitionshandbuch 2006/2007

Flintrop J (2004) Wasserdichte Akten. Deutsches Ärzteblatt. 38, S. 2040

Focke A, Reinisch C, Wasem J (2006) Abteilungs- und periodengerechte Verteilung von DRG-Erlösen mithilfe der DDMI-Methode. Das Krankenhaus, Ausgabe 04, S. 289–292

Gemeinsame Empfehlungen zum Prüfverfahren nach § 17c KHG der Deutschen Krankenhausgesellschaft und des AOK-Bundesverbandes, des BKK-Bundesverbandes, des IKK-Bundesverbandes, des Bundesverbandes der landwirtschaftlichen Krankenkassen, der Bundesknappschaft, der See-Krankenkasse, des Verbandes der Angestellten-Krankenkassen e. V. und des AEV-Arbeiter-Ersatzkassen-Verbandes e. V., in Kraft getreten am 15.04.2004

Goldschmidt AJW, Kalbitzer M, Eckardt J (Hrsg.) (2005) Praxishandbuch Medizincontrolling. Economica, Verlagsgruppe Hüthig Jehle Rehm

Güse HG Huke T Spieß B (2009) Enormes Steigerungspotential. Belegungsmanagement als Kern eines umfassenden Prozessmanage-ments. KU Gesundheitsmanagement, Ausgabe 05, S. 50

Haas NA (2006) Die australische Realität. Deutsches Ärzteblatt 103, Ausgabe 25 vom 23.06.2006, S. A-1729

Haas und Health Partner (Hrsg.) (2005) MRSA – Resistente Erreger auf dem Vormarsch. Aktion Meditech. Ausgabe 08/März, S. 1–2

Hansen D, Grasse I (2004) MDA – für die Charité ein dreifacher Erfolg. f&w – führen und wirtschaften im Krankenhaus, Ausgabe 03, S. 244–248

Hansen D, Syben R (2005) Aufwandsorientiertes DRG-Erlössplitting. Krankenhaus Umschau Special Controlling, Ausgabe 04, S. 2–6

Hielscher S, Giebel G, Rapp B (2006) Die DRG-Fallbegleiter kommen – Innovatives Konzept zur Verbesserung von Kodierqualität und Patientenmanagement. Krankenhaus Umschau – Spezial Beruf und Karriere, S. 11–13

Höhenrieder Kreis im Auftrag des Deutschen Pflegerates (2002) Diskussionsvorschlag von Listen ausgewählter ICD 10-Kodes für die Pflege. PR-Internet 03, S. 31–40

Hoffmann G, Schenker M (2004) DRG-gerechte Kodierung von Laborbefunden. Klinik Management Aktuell (KMA), Ausgabe 10, S. 73–74

Hoffmann GE, Schenker M, Kammann M, Meyer-Luerssen D, Wilke MH (2004) The significance of laboratory testing for the German diagnosisrelated group system – the systematic evaluation of comorbidities of re-levance to case reimbursement and continued development of the DRG Watchdog software. Clin Lab., 50(9–10), S. 599–607

Holzwarth F, Kuypers H (2005) Kodierqualität immer noch ein Problem. Krankenhaus Umschau, Ausgabe 08, S. 678–681

Horndasch E (2009) Der Medizincontroller – eine Standortbestimmung. Über welche Qualifikationen muss ein Medizincontroller verfügen? KU Gesundheitsmanagement 9/2009, S. 86–87

Jöckel HK, Bernauer J, Gaus W, Linczak G, Walter-Jung B (Hrsg.) (2000) Zertifikat Medizinische Dokumentation der Deutschen Gesellschaft für Medizinische Informatik, Biometrie und Epidemiologie (GMDS) und des Deutschen Verbandes Medizinischer Dokumentare (DVMD)

Klaus B, Ritter A, Große Hülsewiesche H, Beyrle B, Euler H-U, Fender H, Hübner M, von Mittelstaedt G (2005) Untersuchung zur Qualität der Kodierungen von Diagnosen und Prozeduren unter DRG-Bedingungen. Gesundheitswesen, 67, S. 9–19

Kraus TW, Farrenkopf I (2005) Fallpauschalen: Erlössicherung durch opti-male Kodierung. Deutsches Ärzteblatt 102, Ausgabe 11 vom 18.03.2005, Seite A-722

Leder U (2005) Das Jenaer DRG-Dokumentationsmodell – Im Uniklinikum bewährt sich der Einsatz von DRG-Dokumentaren. Krankenhaus Umschau, Special Controlling, Ausgabe 04, S. 22–26

Müller-Bellingrodt Th, Wolff U (2003) Wer richtig kodiert, wird auch richtig belohnt – Das Anreizsystem für korrekte Kodierung und Dokumentation am Uniklinikum Frankfurt am Main. f&w – führen und wirtschaften im Krankenhaus, Ausgabe 06, S. 585–589

Neubauer AS, Neubauer S (2006) Der Einsatz von Kodierfachkräften könnte sich lohnen. Krankenhaus Umschau, Ausgabe 09, S. 814–817

Peer S, Risse G, Lorenz S (2002) DRG und Pflege – Die Zeit läuft! – Beteiligung der Pflege an der Kodierung von Diagnosen. Die Schwester/Der Pfleger, 41, Ausgabe 08, S. 678–682

Püschmann H, Haferkamp G, Scheppokat KD, Vinz H, Wegner M (2006) Vollständigkeit und Qualität der ärztlichen Dokumentation in Kranken-akten: Untersuchung zu Krankenunterlagen aus Chirurgie, Orthopädie, Innerer Medizin und Neurologie. Deutsches Ärzteblatt 103, Ausgabe 3 vom 20.01.2006, Seite A-121ff.

Ramme M, Vetter U (2000) Die Bildung von Abteilungsbudgets auf der Basis von AP-DRGs. f&w, 2/2000, S. 156–158

Rapp B (2004a) Medizinischer Dienst – Der Arztbrief als Basis für Gutachten – Die Prüfpraxis im Fallpauschalen-System gibt dem ärztlichen Entlassungsbericht eine völlig neue Bedeutung. Deutsches Ärzteblatt, Ausgabe 22 (Okt.), S. 2310–2311

Rapp B (2004b) Rechnung ohne Wirt – Warum sich Klinikärzte im DRG-System schwer tun. Arzt und Krankenhaus, Ausgabe 11, S. 326–328

Rapp B (2004c) Die nachstationäre Behandlung im DRG-System. Chefarzt aktuell, Ausgabe 05 (Sept.), S. 107–109

Rapp B (2005a) Sind Coder unsere Rettung? – Kodierungsmodell – Was Krankenhäuser und Ärzte beachten sollten. Arzt und Krankenhaus, Ausgabe 02, S. 39–40

Rapp B (2005b) Die neue Rolle des Arztbriefes im DRG-System: Der ärztliche Entlassungsbericht im Spannungsfeld zwischen MDK-Gutachtenverfahren und Interaktion mit dem niedergelassenen Hausarzt. Chefarzt aktuell, Ausgabe 01, S. 15–17

Rapp B (2005c) Aus der Not eine Tugend machen – Verbesserung der DRG-Kodierqualität durch arztbezogene Leistungsdokumentation. Krankenhaus Umschau, Ausgabe 11, S. 994–996

Rapp B (2006) DRG-Update Intensivmedizin. Das Krankenhaus, Ausgabe 01/2006, S. 32–39

Rapp B, Baller S (2006) So lernt das DRG-System – Das Vorschlagsverfahren für 2007 läuft bereits auf Hochtouren. Krankenhaus Umschau, Ausgabe 02, S. 130–131

Rapp B, Wahl S (2007) Vorbereitung zum Profitcenter: Abteilungsgerechtes DRG-Erlössplitting: Etablierte Methoden mit ihren Vor- und Nachteilen im Vergleich. Das Krankenhaus, Ausgabe 08, S. 756–762

Roeder N, Siebers L, Frie M, Bunzemeier H (2006) DRG-Akzeptanz verbessern – Kliniker erreichen mit klinischen Leistungsgruppen. Das Krankenhaus, Ausgabe Nr. 05, S. 390–401

Salfeld R, Hehner S, Wichels R (2009) Modernes Krankenhausmanagement – Konzepte und Lösungen. 2. Auflage, Springer Verlag

Sander A (2006) Sachgerechte Verteilung der DRG-Erlöse auf die einzelnen Fachabteilungen wird möglich. f&w, 1/2006, S. 91–92

Siebers L, Helling J, Fiori W, Bunzemeier H, Roeder N (2008) Krankenhausinterne DRG-Erlösverteilung auf der Basis der InEK-Daten – Möglichkeiten und Grenzen. Das Krankenhaus, Ausgabe Nr. 01, S. 35–44

Stausberg J, Lehmann N, Kaczmarek D, Stein M (2005) Einheitliches Kodieren in Deutschland – Wunsch und Wirklichkeit. Das Krankenhaus, Ausgabe 08, S. 657–662

Stein M, Haas S, Lindner, Graf V (2004) Einsatz von „Codern" – ein Erfahrungsbericht nach einem Jahr. Das Krankenhaus, Ausgabe 09, S. 693–695

Stockdreher K, Kuls G, Modrack M, Schlösser A, Walter S, Weibler-Villabos U, Nordhoff M (2004) Parallelkodierung von Krankenhausfällen. Das Krankenhaus, 96, S. 437–443

Straube E (2006) Multiresistente Krankheitserreger. Deutsches Ärzteblatt 103, Ausgabe 12 vom 24.03.2006, S. A-760

Thiex-Kreye M, von Colas T, Blum M, Nicolai D (2004) Ressourcen gerecht verteilen. Krankenhaus Umschau, Ausgabe 10, S. 863–868

Uick S, Reddel D, Dettmar B (2008) Das Kölner Verteilungsmodell – Erlössplitting auf Basis einer Kostenträgerrechnung – Projekt an der Uniklinik Köln. Krankenhaus Umschau Spezial Controlling, Ausgabe 04, S. 14–17

Vettel, Ulrich (2005) Leistungsmanagement im Krankenhaus: G-DRGs. Heidelberg

Weißflog D, Kopf R, Ebert T, Rich S, Schlitter I (2006) Die erlösorien-tierte Ergebnisrechnung (EER). Das Krankenhaus, 8/2006, S. 669–673

Winkler C (2005) Sichere Kodierqualität. Deutsches Ärzteblatt 102, Ausgabe 5 vom 04.02.2005, Seite A-256

Abbildungsverzeichnis

Tabellenverzeichnis

Stichwortverzeichnis

Ferdinand Rau/Norbert Roeder
Peter Hensen (Hrsg.)

Auswirkungen der DRG-Einführung in Deutschland

Standortbestimmung
und Perspektiven

2009. 474 Seiten, 93 Abb.,
58 Tab. Fester Einband. € 78,–
ISBN 978-3-17-020349-5

Nach dem Jahr 2009 ist die Konvergenzphase der DRG-Einführung abgeschlossen. Der Sammelband zieht aus verschiedenen Blickwinkeln und mit Beiträgen namhafter Autoren eine umfassende Zwischenbilanz. Auswirkungen der DRG-Einführung insbesondere auf Versorgung, Krankenhausmanagement, Krankenkassen und Krankenhausplanung werden diskutiert. Neben einer kurzen Bilanz aus verbandspolitischer Sicht erfolgt eine Zusammenfassung des bislang vorhandenen Kenntnisstandes durch Praxis und Wissenschaft.

Dipl.-Verw.wiss. **Ferdinand Rau** ist im Bundesministerium für Gesundheit mit Fragen der Krankenhausfinanzierung befasst. **Prof. Dr. med. Norbert Roeder** ist Ärztlicher Direktor und Vorstandsvorsitzender des Universitätsklinikums Münster sowie Leiter der DRG-Research-Group Münster. PD **Dr. med. Peter Hensen** ist wissenschaftlicher Mitarbeiter am Universitätsklinikum Münster und Mitglied der DRG-Research-Group Münster.

▶ **www.kohlhammer.de**

W. Kohlhammer GmbH · 70549 Stuttgart
Tel. 0711/7863 - 7280 · Fax 0711/7863 - 8430 · vertrieb@kohlhammer.de